U0605460

《全国预备检察官培训系列教材》
编委会

编委会主任：李如林　　王少峰

编委会委员：胡尹庐　　王卫东　　黄　河　　陈国庆

　　　　　　徐进辉　　李文生　　袁其国　　郑新俭

　　　　　　穆红玉　　宫　鸣　　宋寒松　　胡卫列

　　　　　　阮丹生

编委会办公室：朱建华　　常　艳　　郭立新

国家检察官学院
全国预备检察官培训系列教材

编委会主任／李如林 王少峰

刑事执行检察业务教程

XINGSHI ZHIXING JIANCHA YEWU JIAOCHENG

袁其国 胡卫列／主编

中国检察出版社

《刑事执行检察业务教程》
主编及撰写人员

本册主编： 袁其国　胡卫列

撰写人员： 陈梦琪（第一章、第二章、第三章、
第六章、第七章）

李文峰（第四章、第五章、第四部分）

出版说明

　　建立预备检察官训练制度，是中央深化司法体制改革的重要内容。为适应这项培训工作的需要，我们编辑出版了《全国预备检察官培训系列教材》。本系列教材一共 10 本，包括《检察官职业素养教程》、《侦查监督业务教程》、《公诉业务教程》、《反贪污贿赂业务教程》、《反渎职侵权业务教程》、《刑事执行检察业务教程》、《民事行政检察业务教程》、《控告举报检察业务教程》、《刑事申诉检察业务教程》及《职务犯罪预防业务教程》。经编委会审定，作为国家检察官学院和全国预备检察官培训的指定教材。

　　本套教材重点介绍预备检察官应知应会的业务知识和业务规范，注重业务技能及实务经验的传授和职业素养的养成，通过文书范例和典型案例着力解析预备检察官在各项检察业务工作的重点、难点问题，力争使教材内容涵盖检察官基本职业素养、基本业务规范和基本业务技能，适应预备检察官岗位素质和业务能力培养的要求，使预备检察官通过培训具备履行检察官职务的素养和能力。

　　为体现本套教材突出实务、实用、实战的要求，我们聘请了最高人民检察院各业务厅局的业务骨干和国家检察官学院的教师担任撰稿人，发挥他们在检察实务和检察官培训方面的专长，确保教材质量。

　　由于预备检察官培训尚处于探索阶段，教材难免有不完善和疏漏之处，敬请读者批评指正。

编委会

2014 年 12 月 25 日

目　录

第一部分　刑事执行检察工作总论

第一章　刑事执行检察工作概述 …………………………………… （ 3 ）

第一节　刑事执行检察工作的基本原理 …………………………… （ 3 ）

第二节　刑事执行检察工作的主要职责 …………………………… （ 7 ）

第三节　刑事执行检察岗位的素能要求 …………………………… （ 10 ）

思考题 ………………………………………………………………… （ 13 ）

第二部分　刑事执行检察工作实务

第二章　刑罚执行检察 ……………………………………………… （ 17 ）

第一节　死刑执行检察 ……………………………………………… （ 17 ）

第二节　监禁刑执行检察 …………………………………………… （ 28 ）

第三节　社区矫正检察 ……………………………………………… （ 36 ）

第四节　剥夺政治权利执行检察 …………………………………… （ 43 ）

第五节　财产刑执行检察 …………………………………………… （ 46 ）

思考题 ………………………………………………………………… （ 52 ）

第三章　刑事措施执行检察 ………………………………………… （ 53 ）

第一节　羁押执行检察 ……………………………………………… （ 53 ）

第二节　指定居所监视居住执行检察 ……………………………… （ 61 ）

第三节　强制医疗执行检察 ………………………………………… （ 64 ）

思考题 ………………………………………………………………… （ 69 ）

第四章　办理案件 …………………………………………………… （ 70 ）

第一节　查办职务犯罪案件 ………………………………………… （ 70 ）

第二节　办理罪犯又犯罪案件 ……………………………………… （ 81 ）

第三节　办理控告、举报、申诉案件 ……………………………… （ 87 ）

第四节　办理羁押必要性审查案件 ………………………………… （ 93 ）

第五节　办理减刑、假释、暂予监外执行案件 …………………… （102）

思考题 ………………………………………………………………… （115）

第五章　其他刑事执行检察工作 ………………………………………… （116）

第一节　被监管人死亡检察 ………………………………………… （116）

第二节　监管场所重大事故检察 …………………………………… （124）

第三节　禁闭和警械具检察 ………………………………………… （130）

第四节　被监管人权利保护 ………………………………………… （134）

思考题 ………………………………………………………………… （142）

第三部分　常用文书制作与范例

第六章　刑事执行检察文书概述 ………………………………………… （145）

第一节　刑事执行检察文书的概念和特征 ………………………… （145）

第二节　刑事执行检察文书的制作程序和要求 …………………… （146）

第七章　常用刑事执行检察文书制作与范例 …………………………… （148）

第一节　刑罚执行检察文书 ………………………………………… （148）

第二节　其他常用刑事执行检察文书 ……………………………… （163）

第四部分　刑事执行检察精品案例

一、刘某某受贿、徇私舞弊暂予监外执行、巨额财产来源不明案 …… （171）

二、翁某某受贿案 ……………………………………………………… （173）

三、董某某受贿案 ……………………………………………………… （177）

四、张某某玩忽职守案 ………………………………………………… （180）

五、王某某帮助犯罪分子逃避处罚案 ………………………………… （184）

六、韩某某私放在押人员案 …………………………………………… （187）

七、李某某等人失职致使在押人员脱逃案 …………………………… （190）

八、于某某等人故意伤害、虐待被监管人案 ………………………… （195）

九、监督纠正暂予监外执行罪犯脱管重新犯罪案例 ………………… （198）

十、犯罪嫌疑人郑某羁押必要性审查案例 ………………………（202）

十一、对孙某开展羁押必要性审查案例 ……………………………（205）

十二、原判有期徒刑罪犯被再审改判无期徒刑，应如何计算实际执行

　　　刑期案例 …………………………………………………………（207）

十三、监督纠正法院罚金刑执行违法、公安机关违法扣押款物案例 …（211）

十四、检察纠正法院裁定李某某减刑不当案例 ……………………（214）

十五、郑某某解除强制医疗监督案例 ………………………………（217）

十六、罪犯王某死刑执行临场监督案例 ……………………………（220）

第一部分
刑事执行检察工作总论

第一章　刑事执行检察工作概述

第一节　刑事执行检察工作的基本原理

一、刑事执行检察的概念

刑事执行检察，是指人民检察院依法对刑罚执行、刑事强制措施执行、刑事处分措施执行等刑事执行活动是否合法实行的法律监督。人民检察院是国家的法律监督机关，刑事执行检察是检察机关最基本的业务之一，也是检察机关惩治和预防职务犯罪、强化诉讼监督、维护社会稳定的一项重要工作，它与人民检察院的其他职能共同构成国家法律监督职能的完整而科学的体系。

刑事执行检察，一个极富中国特色的法学概念，是新中国检察实践中一个独特的法学名词。1979 年 7 月全国人大常委会颁布的《中华人民共和国人民检察院组织法》（以下简称人民检察院组织法）第 20 条第 1 款规定：最高人民检察院设置刑事、法纪、监所、经济等检察厅。相应地，监所检察部门承担的法律监督职能统称为监所检察，随着国家法治建设的发展，特别是 2012 年《中华人民共和国刑事诉讼法》（以下简称刑事诉讼法）修改后，监所检察的职责和任务发生了重大变化，包括刑罚执行、刑事强制措施执行、刑事处分措施等监督职能，原先的"监所检察"已难以涵盖所有的职能。2014 年 7 月，最高人民检察院决定将"监所检察"更名为"刑事执行检察"，从此有了"刑事执行检察"这一新的法学名词。

二、刑事执行检察的特征

（一）检察内容的广泛性

刑事执行检察的内容贯穿于刑事诉讼活动的全过程，从犯罪嫌疑人、被告人被刑事拘留、逮捕、指定居所监视居住起，到刑事判决、裁定生效执行，从刑罚交付执行、变更执行到刑罚的终止执行，在整个刑事诉讼活动过程中，刑事执行检察部门都负有监督的职责。不仅负有对监禁刑的检察监督职责，还担负着对非监禁刑的检察监督职责；不仅负有对刑罚执行检察的职责，还担负着对刑事强制措施执行、刑事处分措施执行检察的职责，其检察内容十分广泛。

（二）检察职能的综合性

刑事执行检察主要是在监管改造场所行使检察机关的各项职权，是一项综合性的检察业务，可以说是人民检察院法律监督职能最充分的体现。与检察机关的其他业务部门相比，刑事执行检察部门的业务比较复杂，职责涉及检察机关法律监督职能的各个方面，既承担着对刑罚执行和监管活动是否合法进行监督的职责，也有审查逮捕、审查起诉和出庭公诉，刑事立案监督、侦查监督、审判监督的职责，同时还负有立案侦查刑罚执行和监管活动中职务犯罪案件的职责，其中，刑罚执行监督和监管活动监督是刑事执行检察的主要业务。由此可见，刑事执行检察职能具有综合性的特点。

（三）检察方法的多样性

刑事执行检察监督内容的广泛性和检察职能的综合性，决定了刑事执行检察监督方式具有多样性的特点，许多方面与检察机关的其他诉讼监督工作方式有所不同。可以从以下几个方面来认识：第一，从检察的方法和手段的属性上来看，有属于刑罚执行监督的，有属于监管活动监督的，还有属于通过办理职务犯罪案件、办理刑事案件监督的。第二，从检察的方法和手段的效力上来看，既有绝对刚性的方法和手段，例如发出立案通知和批准、决定采取的强制措施等；也有相对刚性的方法和手段，例如发出纠正违法通知书；还有相对柔性的方法和手段，例如发出检察建议。第三，从检察的方法和手段的表现形式上来看，除办理刑事案件的法律文书外，既有书面的形式，又有口头的形式。书面形式中，又可分为"纠正违法通知书"、"检察建议书"，以及其他形式的检察意见等。

（四）检察形式的丰富性

根据有关规定，检察机关开展刑事执行检察的形式主要有四种，分别是：派驻检察、巡回检察、巡视检察和专项检察。其中，以派驻检察形式为主，其他检察形式为辅。

派驻检察，是指人民检察院依法在监管场所设立的专门派驻机构，是对监管机关执行刑罚和监管执法活动是否合法实行法律监督的一种工作形式。派驻检察是由刑事执行检察的特点所决定的，是中国特色的一种检察形式。刑事执行检察在特定场所履行职责，除办理监管场所发生的案件外，大量日常工作是对监管机关执行刑罚和监管执法活动是否合法实施即时监督，发现违法及时提出纠正。如果不经常深入监管场所，不及时掌握情况、发现和纠正违法问题，刑事执行检察的监督作用就难以有效发挥。因此，检察机关在监管场所设置派驻机构，是有效履行刑事执行检察职责的重要组织保障，是开展刑事执行检察工作的有效方法。派驻检察有两种形式，即派出检察院和派驻检察室。按照最高人民检察院《关于加强和改进监所检察工作的决定》的要求，派出检察院要在所担负检察任务的监管场所实行派驻检察，因此，在刑事执行检察工作形式中，派驻检察是最基本的形式，担负着刑事执行检察最主要的工作任务。刑事执行检察主要通过派驻检察开展工作，实现监督职能。

巡回检察，是指人民检察院依法对关押人数较少的小型监管场所，派员定期或不定期进行检察的一种工作方式。最高人民检察院《关于加强和改进监所检察工作的决定》第 23 条规定："常年关押人数较少的小型监管场所，可以实行巡回检察。"对于"关押人数较少"的标准，目前没有具体规定，实践中可以参照有关规定，如看守所检察，可以参照公安部《看守所等级评定办法》，其规定"月均关押不足 100 人的为小型看守所"。一般来讲，所谓小型监管场所，是相比普通监管场所的规模、押量以及押犯性质而言，因此，是否实行巡回检察，要综合评估确定。

巡视检察，是指上级人民检察院刑事执行检察部门对辖区内由下级刑事执行检察部门派驻检察的监管机关执行刑罚和监管执法活动是否合法进行检察，同时对该派驻检察机构履行法律监督职责情况进行检察的一种检察制度。2012 年 2 月 29 日，最高人民检察院刑事执行检察厅印发了《关于上级人民检察院监所检察部门开展巡视检察工作的意见》，首次提出巡视检察。巡视检察实行以来，取得了较好的法律效果和社会效果。2012 年 10 月，国务院新闻办发表的《中国的司法改革》白皮书肯定了检察机关刑事执行检察部门的巡视检察，将其作为司法改革的成果之一。曹建明检察长作出批示："巡视检察是加强检察机关法律监督的重要形式之一，应予坚持。"

专项检察，是指检察机关针对监管场所一个时期存在的突出问题，集中一定时间和力量，组织开展专题性法律监督活动。专项检察是刑事执行检察在长期实践中探索总结出来的有效监督途径和方法，它如同集中优势兵力打歼灭战，投入少、见效快，已经成为刑事执行检察一项有效的工作形式。

三、刑事执行检察的意义

刑事执行检察是人民检察院法律监督的一项重要职能。它对于加强社会主义法治，保障国家法律、法规在执行刑罚和监管执法活动中的正确统一实施，维护社会公平正义，确保刑事诉讼顺利进行，具有十分重要的意义。

（一）刑事执行检察是保障国家法律、法规统一正确实施的需要

我国是人民当家做主的社会主义国家。建立和健全社会主义法制，切实做到"有法可依、有法必依、执法必严、违法必究"，是我国法治建设中的一项长期的、重要的任务。新中国成立以来，特别是改革开放以来，我国已经制定了比较齐全的法律法规，涉及政治、经济、文化、社会生活关系的方方面面，基本形成了较完备的法律体系。在新的形势下，党的十八大又进一步提出了依法治国，建设社会主义法治国家的目标。人民检察院是国家的法律监督机关，它对于这一目标的实现担负着重要的、不可替代的责任。在现代社会，监管机关的监管执法活动是否依法进行，监管机关及其工作人员是否严格执法，往往是衡量一个国家的法治状况和文明程度的重要标志之一，对于国家形象也有重要影响。刑事执行检察通过履行监督职能，监督监管机关严格依法监管，切实保障国家法律、法规在监管场所得以统一正确实施，在依法惩罚违法犯罪的同时，保障被监管人员的合法权益。这是依法治国的一个不可或缺的重要环节，对于我国的社会主义法治建设意义重大。

（二）刑事执行检察是保障刑事诉讼任务实现的需要

《中华人民共和国刑法》（以下简称刑法）、刑事诉讼法、《中华人民共和国监狱法》（以下简称监狱法）等是我国的重要法律法规，对于打击、惩罚和预防犯罪，保护人民，维护社会秩序，保障社会主义现代化建设具有十分重要的作用。监狱、未成年犯管教所、看守所、社区矫正机构等监管机关是国家专门司职执行刑罚、羁押犯罪嫌疑人和被告人、监管和教育服刑罪犯的机关。监管机关的执法情况不仅直接影响改造工作，而且直接关系到刑事诉讼任务能否最终实现。如果看守所不能依法做好收押、监管犯罪嫌疑人和被告人的工作，刑事诉讼活动就难以正常进行；如果监狱、未成年犯管教所、社区矫正机构等不能正确执行刑罚，刑事诉讼任务就不能得以实现，刑罚的目的就不可能达到。我国法律赋予检察机关刑事执行检察的职能，就是为了通过刑事执行检察工作，及时、准确地纠正违法，预防和减少侵犯被监管人员合法权益行为的发生，从而保障依法监管和惩罚被监管人员，保障刑事诉讼和监管任务的完成，保障刑法、刑事诉讼法等法律法规的正确实施。

（三）刑事执行检察是惩治犯罪、维护社会稳定的需要

社会稳定是我国不断推进建设中国特色社会主义的前提条件。多年来，由于国家加大了法治力度，通过严厉打击严重刑事犯罪活动，加强社会治安综合治理，社会治安秩序明显好转。但社会治安问题还不少，一些地区重大恶性案件仍时有发生。在监管场所，"以钱抵刑"、徇私舞弊等司法腐败现象时有发

生，对罪犯教育改造质量不高，服刑罪犯又犯罪或回归社会后不思悔改继续犯罪的屡见不鲜。这些都给社会治安的稳定和社会风气的好转造成了负面影响。因此，加强检察机关对执行刑罚和监管执法活动的监督，严肃查处司法人员的职务犯罪，严厉打击监禁罪犯又犯罪，促使监管机关的廉政建设和监管秩序稳定，把监管场所办成教育人、改造人、挽救人的场所，以减少和防止重新犯罪，与社会稳定有着十分密切的关系。打击犯罪是综合治理的首要一环，教育改造好被监管人员，使之回归社会后不再违法犯罪，成为有益于社会的公民，这是实现国家长治久安的一项根本措施。刑事执行检察在监管场所行使监督职权，督促和推动监管机关依法履行职责，保障国家的监管工作方针政策落到实处，不断提高改造质量，这是加强社会治安综合治理、维护社会稳定的必不可少的一个重要环节。

（四）刑事执行检察是维护社会公平正义的需要

检察机关是担负法律监督的司法机关，毫无疑问，当然是维护社会公平正义的一支重要力量。执行机关是国家的暴力机器，其执法活动是否公正依法，事关司法是否公平正义。检察机关通过刑事执行检察，对执行机关执行刑罚和监管执法活动的监督，发现和纠正违法，惩罚犯罪，促使执行机关依法文明执法，保障被监管人的合法权益，实现刑罚执行和监管活动公平正义，发挥着不可替代的积极作用。刑事执行检察始终坚持"维稳"与"维权"并重的执法理念，既监督纠正刑罚执行和监管活动中各种渎职、放纵以及不作为等违法问题，也监督纠正各种侵犯被监管人合法权益问题；既维护正常的监管秩序，使被判处刑罚的罪犯依法受到应有惩罚，也保证符合条件的罪犯享有同等的行政和司法奖励。刑事执行检察通过在监管场所的积极履职，保障被监管人得到公正平等对待，维护刑罚执行和监管活动的公平正义。

第二节　刑事执行检察工作的主要职责

刑事执行检察职责是指人民检察院依法行使的刑事执行检察各项监督职责的总和，其内容和范围由人民检察院根据法律规定和实际需要分工确定。刑事执行检察业务流程汇总如下图：

刑事执行检察业务流程汇总图

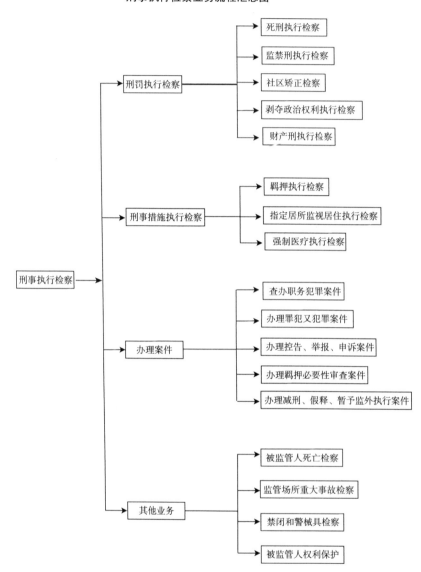

总的来看，根据刑事诉讼法、人民检察院组织法和《人民检察院刑事诉讼规则（试行）》（以下简称《刑诉规则》）等有关规定，刑事执行检察工作的职责可以划分为以下四大类：

一是刑罚执行检察职责。主要包括：对死刑执行检察的职责；对无期徒刑、有期徒刑、拘役刑等监禁刑执行检察的职责；对管制、缓刑、假释、暂予监外执行等社区矫正进行检察的职责；对剥夺政治权利执行检察的职责；对财产刑执行检察的职责等。

二是刑事措施执行检察职责。主要包括：对拘留、逮捕等羁押措施执行检察的职责；对指定居所监视居住执行检察的职责；对强制医疗执行检察的职责等。

三是办理案件职责。主要包括：办理职务犯罪案件的职责；办理罪犯又犯罪案件的职责；办理控告、举报、申诉案件的职责；办理羁押必要性审查案件的职责；办理减刑、假释、暂予监外执行案件的职责等。

四是其他业务职责。主要包括：被监管人死亡检察的职责；监管场所重大事故检察的职责；禁闭和警械具检察的职责；被监管人权利保护的职责等。

具体来看，根据刑事执行检察的监督对象、业务内容、工作性质的不同，刑事执行检察工作的职责又可以细分为以下 14 项：

1. 对人民法院、公安机关和监狱、看守所、社区矫正机构等执行机关和监管场所执行刑罚及监管活动是否合法实行监督。

2. 对监狱等执行机关提请减刑、假释和人民法院审理、裁定减刑、假释是否合法实行监督。

3. 对人民法院开庭审理减刑、假释案件出席法庭发表检察意见，并对法庭审理活动是否合法实行监督。

4. 对监狱管理机关、公安机关、人民法院批准或决定暂予监外执行活动是否合法实行监督。

5. 对公安机关执行监管被刑事拘留、逮捕和指定居所监视居住的犯罪嫌疑人、被告人的活动是否合法实行监督。

6. 对在押犯罪嫌疑人、被告人羁押期限是否合法实行监督。

7. 对公安机关执行监督管理被剥夺政治权利的罪犯的活动是否合法实行监督。

8. 对社区矫正机构对被判处管制、宣告缓刑、裁定假释、决定暂予监外执行的罪犯的社区矫正活动是否合法实行监督。

9. 对强制医疗执行活动是否合法实行监督。

10. 对逮捕后羁押的必要性进行审查。

11. 对刑事执行中的职务犯罪案件立案侦查，开展职务犯罪预防工作。

12. 对刑事执行中罪犯又犯罪案件审查逮捕、审查起诉，对立案、侦查和审判活动是否合法实行监督。

13. 受理被刑事执行人及其近亲属、法定代理人的控告、举报和申诉。

14. 承办检察长交办的其他事项。

第三节　刑事执行检察岗位的素能要求

刑事执行检察岗位的素能要求，是指刑事执行检察人员应具备的政治素质、业务能力等诸方面条件的总和。

一、政治素质

刑事执行检察岗位政治素质的基本要求是忠诚、公正、清廉、文明。

忠诚，是刑事执行检察人员的本质要求。忠诚，对刑事执行检察人员来讲，就是要忠于党、忠于国家、忠于人民、忠于法律。刑事执行检察人员负有维护监管场所稳定、保障被监管人合法权益、保障人民群众合理诉求、维护社会公平正义的重要使命。刑事执行检察人员只有忠诚，才能切实承担起时代使命和政治责任，才能做到政治坚定、旗帜鲜明，才能确保党的路线方针政策在刑事执行检察工作中得到不折不扣的贯彻执行。

公正，是刑事执行检察人员的根本要求。公正，对刑事执行检察人员来说，就是要依法履行刑事执行检察职责，不受行政机关、社会团体和个人的干涉。要敢于监督，善于监督，不为金钱所诱惑，不为人情所动摇，不为权势所屈服。树公正之心、恪守公正之德、践行公正之举是刑事执行检察人员的天职。

清廉，是刑事执行检察人员的基本要求。清廉，对刑事执行检察人员来说，就是要以社会主义核心价值观为根本职业价值取向，牢固树立正人先正己、监督者必须接受监督的意识，用比监督别人更严的要求来监督自己，保持清正廉洁，淡泊名利，不徇私情，遵纪守法，严格自律。

文明，是刑事执行检察人员的具体要求。文明，对刑事执行检察人员来说，就是要以人为本，宽严相济，做到执法理念文明，执法行为文明，执法作风文明，执法语言文明。

二、业务能力

刑事执行检察岗位的业务能力，主要包括执法监督能力、查办案件能力、规范执法能力、应急处置能力、组织协调能力、综合分析能力、装备应用能力和理论调研能力等。

执法监督能力，是刑事执行检察队伍能力素质的本质。刑事执行检察部门通过对刑罚执行和监管活动进行检察监督，维护被监管人的合法权益、确保监管场所的安全稳定和保障刑事诉讼的顺利进行。在依法加强日常检察监督的同时，不断改进监督方式，切实加大重点检察监督力度，增加监督针对性和实效性，提高检察监督质量。刑事执行检察执法监督能力主要体现在对刑罚执行和监管活动的日常检察监督和重点检察监督上。

查办案件能力，是刑事执行检察队伍能力素质的核心。获取案件线索能力是查办案件能力的基础。发生在刑罚执行和监管活动中的犯罪案件具有一定的隐蔽性，且涉案人员具有一定的反侦查能力，因此，刑事执行检察人员要积极利用各种渠道获取案件线索。要提高办案质量，确保办案安全。严把事实关，做到案件事实查细、查深、查透；严把程序关，严格遵守法定办案程序；严把证据关，确保证据的证明力；严把法律适用关，确保案件立得住、诉得出、判得了。要强化办案监督，科学评估办案风险，认真落实办案安全防范规定，严格依法办案、安全办案、文明办案，杜绝办案安全事故的发生。

规范执法能力，是刑事执行检察队伍能力素质的基础。明确刑事执行检察工作流程，严格执行各项制度，是刑事执行检察人员依法正确履行职责，保障被监管人合法权益的基石。刑事执行检察规范执法能力主要体现在规范执法监督工作、规范办案工作和遵守执行工作制度等三个方面。

应急处置能力，是刑事执行检察人员能力素质的关键。刑事执行检察人员对监管场所发生的被监管人死亡或者重伤、脱逃，被监管人暴动、骚乱、劫持人质，社会人员劫持被监管人，监管场所遭受冲击、包围，监管场所遭受地震、水灾、火灾等重大自然灾害，监管场所发生重大疫情、集体食物中毒或者其他重大事件必须拥有良好的应急处置能力。

组织协调能力，是刑事执行检察人员能力素质的重点。刑事执行检察业务的综合性、广泛性，决定了要做好刑事执行检察监督工作，刑事执行检察人员必须协调好与被监管单位、其他政法机关、上下级检察机关刑事执行检察部门和检察机关其他业务部门等单位、部门的工作关系，共同做好监管和监督工作。

综合分析能力，是刑事执行检察人员能力素质的前提。刑事执行检察人员在解决刑罚执行和监管活动检察监督中所出现的问题时，必须具备良好的综合分析能力。刑事执行检察人员在检察监督中要注重细节，善于通过巡视、谈话教育、申诉控告等多种渠道获取有关信息并加以分析，及时发现各种问题，进而对相关问题进行综合概括，不断寻求解决问题的各种路径。综合分析能力的基本要求就是刑事执行检察人员要熟知掌握、灵活运用做好刑事执行检察监督工作的各类知识。

装备应用能力，是刑事执行检察人员能力素质的要求。随着检察机关办公条件的不断改善和"规范化检察室"创建活动的推进，刑事执行检察部门和派驻检察室逐渐配备有电话、计算机、打印机、扫描仪、摄像机、数码照相机、传真机等办公用具和器材装备。为适应刑事执行检察信息化建设要求，各地采取了各项措施，不断推进派驻检察室与监管场所信息联网、监控联网和检察专线网支线建设，以实现办公、办案自动化。刑事执行检察信息化建设推进的目的在于提高刑事执行检察人员的监督能力和效率。刑事执行检察人员不仅要严格按照各类办公用具和器材装备技术手册的要求操作使用，并进行日常管理和维护，还应努力掌握各种装备的应用操作。

理论调研能力，是刑事执行检察人员能力素质的提升。刑事执行检察理论调研与刑事执行检察工作是密不可分的，刑事执行检察工作为刑事执行检察理论调研提供实证研究，刑事执行检察理论调研揭示了刑事执行检察工作规律并服务于刑事执行检察工作。刑事执行检察理论调研的范围涉及刑事执行检察工作重点、工作难点、工作热点、改革重点、工作弱点等方面内容，正确选择调研方向是理论调研能力的重要体现。

三、作风纪律

刑事执行检察作风纪律，是指刑事执行检察人员在行使权力、履行职责过程中，所表现出来的一贯态度和行为、所必须作出或不得作出一定行为的约束的总称。

刑事执行检察作风，是刑事执行检察人员在思想、学习、工作、生活等方面表现出来的一贯态度和行为的总称。思想作风的基本要求是解放思想、求真务实、锐意进取、开拓创新。学习作风的基本要求是理论联系实际，反对本本主义。工作作风的基本要求是严谨细致、尽心尽力、注重实效。生活作风的基本要求是勤俭节约、克己奉公、甘于奉献。

刑事执行检察纪律，是刑事执行检察人员在履行刑事执行检察监督职责及从事相关活动中所必须作出或不得作出一定行为的约束的总称。在政治纪律方面，刑事执行检察人员要树立共产主义理想信念，坚持党的基本理论、基本路线和基本纲领，在思想上、政治上和行动上与党中央保持高度一致，认真执行廉洁从政准则和廉洁从检规定，保持清廉本色。在组织纪律方面，刑事执行检察人员要正确处理个人与组织、民主与集中、自由与纪律、局部与全部这四种关系。自觉做到个人服从组织，严格执行上级决定和命令，听从指挥，令行禁止，与刑事执行检察工作大局步调一致、切实维护法制统一。在工作纪律方面，刑事执行检察人员要严格依法查办案件，确保办案安全，保守在工作中掌握的国家秘密、商业秘密和个人隐私。

同时，刑事执行检察人员也必须遵守刑事执行检察工作其他纪律。要严格遵守派驻检察时间规定，派驻检察室每个工作日都要有人在岗，派驻检察人员每月派驻检察时间不少于 16 个工作日，遵守上下班考勤、请销假等制度，未经批准不得擅自离开工作岗位。约见或接待被监管人及其法定代理人、近亲属要谦虚谨慎，热情周到，且有约见或接待记录。要严格遵守网络管理、工作日志填写等各项制度，认真执行岗位责任制，严格按工作规范办事。要遵守公务和警车使用制度，不私自使用公务和警用车辆，遵守道路交通法规。要严格执行禁酒令，不在执法办案期间、工作时间和工作日中午饮酒，不着检察制服和佩戴检察徽标在公共场所饮酒。

思考题

　　1. 刑事执行检察的主要特征是什么？

　　2. 刑事执行检察工作包括哪些主要职责？

　　3. 刑事执行检察岗位应当具备哪几个方面的业务能力？

第二部分
刑事执行检察工作实务

第二章　刑罚执行检察

第一节　死刑执行检察

死刑执行是由特定的执行机关依法将法院针对犯罪人作出的、已经发生法律效力的死刑判决付诸执行以剥夺其生命的刑事司法活动。我国死刑执行的法定监督机关是人民检察院，人民检察院作为监督主体介入死刑执行，监督人民法院行使死刑执行权的合法性与正当性。最高人民检察院《刑诉规则》明确规定，死刑执行临场监督职责由人民检察院刑事执行检察部门承担。

一、死刑执行检察的主要内容

根据刑事诉讼法、最高人民法院《关于适用〈中华人民共和国刑事诉讼法〉的解释》（以下简称《高法刑诉法解释》）及《刑诉规则》等相关法律、司法解释的规定，死刑执行检察主要包括以下内容：

1. 执行机关的法律文书是否齐备。应当查明负责执行死刑的人民法院是否收到最高人民法院核准死刑的裁定或者作出的死刑判决、裁定和执行死刑的命令。

2. 时间是否符合法律规定。负责执行死刑的人民法院是否在接到执行死刑的命令后 7 日内执行，是否在交付执行 3 日前通知人民检察院派员临场监督。

3. 执行死刑的方式、场所是否合法。死刑应采用枪决或者注射等方法执行，采用注射方法执行死刑的，应当在指定的刑场或者羁押场所内执行，采用枪决、注射以外的其他方法执行死刑的，应当事先层报最高人民法院批准。

4. 执行死刑前是否确认身份，是否保障被执行人基本权利与人格尊严。执行死刑前，指挥执行的审判人员对罪犯应当验明正身，讯问有无遗言、信札，并制作笔录，执行死刑应当公布，禁止游行示众或者其他有辱被执行人人格的行为。

5. 在执行死刑前，发现有"罪犯正在怀孕的"等法定情形之一的，检察机关应当建议人民法院停止执行。

6. 是否验明罪犯确已死亡。执行死刑完毕，应当由法医验明罪犯确实死亡，在场书记员制作笔录，人民检察院临场监督人员应当检查罪犯是否确已死亡，并填写死刑临场监督笔录，签名后入卷归档。

7. 负责执行的人民法院是否依法处理罪犯具有重要内容的遗书、遗言及案件线索，通知家属领取尸体。负责执行的人民法院执行死刑后，对于死刑罪犯的遗书、遗言笔录，应当及时进行审查，涉及财产继承、债务清偿、家事嘱托等内容的，将遗书、遗言交给家属，涉及案件线索等问题的，应当抄送有关机关；通知罪犯家属在限期内领取罪犯尸体，有火化条件的，通知领取骨灰，对外国籍罪犯通知其外国驻华使、领馆。

二、死刑执行前的检察

人民检察院开始介入死刑执行程序，并不是从临场监督才开始的。人民检察院在死刑立即执行前的检察工作主要有以下几项：

（一）接收法院发出的临场监督通知

根据有关法律规定，法院是执行死刑的主体。刑事诉讼法第 252 条第 1 款规定，人民法院在交付执行死刑前，应当通知同级人民检察院派员临场监督。《高法刑诉法解释》第 424 条规定，第一审人民法院在执行死刑 3 日前，应当通知同级人民检察院派员临场监督。因此，我国死刑执行体制是以人民法院为主导的，人民检察院不能主动进行临场监督，而要基于人民法院的通知，才能开展相应的监督工作。人民检察院收到同级人民法院的临场监督通知后，应根据上述有关法律规定，查明人民法院是否在交付执行死刑 3 日前发出的。实践中，该通知一般应包括执行死刑的时间、人员、对象、场所、方式、行车路线、现场警戒等具体事宜，以便人民检察院做好人员、车辆等准备工作。

（二）确定临场监督人员

《刑诉规则》第 635 条第 3 款规定，执行死刑临场监督，由检察人员担任，并配备书记员担任记录。根据《人民检察院临场监督执行死刑工作规则（试行）》第 5 条、第 6 条、第 7 条之规定，人民检察院派员临场监督的时候，应当配备书记员担任记录，根据需要还应当配备司法警察负责临场监督人员进入和离开执行现场前后的安全保卫工作。必要的时候，检察长应当到执行现场对临场监督工作进行具体指挥。人民检察院应当在执行 1 日前将执行临场监督任务的人员情况通报执行人民法院。人民检察院临场监督人员不得将与执行任务无关的人员带入执行现场。

因此，实践中准备工作通常包括：委派检察员或者经检察长批准代行检察员职务的助理检察员参加临场监督。至于具体人数，法律、司法解释没有明确规定，我们认为，在以前的死刑临场监督实践中，参加的检察人员大多出自公诉部门，刑事执行检察部门委派临场监督检察员，可以参照出庭支持公诉的相关规定，在人力、物力等条件允许的情况下，按照一案由一名检察员专人负责的模式配备人员。同时，还应当配备书记员担任记录，根据需要配备司法警察负责临场监督人员进入和离开执行现场前后的安全保卫工作。当然也可以指派两名以上检察员专门负责临场监督任务。鉴于临场监督检察员一般缺乏法医学专业知识，特别是以注射方法执行死刑不像枪决方法直观、感性，实践中人民检察院在必要的情况下，可以聘请法医对罪犯是否死亡进行判断，也可以配备技术人员进行拍照、摄像。人民检察院应该及时确定临场监督人员，并按照规定及时通报负责执行的人民法院。

（三）检察死刑执行相关法律文书

刑事诉讼法第 235 条规定，死刑由最高人民法院核准。第 250 条第 1 款规定，最高人民法院判处和核准的死刑立即执行的判决，应当由最高人民法院院长签发执行死刑的命令。《高法刑诉法解释》第 417 条第 1 款规定，最高人民法院的执行死刑命令，由高级人民法院交付第一审人民法院执行。第一审人民法院接到执行死刑命令后，应当在 7 日内执行。刑事诉讼法第 251 条第 1 款也规定，下级人民法院接到最高人民法院执行死刑的命令后，应当在 7 日以内交付执行。《刑诉规则》第 636 条规定，人民检察院收到同级人民法院执行死刑临场监督通知后，应当查明同级人民法院是否收到最高人民法院核准死刑的裁定或者作出的死刑判决、裁定和执行死刑的命令。

根据上述规定，具体执行死刑的人民法院是作出死刑判决的原审人民法院，执行的最终依据是经最高人民法院核准后由最高人民法院院长签发执行死刑的命令，这体现了诉讼程序的严密和对犯罪人生命权利的尊重。人民检察院在收到同级人民法院执行死刑临场监督通知后、在进行临场监督之前，应当查明负责执行的同级人民法院是否收到最高人民法院核准死刑的判决或者裁定，是否由最高人民法院院长签发执行死刑的命令以及是否在法定时间内执行死刑，这是确保死刑案件质量、保障人权的一项重要措施。

（四）了解有关案情

《人民检察院临场监督执行死刑工作规则（试行）》第 7 条第 1 款规定，负责临场监督的检察人员应当核实本院是否在交付执行 3 日前接到执行人民法院临场监督通知，并应进一步熟悉本案案情，做好相关准备工作。根据《刑诉规则》第 635 条第 2 款的规定，死刑执行临场监督由人民检察院刑事执行检察部门负责；必要时，刑事执行检察部门应当在执行前向公诉部门了解案件有关情况，公诉部门应当提供有关情况。刑事执行检察部门在执行前向公诉部门了解案件有关情况，可以熟悉死刑犯的案情，防止错杀，监督并保障死刑执行活动顺利进行。例如，死刑罪犯一直拒不服判，有可能在死刑执行前临场喊冤，刑事执行检察部门在执行前向公诉部门了解案情，与人民法院事前沟通情况，防止判决错误，保障死刑执行顺利进行。又如，死刑罪犯在审判过程中有检举他人犯罪事实情形，但是经过司法机关调查，该检举线索被否定，或者他人犯罪事实无法查证属实，刑事执行检察部门在执行前掌握这一情况后，如果死刑罪犯在被执行时再次就同一线索进行检举，即可以不再建议人民法院停止执行死刑。实践中，刑事执行检察部门可以充分利用长期派驻羁押场所的工作优势，在死刑立即执行判决、裁定生效后，及时了解罪犯案情，并密切关注其在看守所的一贯羁押表现情况，如其是否有立功表现、行刑前是否有异常情形等，以便进一步做好死刑执行临场监督准备工作。

（五）保障死刑罪犯的会见权

人的社会性很大程度上以与家庭成员或亲朋好友的密切联系为特征，对于死刑罪犯来说，尽管被依法剥夺了生命权，但在刑罚执行之前，仍应尊重其作为社会成员的基本情感与尊严。在死刑执行之前，死刑罪犯与其亲属见面、交流的愿望会更加迫切，临刑会见权是一种必要的情感慰藉，同时也有利于死刑罪犯对家庭等事宜作出安排。为此，检察机关应重点监督该项制度的具体实施，使之在司法实践中发挥积极作用。

2007年3月9日实施的最高人民法院、最高人民检察院、公安部、司法部《关于进一步严格依法办案确保办理死刑案件质量的意见》明确规定，人民法院向罪犯送达核准死刑的裁判文书时，应当告知罪犯有权申请会见其近亲属，无论是罪犯还是其近亲属提出的会见申请，人民法院都"应当准许"，这充分保障了死刑罪犯与其亲属的临刑会见权。《高法刑诉法解释》第423条亦规定，第一审人民法院在执行死刑前，应当告知罪犯有权会见其近亲属。罪犯申请会见并提供具体联系方式的，人民法院应当通知其近亲属。罪犯近亲属申请会见的，人民法院应当准许，并及时安排会见。因此，死刑罪犯在被执行死刑前有权要求会见其近亲属，人民法院也有义务告知罪犯有权申请会见其近亲属，这有利于保障死刑罪犯的人权。人民检察院应查明法院是否告知并及时安排罪犯会见其近亲属。

三、死刑执行临场监督

死刑执行的临场监督，以原审人民法院对执行对象验明正身为起点，到确认被执行罪犯死亡时为止。无论从实体还是程序层面来看，临场监督环节都是死刑执行监督的关键所在，具体包括对执行主体、执行对象、执行时间、执行场所、执行方式和执行结果等方面的监督。

（一）执行主体

根据刑事诉讼法和相关司法解释的规定，最高人民法院的执行死刑命令，由高级人民法院交付第一审人民法院执行。根据刑事诉讼法有关审判管辖的规定，可能判处无期徒刑、死刑的第一审刑事案件由中级人民法院管辖，因此，第一审人民法院通常是中级人民法院。关于死刑执行的具体人员，根据1997年最高人民法院《人民法院司法警察暂行条例》第7条、第8条之规定，人民法院司法警察在法官的指令下履行职责，其中，执行死刑为其职责之一。因此，人民检察院临场监督时，首先应查明负责执行死刑的人民法院是否适格。其次，还应查明执行人员是否是人民法院的司法警察。用枪决方式执行死刑的，实践中，人民法院有条件执行的，通常应交付司法警察执行，没有条件的，可交付公安机关的武装警察执行。随着死刑执行方式可能逐步由枪决转变为注射，人民检察院还要对执行注射人员的资质、从业经历等进行检查核实，以保证死刑执行依法、有序、规范进行。

（二）执行对象

验明正身，是指对即将交付执行死刑的罪犯进行最后的查验、核对，确认该罪犯是否就是死刑判决书或裁定书中被判处死刑的罪犯。实践中，一般由人民法院在看守所或将执行对象由看守所押解至法院进行验明正身。验明正身包括核对罪犯的姓名、性别、出生年月、职业、单位、籍贯、住址、家庭状况等个人资料，及其犯罪的基本事实和审判、处刑情况。验明正身是死刑执行程序中防止错杀无辜的一个重要环节，必须认真对待。死刑执行监督是全程监督，负责临场监督的检察人员应积极参与验明正身这一关键环节。

验明正身主要有两层含义：一是查明执行对象是否是应当执行死刑的罪犯。要查明执行对象是生效死刑判决和执行死刑命令指明之特定对象，而不是其他人，包括无辜公民、被判处其他刑罚的罪犯和被判处死刑的其他罪犯。二是查明执行对象不具有法定的例外情况。根据刑法第49条规定："犯罪的时候不满十八周岁的人和审判的时候怀孕的妇女，不适用死刑。审判的时候已满七十五周岁的人，不适用死刑，但以特别残忍手段致人死亡的除外。"故应查明罪犯犯罪时是否不满18周岁或者审判的时候已满75周岁，依法不应当适用死刑的；罪犯是否怀孕的妇女等。检察机关对执行对象进行监督，主要是通过验明正身和讯问其是否有遗言、信札等环节实现的。在执行人员对死刑罪犯验明正身时，检察人员应当在场，认真核实罪犯的姓名、出生年月、籍贯等个人情况，以及罪犯的犯罪事实及处刑情况等。在执行人员讯问死刑罪犯有无遗言、信札时，检察人员应认真听取并制作笔录，必要时可以补充讯问相关问题。如果发现有法定情形之一的，应建议人民法院停止执行，一旦错误没有得到及时纠正，将造成不可挽回的严重后果。

实践中，将执行对象押解至刑场后，临场监督检察人员一般不再对执行对象身份进行验证，这就为赴刑场中途可能发生的人员调换或错失对前次身份验证出现失误再行弥补的机会等情形埋下隐患，为确保无误，临场监督检察人员应在执行对象被从车上押下之时再次进行身份确认，以防止冤杀与错杀。

（三）执行时间

刑事诉讼法第 251 条第 1 款规定，下级人民法院接到最高人民法院执行死刑的命令后，应当在 7 日以内交付执行。《高法刑诉法解释》第 417 条第 1 款规定：“最高人民法院的执行死刑命令，由高级人民法院交付第一审人民法院执行。第一审人民法院接到执行死刑命令后，应当在七日内执行。”这里的“七日”属于不变期间，不得中止、中断或者延长，该规定既是基于人道主义的考虑，减少死刑罪犯的巨大精神痛苦，也有利于死刑的顺利执行，防止因执行前时间较长而出现越狱、劫狱等情况。在 7 日之内，法院主要进行下列准备工作：确定执行的具体日期和执行场所；通知同级人民检察院派员临场监督；安排刑场警戒事宜；安排罪犯的亲属会见等。为此，人民检察院应监督同级人民法院在法定时间内执行死刑，严格遵循刑事诉讼法等有关法律规定的 7 日期限。

（四）执行场所

根据刑事诉讼法第 252 条和《高法刑诉法解释》第 425 条之规定，死刑可以在刑场或者指定的羁押场所内执行。执行死刑的刑场，不得设在繁华地区、交通要道和旅游区附近。因此，检察机关应监督人民法院在法定场所内执行死刑。在实践中，采用枪决方式通常在刑场执行；采用注射方式通常在刑场或指定的羁押场所执行。无论是刑场或指定的羁押场所，都应当具备一定的隐蔽性和隔离性，既避免使社会公众直接接触死刑执行，也有利于警戒人员维持执行秩序。

（五）执行方式

根据刑事诉讼法第 252 条和《高法刑诉法解释》第 425 条之规定，死刑采用枪决或者注射等方法执行。采用注射方法执行死刑的，应当在指定的刑场或者羁押场所内执行。可见，我国用立法的形式明确规定了“枪决”和“注射”两种主要死刑执行方法，体现了死刑执行的人道、轻缓、文明的发展趋势。《高法刑诉法解释》第 425 条进一步规定，采用枪决、注射以外的其他方法执行死刑的，应当事先层报最高人民法院批准。在死刑执行现场，检察机关应确保人民法院采用法定之执行方式，即枪决或注射。如果采用枪决、注射之外的其他方式执行死刑，应查明是否有最高人民法院的批准文书。"控制犯罪和保障人权是刑事诉讼的双重目的。"联合国《关于保护面临死刑者权利的保障措施》规定："判处死刑后，应以尽量减轻痛苦的方式执行。"因此，我们认为，从立法原意来看，这里的"其他方式"是指比枪决、注射更为简单、快捷、文明并尽可能减轻痛苦的执行方式。如果采用更为残酷的执行方式，检察机关应视其违反法律规定，及时进行纠正。此外，刑事诉讼法第 252 条第 5 款规定，执行死刑应当公布，不应示众。在死刑执行过程中，禁止游街示众或者其他有辱执行对象人格的行为。因此，检察机关应对执行人员的表现和现场秩序进行监督，确保死刑罪犯的人格尊严、宗教信仰、民族习惯不受侵犯；除依法执行死刑的司法工作人员外，不准许其他任何人进入刑场或拍摄。

（六）执行结果

根据《人民检察院临场监督执行死刑工作规则（试行）》第 14 条之规定，执行死刑完毕，法医验明罪犯是否死亡时，检察人员应当在场监督。检察人员对法医出具的结论有疑问的，应当立即向指挥执行的审判人员提出。因此，在死刑执行后，临场监督检察人员应监督人民法院的法医验明罪犯确实死亡。此外，临场监督人员还应亲自检查罪犯是否确已死亡，并填写死刑临场监督笔录，签名后入卷归档。由此可见，被执行罪犯是否死亡应经过人民法院和检察机关的双重检验，以确保死刑判决得到准确、有效的执行。经临场监督的检察人员确认死亡后，尸体方可做其他处理。目前，我国法律并没有明确规定死亡的判定标准，但在整个医学界和临床所沿用的判定标准已得到一致认可。从医学标准来看，被执行罪犯的死亡标准应是其呼吸、心跳、脉搏不可逆转地停止，以及双侧瞳孔散大固定（直径大于 0.5cm）。此外，由于刑事诉讼法也规定了注射执行死刑方式，在条件允许的情况下，法院会越来越多地使用这种更为文明的方式。由于注射执行死刑专业性很强，鉴于临场监督检察人员一般缺乏法医学专业知识，特别是以注射方式执行死刑不像枪决方式直观、感性，对罪犯是否死亡的判断，需要一定的医学知识甚至需要借助辅助仪器，临场监督检察人员往往只能听信于法院临场法医的检验和告知，从而使《刑诉规则》第 638 条"执行死刑后，人民检察院临场监督人员应当检查罪犯是否确已死亡"的规定难以切实执行。为了确保对执行结果的监督质量，特别是在人民法院采取注射方式执行死刑时，为了加大检察机关的监督力度，我们认为，检察机关有权采取聘请法医的方式进行监督。

四、死刑停止执行的检察

刑事诉讼法第 251 条、第 252 条规定了停止执行死刑和暂停执行死刑两种防止错杀的制度。《刑诉规则》第 637 条也规定了临场监督检察人员应当建议人民法院立即停止执行的几种情形。遇到法定情形,依法提出"刀下留人"的建议,既是临场监督检察人员的法定权利更是法定义务。因此,人民检察院加强对死刑执行变更的监督,依法向人民法院提出停止执行的建议,是监督权自身最直观的标志,在死刑执行检察中占据核心地位。

（一）有关法律规定

刑事诉讼法第 251 条第 1 款规定:"下级人民法院接到最高人民法院执行死刑的命令后,应当在七日以内交付执行。但是发现有下列情形之一的,应当停止执行,并且立即报告最高人民法院,由最高人民法院作出裁定:（一）在执行前发现判决可能有错误的;（二）在执行前罪犯揭发重大犯罪事实或者有其他重大立功表现,可能需要改判的;（三）罪犯正在怀孕。"第 252 条第 4款规定,指挥执行的审判人员在执行前,如果发现可能有错误,应当暂停执行,报请最高人民法院裁定。

《高法刑诉法解释》第 418 条第 1 款规定:"第一审人民法院在接到执行死刑命令后、执行前,发现有下列情形之一的,应当暂停执行,并立即将请求停止执行死刑的报告和相关材料层报最高人民法院:（一）罪犯可能有其他犯罪的;（二）共同犯罪的其他犯罪嫌疑人到案,可能影响罪犯量刑的;（三）共同犯罪的其他罪犯被暂停或者停止执行死刑,可能影响罪犯量刑的;（四）罪犯揭发重大犯罪事实或者有其他重大立功表现,可能需要改判的;（五）罪犯怀孕的;（六）判决、裁定可能有影响定罪量刑的其他错误的。"

《刑诉规则》第 637 条规定:"临场监督执行死刑的检察人员应当依法监督执行死刑的场所、方法和执行死刑的活动是否合法。在执行死刑前,发现有下列情形之一的,应当建议人民法院立即停止执行:（一）被执行人并非应当执行死刑的罪犯的;（二）罪犯犯罪时不满十八周岁,或者审判的时候已满七十五周岁,依法不应当适用死刑的;（三）判决可能有错误的;（四）在执行前罪犯有检举揭发他人重大犯罪行为等重大立功表现,可能需要改判的;（五）罪犯正在怀孕的。"

根据上述规定,在死刑执行临场监督中,人民检察院应当严格按照上述规定,发现被执行人可能被错判或者需要改判情形的,应当建议执行的人民法院立即停止执行死刑,防止错杀。

（二）需要指出的有关问题

关于停止执行死刑和暂停执行死刑,我们认为需要注意以下几点:

1. 关于对"罪犯正在怀孕的"的理解。根据有关司法解释,在羁押期间已是孕妇的被告人,无论其怀孕是否属于违反国家计划生育政策,也不论其是否自然流产或者经人工流产以及流产后移送起诉或审判期间的长短，以及因涉嫌犯罪在羁押期间自然流产后，又因同一事实被起诉、交付审判的怀孕妇女，均应视为"审判的时候怀孕的妇女"，依法不适用死刑。

2. 关于停止（暂停）执行死刑的几种情形。《高法刑诉法解释》第418条规定的"应当暂停执行"的情形、《刑诉规则》第637条规定的"应当建议人民法院立即停止执行"的情形与刑事诉讼法第251条规定的"应当停止执行"的情形均有所不同，我们认为，《高法刑诉法解释》补充规定的"罪犯可能有其他犯罪的；共同犯罪的其他犯罪嫌疑人到案，可能影响罪犯量刑的；共同犯罪的其他罪犯被暂停或者停止执行死刑，可能影响罪犯量刑的"三种情形，是对刑事诉讼法规定的"在执行前发现判决可能有错误的"情形进一步进行了列举。《刑诉规则》所列情形除了涵盖刑事诉讼法规定的情形外，又增加了两种情形，即"被执行人并非应当执行死刑的罪犯的"和"罪犯犯罪时不满十八周岁，或者审判的时候已满七十五周岁，依法不应当适用死刑的"。之所以这样规定，我们认为原因有三：其一，死刑的性质决定了执行时必须慎之又慎，如果发生错误，不仅没有起到打击犯罪、惩罚罪犯的刑罚目的，还剥夺了一个无辜的人的生命权；其二，与刑法不适用死刑的相关规定保持一致，实现了程序法与实体法的相互吻合；其三，司法实践中，的确出现过死刑执行错误的先例，在立法时明确规范，对临场监督检察人员可以起到警示作用。

（三）人民检察院建议停止执行死刑的程序

对于发现"应当停止执行"或者"暂停执行"的情形，人民检察院要坚决提出停止或者暂停执行的意见，及时向本院检察长报告或者制作《停止执行死刑意见书》送达执行人民法院。根据《人民检察院临场监督执行死刑工作规则（试行）》第9条、第10条及第11条的相关规定，人民检察院建议人民法院立即停止执行应该遵循如下程序：

1. 临场监督检察人员在执行人员执行死刑前，如果发现可能有错误，应当建议暂停执行，并立即向本院检察长报告。检察长认为暂停执行建议正确的，应当向执行人民法院提出停止执行建议；认为暂停执行建议不当的，应当立即予以撤销。

2. 人民检察院建议停止执行死刑的，应当及时制作《停止执行死刑意见书》送达执行人民法院；停止执行死刑的原因消失后，应当制作《撤销停止执行死刑意见通知书》送达执行人民法院。

3. 人民检察院建议停止执行死刑的，应当逐级对案件提出意见，报告最高人民检察院。

五、死刑犯尸体处理的检察

死刑罪犯虽然被依法判处死刑，但是在被执行死刑前，其仍然享有法定的人格尊严等人身权和财产权等民事权利，有权在被执行死刑前处分自己死后的尸体或者尸体器官。同时，死刑罪犯被执行死刑后的尸体或者尸体器官属于民法上一种特殊的物，其近亲属对该物享有特定的民事权利，有权处分该特定物。因此，处置死刑罪犯的尸体或器官应当是死刑罪犯或其近亲属的权利，而非执行死刑法院的权力。依法对死刑罪犯尸体或器官进行处置是死刑执行的一项重要活动，它直接关系到死刑罪犯的权利和其亲属感情、利益、当地风俗习惯等问题，为了保护当事人的权利，防止执行死刑法院与卫生部门之间发生不正当行为，应当将该活动纳入人民检察院监督范围。

从法律监督的职责来说，检察机关应当对法院执行死刑的全部活动是否合法进行监督。根据《刑诉规则》第638条的规定，执行死刑后，人民检察院临场监督人员应当检查罪犯是否确已死亡，并填写死刑执行临场监督笔录，签名后入卷归档。人民检察院发现人民法院在执行死刑活动中有侵犯被执行死刑罪犯的人身权、财产权或者其近亲属、继承人合法权利等违法情形的，应当依法向人民法院提出纠正意见。但是，由于现行法律规定的不明确，实践中致使检察机关对法院处置死刑罪犯尸体或器官等活动难以进行有效监督。对于法院能否处置死刑罪犯的尸体或器官以及如何利用死刑罪犯的尸体或尸体器官，刑事诉讼法没有明确规定。最高人民法院、最高人民检察院、公安部、司法部、卫生部、民政部1984年联合制定下发了《关于利用死刑罪犯尸体或尸体器官的暂行规定》，对利用死刑罪犯尸体或尸体器官的条件、程序作了规定，但没有规定检察机关如何知悉相关单位处置死刑罪犯尸体或尸体器官情况的具体程序。检察机关知情权的缺失，必然影响其法律监督权的全面行使。

《关于利用死刑罪犯尸体或尸体器官的暂行规定》对可供利用的死刑罪犯尸体或尸体器官的条件进行了明确：（1）无人收殓或家属拒绝收殓的；（2）死刑罪犯自愿将尸体交医疗卫生单位利用的；（3）经家属同意利用的。

《关于利用死刑罪犯尸体或尸体器官的暂行规定》进一步规定，利用死刑罪犯尸体或尸体器官应按下列要求进行：（1）利用单位必须具备医学科学研究或移植手术的技术水平和设备条件，经所在省、市、自治区卫生厅（局）审查批准发给《特许证》，并到本市或地区卫生局备案。（2）尸体利用统一由市或地区卫生局负责安排，根据需要的轻重缓急和综合利用原则，分别同执行死刑的人民法院和利用单位进行联系。（3）死刑执行命令下达后，遇有可以直接利用的尸体，人民法院应提前通知市或地区卫生局，由卫生局转告利用单位，并发给利用单位利用尸体的证明，将副本抄送负责执行死刑的人民法院和负责临场监督的人民检察院。利用单位应主动同人民法院联系，不得延误人民法院执行死刑的法定时限。对需征得家属同意方可利用的尸体，由人民法院通知卫生部门同家属协商，并就尸体利用范围、利用后的处理方法和处理费用以及经济补偿等问题达成书面协议。市或地区卫生局根据协议发给利用单位利用尸体的证明，并抄送有关单位。死刑罪犯自愿将尸体交医疗单位利用的，应有由死刑罪犯签名的正式书面证明或记载存入人民法院备查。（4）利用死刑罪犯尸体或尸体器官要严格保密，注意影响，一般应在利用单位内部进行。确有必要时，经执行死刑的人民法院同意，可以允许卫生部门的手术车开到刑场摘取器官，但不得使用有卫生部门标志的车辆，不准穿白大衣。摘取手术未完成时，不得解除刑场警戒。

鉴于此，负责临场监督的人民检察院应严格按照上述规定对利用死刑罪犯尸体或尸体器官的活动进行监督，其中，应着重对以下事项依法进行监督：

1. 利用死刑罪犯尸体或尸体器官是否征得家属同意或死刑罪犯自愿，相关单位是否具有相应的书面协议或证明。

2. 利用单位是否具备相应技术水平和设备条件，是否具有经法定部门审查批准发给的《特许证》等。

3. 利用单位利用尸体的证明副本是否依法抄送负责执行死刑的人民法院和负责临场监督的人民检察院。

对于善后事宜，根据《高法刑诉法解释》第428条规定，执行死刑后，负责执行的人民法院应当办理以下事项：通知罪犯家属在限期内领取罪犯骨灰；没有火化条件或者因民族、宗教等原因不宜火化的，通知领取尸体；过期不领取的，由人民法院通知有关单位处理，并要求有关单位出具处理情况的说明；对罪犯骨灰或者尸体的处理情况，应当记录在案；对外国籍罪犯执行死刑后，根据有关规定通知外国驻华使、领馆。

六、死刑缓期执行的检察

死刑缓期执行，是对应当判处死刑而又不是必须立即执行的罪犯，在判处死刑的同时宣告缓期二年执行的刑罚制度。死刑缓期执行是我国独创的一项刑罚制度，是我们党和国家长期执行的"少杀、慎杀"政策的体现，也是当前处理死刑适用问题的一项有力措施。其设立目的在于使一些罪该处死的被告人，在具备特定从宽情节的情况下，有条件地不被处死，从而有利于在总体上限制和减少死刑的实际适用。这项制度的确立，也是我国一贯坚持的惩办与宽大相结合刑事政策的有力体现。

根据刑法第 50 条的规定，对于被判处死刑缓期执行的罪犯有以下三种处理结果：（1）在死刑缓期执行期间，如果没有故意犯罪，二年期满以后，减为无期徒刑；（2）如果确有重大立功表现，二年期满以后，减为 25 年有期徒刑；（3）如果故意犯罪，查证属实的，由最高人民法院核准，执行死刑。

人民检察院对死刑缓期执行的监督内容，包括监狱的执行活动、减刑建议活动、对死缓罪犯故意犯罪的侦查活动，以及人民法院对死缓罪犯的减刑活动、对故意犯罪的死缓罪犯的核准执行死刑活动等。《刑诉规则》第 639 条第 1 款规定："判处被告人死刑缓期二年执行的判决、裁定在执行过程中，人民检察院监督的内容主要包括：（一）死刑缓期执行期满，符合法律规定应当减为无期徒刑、有期徒刑条件的，监狱是否及时提出减刑建议提请人民法院裁定，人民法院是否依法裁定；（二）罪犯在缓期执行期间故意犯罪，监狱是否依法侦查和移送起诉；罪犯确系故意犯罪的，人民法院是否依法核准或者裁定执行死刑。"第 2 款规定："被判处死刑缓期二年执行的罪犯在死刑缓期执行期间故意犯罪，执行机关移送人民检察院受理的，由罪犯服刑所在地的分、州、市人民检察院审查决定是否提起公诉。"

死缓罪犯在死刑缓期执行期间故意犯罪，人民检察院提起公诉后，人民法院应当依法审理，作出裁判。如果人民法院同时又受理了监狱提请对死缓罪犯减刑的案件，这种情况下减刑案件应当中止审理，待其故意犯罪的案件审理完毕后，再决定是否恢复对减刑案件的审理，以防减刑与故意犯罪审判活动相冲突。如果死缓罪犯的故意犯罪经审理查证属实的，应当报请最高人民法院核准执行死刑；如果经过审理，认定死缓罪犯不构成故意罪犯的，人民法院可以恢复对减刑案件的审理。因此《刑诉规则》第 639 条第 3 款又规定："罪犯在死刑缓期执行期间又故意犯罪，经人民检察院起诉后，人民法院仍然予以减刑的，人民检察院应当依照本规则第十四章第四节的规定，向人民法院提出抗诉。"

第二节 监禁刑执行检察

监禁刑是指以剥夺犯罪人人身自由为主要内容的刑罚方法，如拘役、有期徒刑、无期徒刑等不同的刑罚种类，都属于监禁刑的范畴。作为剥夺自由的监禁刑是现代各国刑罚体系的核心内容，我国刑法主要根据刑期长短，将监禁刑划分为拘役、有期徒刑、无期徒刑三种。监禁刑执行检察，就是检察机关作为国家法律监督机关，对监狱、看守所执行监禁刑的活动是否合法进行的监督。监督的主体是人民检察院，监督的客体是监狱、看守所执行监禁刑的活动。

一、收监检察

收监，是指刑罚执行机关将被判处监禁刑罚的罪犯依照法定程序予以收监执行的一项制度，是刑罚执行的首要环节，是行刑过程中所有其他行刑制度的基础和前提。收监检察，是指人民检察院对监狱收监罪犯的管理活动是否合法进行监督。

根据《人民检察院监狱检察办法》的规定，收监检察的内容主要包括两个方面：

（一）监狱对罪犯的收监管理活动是否符合有关法律规定

1. 监狱收监健康检查是否依法进行。监狱法第 17 条规定，罪犯收监后，监狱应当对其进行身体检查。经检查，对于具有暂予监外执行情形的，监狱可以提出书面意见，报省级以上监狱管理机关批准。

2. 监狱人身、物品检查是否依法进行。监狱法第 18 条规定了监狱对收监罪犯，应当严格检查其人身和所携带的物品，非生活必需品，由监狱代为保管或者征得罪犯同意退回其家属，违禁品予以没收。

3. 监狱收监登记是否依法进行。监狱在对收监执行罪犯进行了健康、人身、物品检查的基础上，应当对罪犯进行照相等信息采集，进行谈话教育，填写《罪犯入监登记表》，登记罪犯基本情况，存入罪犯档案。

4. 监狱是否及时发出通知书。监狱法第 20 条规定，罪犯收监后，监狱应当通知罪犯家属。通知书应当自收监之日起 5 日内发出。

（二）监狱收押罪犯有无相关凭证

1. 收监交付执行的罪犯，是否具备人民检察院的起诉书副本和人民法院的刑事判决（裁定）书、执行通知书、结案登记表。根据监狱法第 16 条的规定，罪犯被交付执行刑罚时，交付执行的人民法院应当将人民检察院的起诉书副本、人民法院的判决书、执行通知书、结案登记表同时送达监狱。监狱没有收到上述文件的，不得收监；上述文件不齐全或者记载有误的，作出生效判决的人民法院应当及时补充齐全或者作出更正；对其中可能导致错误收监的，不予收监。作为收监依据的人民法院的判决和裁定，必须是已经发生法律效力的判决和裁定。

2. 收监监外执行的罪犯，是否具备撤销假释裁定书、撤销缓刑裁定书或者撤销暂予监外执行的收监执行决定书。

3. 从其他监狱调入罪犯，是否具备审批手续。

4. 监狱是否收押了依法不应当收押的人员。包括对无罪的人进行收押、对未决犯进行收押、对强制戒毒人员等进行收押等。

二、出监检察

出监检察，是指人民检察院对监狱办理罪犯出监的活动是否合法进行监督。

根据《人民检察院监狱检察办法》的规定，出监检察的内容主要包括以下几个方面：

（一）监狱对罪犯的出监管理活动是否符合有关法律规定

1. 监狱是否按期办理罪犯出监手续并签发相关法律文书。根据监狱法第35条规定，罪犯服刑期满，监狱应当按期释放并发给释放证明书。

2. 特许离监、临时离监或者调监罪犯是否有警察或办案人员押解。根据司法部《罪犯离监探亲和特许离监规定》的规定，对特许离监的罪犯，监狱必须派干警押解并予以严密监管。当晚不能返回监狱的，必须羁押于当地监狱或看守所。同时，对于因办案需要临时离监和调监罪犯，也应当有警察和办案人员押解。

3. 暂予监外执行的社区矫正人员，是否由交付执行的监狱、看守所将其押送至居住地，与县级司法行政机关办理交接手续。根据《社区矫正实施办法》第6条的规定，暂予监外执行的社区矫正人员，由交付执行的监狱、看守所将其押送至居住地，与县级司法行政机关办理交接手续。

4. 出监罪犯的有关法律文书是否及时送达相关司法机关。根据《社区矫正实施办法》第5条的规定，对于适用社区矫正的罪犯，人民法院、公安机关、监狱应当核实其居住地，在向其宣判时或者在其离开监所之前，书面告知其到居住地县级司法行政机关报到的时间期限以及逾期报到的后果，并通知居住地县级司法行政机关；在判决、裁定生效起3个工作日内，送达判决书、裁定书、决定书、执行通知书、假释证明书副本等法律文书，同时抄送其居住地县级人民检察院和公安机关。县级司法行政机关收到法律文书后，应当在3个工作日内送达回执。

（二）罪犯出监有无相关凭证

1. 刑满释放罪犯，是否具备刑满释放证明书。监狱法第35条规定，罪犯服刑期满，监狱应当按期释放并发给释放证明书。第36条规定，罪犯释放后，公安机关凭释放证明书办理户籍登记。

2. 假释罪犯，是否具备假释裁定书、执行通知书、假释证明书。对假释罪犯，检察人员应当将出监检察与刑罚变更执行检察相结合，不仅要认真审查罪犯的假释裁定书、执行通知书、假释证明书等法律文件的形式要件是否齐备，与假释人员的基本情况是否相符，同时还要进一步审查获取相关凭证的程序是否违法，假释是否符合法定条件和法定程序等，严把监督关口，确保假释罪犯出监活动依法进行。

3. 暂予监外执行罪犯，是否具备暂予监外执行审批表、暂予监外执行决定书。对暂予监外执行罪犯，检察人员同样应当认真审查罪犯暂予监外执行审批表和决定书是否符合法律规定，是否与罪犯基本情况相符，罪犯是否具备暂予监外执行的法定条件等内容，从实体和程序上严格把关。

4. 离监探亲和特许离监罪犯，是否具备离监探亲审批表、离监探亲证明。除了要审查审批手续是否齐备、程序是否合法，还要结合日常检察的情况，对照司法部《罪犯离监探亲和特许离监规定》，分析罪犯离监探亲和特许离监的条件、对象和时间是否符合法律规定，同时，还要检察罪犯是否按时回来。

5. 临时离监罪犯，是否具备临时离监解回再审的审批手续。对于临时离监罪犯，要按照司法部监狱管理局《关于公安机关、人民检察院、人民法院因案件需要将罪犯解回再审应办理何种法律手续的批复》，审查罪犯的个人基本情况、解回理由、离监时间期限及羁押地点是否符合法律规定。

6. 调监罪犯，是否具备调监的审批手续。

三、狱政管理活动检察

狱政管理，是指监狱在执行刑罚中，依据国家有关法律和监管法规的规定，对罪犯实施的行政监管活动。按照监狱法第四章的规定，狱政管理的内容包括分押分管、警戒、戒具和武器的使用、通信会见、生活卫生、奖惩、对罪犯服刑期间犯罪的处理等多个方面。狱政管理活动检察，是指人民检察院对监狱狱政管理活动是否合法进行监督。

根据《人民检察院监狱检察办法》的规定，狱政管理检察的主要内容有三个方面：

（一）分管分押检察

监狱法第39条规定，监狱对成年男犯、女犯和未成年犯实行分开关押和管理，对未成年犯和女犯的改造，应当照顾其生理、心理特点。监狱根据罪犯的犯罪类型、刑罚种类、刑期、改造表现等情况，对罪犯实行分别关押，采取不同方式管理。第40条规定，女犯由女性人民警察直接管理。这些规定对监狱的分管分押工作提出了具体依据。

分管分押检察应重点检察以下几个方面：（1）未成年罪犯是否单独关押；（2）女性罪犯是否与男性罪犯分开关押；（3）女性罪犯是否由女性人民警察直接管理；（4）未成年罪犯是否与成年罪犯分开关押和管理；（5）对老弱病残罪犯是否分别管理，在生活、劳动等各方面予以适当照顾；（6）对罪犯是否按规定采取分级处遇，分级处遇是否符合法律规定。

（二）会见通信检察

监狱法规定，罪犯在服刑期间可以与他人通信，但是来往信件应当经过监狱检查。监狱发现有碍罪犯改造内容的信件，可以扣留。罪犯写给监狱的上级机关和司法机关的信件，不受检查。罪犯在监狱服刑期间，按照规定，可以会见亲属、监护人。罪犯收受物品和钱款，应当经监狱批准、检查。

会见通信检察应重点检察以下几个方面：（1）监狱是否按照规定的时间、次数为罪犯安排会见；（2）会见人员是否确系罪犯亲属、监护人；（3）会见现场是否依法实施了监听监控；（4）罪犯与亲属、监护人的通信是否得到保障；（5）罪犯与亲属、监护人的通信是否依法实施了检查；（6）罪犯给监狱的上级机关和司法机关的信件，是否不受检查；（7）罪犯与亲属、监护人通电话的，是否符合规定的条件；（8）罪犯与亲属、监护人通电话是否实施了监听和登记。

（三）罪犯奖惩检察

监狱法规定，监狱应当建立罪犯的日常考核制度，考核的结果作为对罪犯奖励和处罚的依据。罪犯有良好表现情形的，监狱可以给予表扬、物质奖励或者记功；罪犯有破坏监管秩序情形的，监狱可以给予警告、记过或者禁闭处罚。

考核奖惩检察的内容应当包括：（1）对罪犯的考核计分是否符合法律规定；（2）对罪犯的加分、扣分是否符合规定；（3）对罪犯的考核计分、加分、扣分是否及时公布；（4）对罪犯的评奖是否依据日常计分进行；（5）对罪犯的处罚是否按照规定条件和法定程序作出；（6）对罪犯处罚的相关法律手续是否完备；（7）对罪犯处罚的措施是否符合规定，是否存在体罚、虐待现象。

四、教育改造活动检察

教育改造，是指我国刑罚执行机关对依法判处有期徒刑、无期徒刑、死刑缓期二年执行的罪犯，在惩罚管制的前提下，以转变罪犯思想、矫正犯罪恶习为目的，灌输政治思想和文化、技术教育为主要内容的有组织、有计划、系统的教育活动。教育改造活动检察，是指人民检察院对监狱教育改造活动是否合法进行监督。

（一）对入监教育的检察

监狱对新入监的罪犯，应当将其安排在负责新收分流罪犯的监狱或者监区，集中进行为期两个月的入监教育，对罪犯宣告服刑期间的权利和义务，对其进行各类法制教育和监规纪律教育，掌握罪犯的基本情况和思想动态，对其进行心理评估，提出关押和改造的监狱。入监教育结束后，监狱应当对新收罪犯进行考核验收，考核合格的，移送其他监狱（监区）服刑，不合格的，延长入监教育一个月。

（二）对个别教育的检察

根据《监狱教育改造工作规定》，监狱在教育改造活动中，应当根据每一名罪犯的具体情况，安排监狱人民警察对其进行有针对性的个别教育；应当建立罪犯思想动态分析制度，并根据分析情况，组织开展有针对性的专题教育；应当根据罪犯的犯罪类型，结合罪犯的危险程度、恶性程度、接受能力，对罪犯进行分类，开展分类教育；应当建立对顽固型罪犯和危险型罪犯的认定和教育转化制度。

（三）对思想、文化、技术教育的检察

对罪犯的思想、文化、技术教育，是教育改造的一项重要内容，通过思想、文化、技术教育，一方面可以改变罪犯的知识结构和畸形的心理状态，转移不正当的兴趣和需要，把兴趣需要引导到正确的方向上来；另一方面使罪犯广泛接受各种事物，提高文化水平和分辨是非的能力，加深对道德规范、社会法纪的认识，树立正确的人生观、价值观。

（四）对心理矫治活动的检察

对罪犯的心理矫治活动是指监狱在教育改造工作中，运用心理学的原理和方法，通过对罪犯开展心理测验、心理评估，掌握其个体心理结构特征，进行心理健康教育、心理咨询和心理治疗，帮助罪犯消除不良心理及其他心理障碍、心理疾病，促使其心理结构向良性方向转化的活动。

（五）对出监教育活动的检察

出监教育是监狱对刑满前罪犯进行的一项总结性、补课性和教育罪犯如何适应社会的专门教育。它是改造罪犯的最后一道工序，是全面检查改造质量的验收环节，是针对即将释放的罪犯如何正确适应社会生活、防止重新违法犯罪而进行的强化改造措施。出监教育的任务主要有三个方面：一是巩固日常教育成果，降低重新违法犯罪率；二是进一步查漏补缺，弥补日常教育之不足；三是提升罪犯的社会适应能力。

五、生活卫生检察

生活卫生管理，是指监狱对有关罪犯衣、食、住、用、疾病的预防与治疗以及劳动保护等方面的管理工作。生活卫生检察，是指人民检察院对监狱生活卫生管理工作是否合法进行监督。

生活卫生检察的内容应当从两个方面入手，一是监狱的生活卫生管理工作是否符合有关法律规定；二是罪犯的合法权益是否得到保障。重点应当做好以下几个方面的检察工作：

（一）对罪犯作息时间的检察

合理的作息时间管理，有利于维护和保障罪犯的身心健康。监狱法第71条规定，监狱对罪犯的劳动时间，参照国家有关劳动工时的规定执行；在季节性生产等特殊情况下，可以调整劳动时间。罪犯有在法定节日和休息日休息的权利。监狱在遵守法律法规的原则下，应当合理安排罪犯的劳动、学习、休息时间。

对罪犯作息时间的检察内容包括：（1）罪犯是否能保障8小时以上睡眠时间；（2）罪犯法定节日和休息时是否按照规定休息；（3）是否存在罪犯超时劳动、超体力劳动的现象。

（二）对罪犯伙食待遇的检察

罪犯的伙食管理，是生活卫生管理的重要环节，伙食好坏，对罪犯的改造有很大的影响。监狱法第50条规定，罪犯的生活标准按实物量计算，由国家规定。

对罪犯伙食待遇的检察内容包括：（1）罪犯伙食待遇是否能够达到标准；（2）监狱是否成立了罪犯伙食管理委员会并定期召开会议，听取意见；（3）罪犯伙食是否干净、卫生、足量；（4）伙食账目是否定期公布；（5）是否存在挪用、克扣犯人伙食费现象；（6）罪犯伙食是否由民警直接管理；（7）少数民族罪犯的伙食是否符合民族宗教政策。

（三）对被服管理的检察

监狱法第51条规定，罪犯的被服由监狱统一配发。对罪犯的被服管理应当坚持御寒遮体、整齐清洁、便于识别的原则，按照国家规定的标准，保障供应。

对被服管理的检察重点包括：（1）罪犯的被服是否按照规定由监狱统一发放；（2）罪犯的被服是否符合御寒保暖、整齐清洁、便于识别的要求；（3）罪犯的被服是否按时发放；（4）冬季罪犯的被服是否及时换装；（5）生产劳动需要的工作服、劳动保护用品是否按规定发放。

（四）对监舍管理的检察

监舍是罪犯生活、学习、活动的场所。监狱法第53条规定，罪犯居住的监舍应当坚固、通风、透光、清洁、保暖。监舍建设应当做到布局合理，既有利于监管，又有利于罪犯改造。

对监舍管理的检察重点包括：（1）罪犯的居住面积是否符合规定；（2）罪犯监舍是否符合坚固、透光、清洁、保暖的标准；（3）监舍的各项设施是否完善；（4）监舍是否由专人管理，定期检查维修。

（五）对监狱医疗卫生管理的检察

对监狱医疗卫生管理的检察是生活卫生检察工作的重点，监狱法第 54 条规定，监狱应当设立医疗机构和生活、卫生设施，建立罪犯生活、卫生制度。罪犯的医疗保健列入监狱所在地区的卫生、防疫计划。监狱医疗卫生管理关系罪犯的身体健康，必须重点关注。

对监狱医疗卫生管理检察的内容重点包括：（1）监狱是否设立医疗机构和生活卫生设施，建立健全生活卫生制度；（2）监狱罪犯生病是否及时得到治疗，就医现场是否安全有序；（3）罪犯服药是否由专人管理，定时发放；（4）对传染病罪犯是否进行隔离治疗；（5）对狱内医疗机构没有条件治疗的病情是否及时安排外出就医；（6）监狱是否定期进行消毒防疫工作，是否定期对罪犯健康检查；（7）监狱是否安排罪犯定期洗澡、理发，保持罪犯个人及监舍内清洁卫生。

六、安全防范检察

监狱安全防范是指为了防止和打击罪犯逃跑、破坏、行凶、暴乱等犯罪行为，预防其他意外事变发生，确保监狱的安全和监管改造工作顺利进行，而建立起来的各种警戒措施、警戒设施的总和。安全防范检察，是指人民检察院对监狱安全防范工作是否合法进行监督。

（一）对狱内警戒措施的检察

狱内警戒措施是监狱为了维护改造秩序、防止狱内又犯罪活动而在监狱警戒线内实行的严密防范措施和严格管理活动，主要包括点名和查铺制度、安全检查制度、罪犯互监制度、耳目制度、罪犯思想动态定期分析制度和逐级汇报制度等内容。

对狱内警戒措施的检察，主要包括以下几个方面：（1）监狱是否认真落实点名和查铺制度，每天定时对罪犯进行点名，罪犯名册、记录是否完备，是否对罪犯人数做到底数清、情况明。（2）罪犯生活、学习、劳动现场是否有民警在场直接管理。（3）罪犯在狱内行动是否由民警带领。（4）监狱是否定期进行安全检查，特别是在重大活动和节假日前夕进行清监等检查活动。（5）监狱是否落实罪犯互监制度、耳目制度，狱情动态来源渠道是否畅通。（6）监狱是否定期召开狱情分析会，对罪犯思想动态进行分析研判。（7）监狱发生问题是否按照规定逐级上报和通报检察机关，是否存在瞒报现象。

（二）对武装警戒的检察

武装警戒是指人民武装警察部队为了防止和打击罪犯逃跑、破坏和预防其他事变而在罪犯监舍、劳动、学习和生活场所的外围以及押解罪犯途中依法实施的警戒活动。监狱法第 41 条规定，监狱的武装警戒由人民武装警察部队负责，具体办法由国务院、中央军事委员会规定。

对武装警戒的检察包括以下几个方面：（1）武警在监狱大门警戒是否 24 小时在岗，是否严格审查出入人员和证件，对于无证人员是否严格禁止进入。（2）是否按照规定对监狱围墙、岗楼等关键部位进行巡逻、警戒。（3）罪犯押解途中武警是否警戒到位。（4）遇有罪犯逃跑、暴动、骚乱，武警是否按照规定处置。（5）武警发现问题是否及时向上级和监狱报告。

（三）对警戒设施和警戒隔离带的检察

监狱法第 43 条规定，监狱根据监管需要，设立警戒设施。监狱周围设警戒隔离带，未经准许，任何人不得进入。监狱的警戒设施包括：围墙、电网、自动报警器、监控系统、门禁、安检系统、窃听器、警铃、对讲机、警用车辆、警犬等。监狱的警戒隔离带通常为监狱围墙距墙内侧 5 米和外侧 10 米的地带。未经允许，不得擅自进入。

对警戒设施和警戒隔离带的检察包括以下几个方面：（1）监狱的警戒设施是否按照规定配备，如围墙、电网是否符合监狱建设标准的要求，监控、门禁、报警系统和各项设备是否按照规定配备。（2）监狱的警戒设施是否按照规定使用，重点包括电网是否通电、监控系统是否 24 小时有人值守，安检、门禁、报警系统等是否按照规定正在使用。（3）监狱的警戒设施是否有专人定期维护，发生故障是否及时进行维修。特别是对围墙、电网等关键部位，是否制定了应急预案，发生问题后是否及时通报情况并按预案立即处置。（4）监狱是否按规定设置了警戒隔离区，对警戒隔离区是否进行了有效的管理和警戒，对于擅自进入警戒隔离区的情况是否及时发现并处置。

第三节　社区矫正检察

社区矫正检察，是指人民检察院对社区矫正机构对被管制、缓刑、假释和暂予监外执行的判决、裁定和决定的执行活动是否合法，依法实行监督，也包括对人民法院、监狱、看守所的法律文书送达和罪犯交付执行是否合法，依法进行的监督。

一、交付执行检察

交付执行检察，是指人民检察院对人民法院判决、裁定管制、剥夺政治权利、缓刑、假释和决定暂予监外执行的法律文书送达情况和对监狱、看守所罪犯交付执行活动的监督。依法交付执行是实现依法执行的基础，是实现刑罚的惩罚功能、教育改造功能和刑罚目的的首要条件，因此交付执行检察是监外执行检察的重要环节。

《人民检察院监外执行检察办法》第 5 条规定了交付执行检察的内容，包括以下三个方面：

（一）人民法院、监狱、看守所交付执行活动是否符合有关法律规定

1. 审查被交付执行的判决、裁定、决定是否发生法律效力，监督防止把没有生效的判决、裁定、决定提前交付执行。"发生法律效力"是指：一是已过法定上诉、抗诉期的没有上诉、抗诉的判决和裁定，判决为 10 日，裁定为 5 日；二是终审的判决或裁定，从终审判决或裁定之日起生效；三是法院决定暂予监外执行，监狱管理机关、公安机关批准暂予监外执行，一经决定或批准就生效。

2. 在必要时审查被监外执行人员是否符合法定条件，具体包括：

（1）审查缓刑罪犯是否符合法定条件。审查法院判决时，一是注意应当宣告缓刑的条件，二是禁止适用缓刑的条件。《刑法修正案（八）》对缓刑条件作了修改，修改后的刑法第 72 条第 1 款规定："对于被判处拘役、三年以下有期徒刑的犯罪分子，同时符合下列条件的，可以宣告缓刑，对其中不满十八周岁的人、怀孕的妇女和已满七十五周岁的人，应当宣告缓刑：（一）犯罪情节较轻；（二）有悔罪表现；（三）没有再犯罪的危险；（四）宣告缓刑对所居住社区没有重大不良影响。"同时第 74 条规定了禁止条件，即"对于累犯和犯罪集团的首要分子，不适用缓刑。"

（2）假释、暂予监外执行罪犯是否符合法定条件，一般由派驻检察机构审查，但在交付执行后，如果接到举报，或者在监外执行检察中发现问题，可以就有关问题作必要的审查，也可以对假释、暂予监外执行罪犯适用的对象条件、执行刑期条件、实质条件、禁止条件进行审查。

（二）人民法院、监狱、看守所交付执行的相关法律手续是否完备

1. 是否在交付执行前核实罪犯居住地并履行通知职责。根据《社区矫正实施办法》的规定，对于适用社区矫正的罪犯，人民法院、公安机关、监狱应当核实其居住地，在向其宣判时或者在其离开监所之前，书面告知其到居住地县级司法行政机关报到的时间期限以及逾期报到的后果，并通知居住地县级司法行政机关。

2. 法律文书是否按照规定送达齐全。根据《社区矫正实施办法》和监狱管理机关、公安机关的有关规定，人民法院对被判处管制、缓刑、独立适用剥夺政治权利的和决定暂予监外执行的，送达司法局社区矫正帮教部门或公安机

关的法律文书是判决书、裁定书、决定书和执行通知书。监狱、看守所对被裁定假释的罪犯，送达司法局社区矫正部门的法律文书是判决书、假释裁定书、假释证明书（副本）。对于主刑执行完毕附加执行剥夺政治权利的，送达公安机关的法律文书包括附加剥夺政治权利所依据的判决书、裁定书、监狱或看守所的释放证明书。

3. 法律文书是否全部送达应当送达的机关。法律文书是监外执行的依据，也是人民检察院检察监督的依据。送达不到位，法院判决、裁定的执行就成为一纸空谈，对具体罪犯监督管理情况的检察也就无从谈起。因此，对人民法院、监狱、看守所是否将判决、裁定、决定和相关法律文书抄送人民检察院，是交付执行检察的重要内容。根据《社区矫正实施办法》第 5 条的规定，相关法律文书需要同时抄送罪犯居住地县级人民检察院。

4. 是否按照规定办理交接手续。《社区矫正实施办法》第 6 条第 2 款规定，暂予监外执行的社区矫正人员，由交付执行的监狱、看守所将其押送至居住地，与县级司法行政机关办理交接手续。罪犯服刑地与居住地不在同一省、自治区、直辖市，需要回居住地暂予监外执行的，服刑地的省级监狱管理机关、公安机关监所管理部门应当书面通知罪犯居住地的同级监狱管理机关、公安机关监所管理部门，指定一所监狱、看守所接收罪犯档案，负责办理罪犯收监、释放等手续。人民法院决定暂予监外执行的，应当通知其居住地县级司法行政机关派员到庭办理交接手续。

（三）人民法院、监狱、看守所交付执行是否及时

1. 法律文书是否及时送达。原先的法律法规关于执行时效没有具体的规定，因此有的审判机关或执行机关拖延送达法律文书，容易导致漏管情况发生。现今《社区矫正实施办法》规定对于适用社区矫正的罪犯，人民法院、公安机关、监狱在判决、裁定生效起 3 个工作日内送达法律文书。对于剥夺政治权利罪犯的法律文书送达，不少地方也作出了明确规定，如 2011 年北京市人民检察院和北京市监狱管理局《关于规范罪犯出监材料寄送工作的通知》就明确规定，对于刑满释放附加剥夺政治权利的罪犯，监狱应在罪犯刑满释放后 3 日内，将相关法律文书寄送罪犯户籍所在地公安局人口管理部门、司法局矫正帮教部门。提前 30 日将刑满释放人员通知书（复印件），以机要方式寄送罪犯户籍所在地检察院刑事执行检察部门。

2. 县级司法行政机关是否及时为监外执行罪犯办理登记接收手续。《社区矫正实施办法》第 6 条第 1 款规定，社区矫正人员应当自人民法院判决、裁定生效之日或者离开监所之日起 10 日内到居住地县级司法行政机关报到。县级司法行政机关应当及时为其办理登记接收手续，并告知其 3 日内到指定的司法

所接受社区矫正。发现社区矫正人员未按规定时间报到的，县级司法行政机关应当及时组织查找，并通报决定机关。

二、社区矫正监管活动检察

社区矫正监管活动检察，是指人民检察院对社区矫正机构监督管理社区服刑人员的执法活动是否合法实行的监督。监督管理活动是司法行政机关对社区服刑人员依法实行教育、监督、管理，矫正其犯罪心理和行为恶习，促进其顺利回归社会的具体执行活动。监督管理活动是否依法进行，关系到刑罚执行的公信力，关系到社区服刑人员的合法权益是否得到保障以及预防犯罪的目的能否实现。

对司法行政机关监督管理活动的合法性监督包括以下几个方面：

1. 司法行政机关是否对判处管制、宣告缓刑、假释或者决定、批准暂予监外执行的罪犯进行了全面接收。

2. 司法行政机关对社区服刑人员是否按照法律文书规定的期限列管。

3. 司法行政机关对服刑人员是否建立监管和矫正档案、落实监管及矫正措施。

4. 社区服刑人员是否有脱管情况。

5. 社区服刑人员需要请假离开所居住的区域，司法行政机关是否进行审查，并为其办理批准等相关手续。

6. 社区服刑人员迁居的，迁出地司法行政机关是否履行相关手续，及时向迁入地司法行政机关通报情况、移送社区服刑人员的监督考察档案，迁入地司法行政机关是否及时接管、接续监督考察。迁出地和迁入地司法行政机关是否将相关情况告知检察机关。

7. 社区服刑人员违反监管规定，司法行政机关是否依据法律规定予以及时处理。

8. 社区服刑人员矫正期满，司法行政机关是否及时办理解除矫正等相关手续，并向公安机关、检察机关通报情况。

9. 司法行政机关是否切实保障了社区服刑人员的合法权益。如是否告知社区服刑人员必须遵守的法律、法规；是否有强迫社区服刑人员从事超强度的公益劳动，或对其进行变相体罚等；是否尊重和保障其辩护、申诉、控告等权利；对有立功表现或其他符合减刑条件的社区服刑人员，是否向法院提出减刑建议。

10. 对未成年社区服刑人员的矫正是否有别于成年人，是否履行了保密规定，矫正过程是否遵循教育、感化、挽救等原则。

11. 司法行政机关对应当告知法院、监狱、公安机关以及应向人民检察院通报的事项，是否及时予以告知或通报。

三、禁止令执行检察

禁止令，是指人民法院为了实现预防犯罪的目的，根据罪犯的犯罪事实，依法要求罪犯在管制执行期间、缓刑考验期内必须遵守的义务。禁止令是 2011 年 2 月通过的《刑法修正案（八）》中新规定的一项制度。根据《刑法修正案（八）》的规定：判处管制、宣告缓刑，可以根据犯罪情况，同时禁止犯罪分子在执行期间从事特定活动，进入特定区域、场所，接触特定的人。为确保该制度得到正确的适用和执行，2011 年 4 月 28 日最高人民法院、最高人民检察院、公安部、司法部联合出台了《关于对判处管制、宣告缓刑的犯罪分子适用禁止令有关问题的规定（试行）》，对禁止令的适用条件、适用对象、主要内容、适用期限、适用程序、法律监督、法律后果等内容作了初步规定，其第 9 条、第 10 条分别明确了禁止令的执行机关和监督机关。第 9 条规定，禁止令由司法行政机关指导管理的社区矫正机构负责执行。第 10 条规定，人民检察院对社区矫正机构执行禁止令的活动实行监督。发现有违反法律规定的情况，应当通知社区矫正机构纠正。

禁止令执行检察的内容包括以下几个方面：

（一）社区矫正机构是否落实执行禁止令的具体措施以及执行方法是否可行、有效

《关于对判处管制、宣告缓刑的犯罪分子适用禁止令有关问题的规定（试行）》第 3 条至第 5 条分别规定了禁止从事特定活动、禁止进入特定的区域、场所和禁止接触特定的人的具体内容，同时《最高人民法院、最高人民检察院、公安部、司法部有关负责人就〈关于对判处管制、宣告缓刑的犯罪分子适用禁止令有关问题的规定（试行）〉答记者问》中对禁止令的具体内容提出了针对性、可行性和非重复法律已禁止事项的要求。但是禁止令是一项新制度，尚缺乏充分的实践经验，仍然可能出现社区矫正机构以可行性低、难以确定执行方法等问题作为借口，不开展或者放松对管制罪犯、缓刑罪犯禁止令的执行。新的执行刑罚制度的生命力在于有效执行，如果不能有效执行，不仅不能在司法实践中收到良好的法律效果和社会效果，同时更会影响民众对该制度的信心，甚至会对法律的权威性产生消极的影响。因此，人民检察院的监督应当首要监督社区矫正机构是否实际开展对禁止令的执行以及执行方法是否可行有效，确保禁止令制度的立法价值在实践中得以体现。实践中的情况，往往是违规行为的事实产生后执行机关才能予以发现并处理，这更多实现的是刑罚的

特殊预防的效果，对于实现具有威慑性的一般预防的效果不理想，因此应该加大服刑人员可能实施违规行为的成本，在法院对其发出禁止令的同时，责令其缴纳一定的保证金或提供保证人，如果有违规行为则对其保证金予以没收，或追究相关保证人责任。

（二）社区矫正机构是否违反法院禁止令的内容批准社区矫正人员进入特定区域或场所

考虑到禁止令系新设制度，为了更好地适应具体案件的复杂情况，《关于对判处管制、宣告缓刑的犯罪分子适用禁止令有关问题的规定（试行）》对禁止的内容设置了一些弹性条款，对一些禁止内容规定经执行机关批准可以进行。例如，"禁止进入举办大型群众性活动的场所"，有的犯罪分子系在举办大型群众性活动的场所实施寻衅滋事等犯罪，将举办大型群众性活动的场所列为可禁止进入的区域、场所之一，但社区矫正机构为促进犯罪分子教育矫正，也可能组织管制犯、缓刑犯参加大型群众性活动，因此《关于对判处管制、宣告缓刑的犯罪分子适用禁止令有关问题的规定（试行）》将该禁止令特别限定在未经执行机关批准的情形，即执行机关批准则可以进入。又如，鉴于有的犯罪分子在中小学校区、幼儿园园区及周边地区实施敲诈勒索、寻衅滋事等违法犯罪活动，将中小学校区、幼儿园园区及周边地区列为可禁止进入的区域、场所之一，但确因本人就学、居住等原因，经执行机关批准的除外。因此检察机关应对执行机关批准被宣告禁止令的社区矫正人员进入特定区域、场所是否合理合法进行实体监督，监督其有无违反法院禁止令的内容批准社区矫正人员进入特定区域或场所的情况发生，《刑诉规则》第659条规定，人民检察院发现该情形应当依法向社区矫正机构提出纠正意见。

（三）禁止令执行中关于期限的检察

1. 社区矫正机构是否在禁止令期限内持续执行。执行禁止令的期限如果过短，如仅为一天，一则会失去实际意义，二则也有损裁判的严肃性，因此《关于对判处管制、宣告缓刑的犯罪分子适用禁止令有关问题的规定（试行）》第6条第1款对禁止令的期限设置了底线，即将对管制犯、缓刑犯适用禁止令的最低期限分别限定为3个月和2个月。不过司法实践中可能存在管制犯判决执行以前先行羁押的刑期折抵引起的禁止令期限无法达到3个月的最短期限要求的现象。因此第6条第2款专门规定，判处管制的犯罪分子在判决执行以前先行羁押以致管制执行的期限少于3个月的，适用禁止令不受前款规定的最短期限的限制。禁止令，从管制、缓刑执行之日起计算。检察机关从维护法律裁判的严肃性和确保禁止令执行意义得以实现的角度出发，应该对社区矫正机构是否在禁止令期限内持续执行进行监督，防止禁止令的执行"走过场"流于形式。

2. 对禁止令期限缩短的检察。《关于对判处管制、宣告缓刑的犯罪分子适用禁止令有关问题的规定（试行）》第 13 条规定，被宣告禁止令的犯罪分子被依法减刑时，禁止令的期限可以相应缩短，由人民法院在减刑裁定中确定新的禁止令期限。检察机关一方面监督社区矫正机构是否就被减刑的社区矫正人员向法院提出缩短禁止令的建议；另一方面监督社区矫正机构在接到人民法院在减刑裁定中确定新的禁止令期限后，是否及时登记和变更监管档案。

（四）社区矫正机构对违反禁止令规定的罪犯，是否按照规定作出相应处理

1. 被宣告禁止令的社区矫正人员违反禁止令，尚不属情节严重的，负责执行禁止令的社区矫正机构应当及时提请所在地的公安机关依照《中华人民共和国治安管理处罚法》（以下简称治安管理处罚法）第 60 条的规定，处 5 日以上 10 日以下拘留，并处 200 元以上 500 元以下罚款。

2. 被宣告缓刑的犯罪分子违反禁止令，情节严重的，应当撤销缓刑，执行原判刑罚。社区矫正机构应当及时向原作出缓刑裁判的人民法院提出撤销缓刑建议书，人民法院应当在收到撤销缓刑建议书之日起 1 个月内依法作出裁定。"情节严重"指的是：（1）3 次以上违反禁止令的；（2）因违反禁止令被治安管理处罚后，再次违反禁止令的；（3）违反禁止令，发生较为严重危害后果的；（4）其他情节严重的情形。《刑诉规则》第 659 条规定，人民检察院发现上述情形应当依法向社区矫正机构提出纠正意见。

（五）执行中社区矫正机构是否有侵犯管制罪犯或缓刑罪犯的合法权益的行为

禁止令制度的设置，是为了加强对管制犯、缓刑犯的监管，促进犯罪分子教育矫正，维护社会的正常秩序，但是在执行中不能因为过度强调禁止令而影响犯罪分子的正常生活以及各项法定权利的行使，影响罪犯的改造和转化。人民检察院应当监督社区矫正机构在执行禁止令时过度放大禁止内容，例如将"禁止从事高消费活动"扩大为"禁止从事消费活动"，影响社区矫正人员的正常生活，甚至侵犯其合法权益。

四、社区矫正变更执行检察

变更执行检察，是指人民检察院对社区服刑人员在矫正期限内，有关机关对其作出的变更刑期、考验期、收监执行、终止执行、解除社区矫正等变更执行活动是否合法实行监督，以及对依法应当作出变更刑期、考验期或者收监执

行的没有作出变更依法予以监督。

（一）收监执行检察

1. 司法行政机关提出对罪犯撤销缓刑、假释、暂予监外执行予以收监执行的建议是否符合有关法律规定。

2. 人民法院裁定撤销缓刑、假释和对暂予监外执行罪犯决定收监执行是否符合有关法律规定。

3. 应当作出变更刑期、考验期或者撤销缓刑、假释、暂予监外执行收监执行的未予以变更。

4. 监狱管理机关、公安机关对暂予监外执行罪犯作出的收监执行决定是否符合有关法律规定。

5. 监狱、看守所收监执行活动是否符合有关法律规定。

（二）减刑检察

1. 提请、裁定减刑的社区服刑人员是否符合法律规定条件。

2. 提请、裁定减刑的程序是否符合法律规定。

3. 对依法应当减刑的社区服刑人员是否提请、裁定减刑。

（三）终止执行检察

《社区矫正实施办法》第31条第1款规定："社区矫正人员死亡、被决定收监执行或者被判处监禁刑罚的，社区矫正终止。"社区矫正终止执行检察的内容包括：

1. 终止执行是否符合法律规定的条件。

2. 终止执行的程序是否符合规定，手续是否完备。

（四）社区矫正解除检察

对社区矫正人员判决、裁定或决定确定的社区矫正期限届满，司法行政机关应当对其解除矫正。社区矫正解除检察的内容包括：

1. 判决、裁定或决定确定的社区矫正期限是否届满。

2. 解除矫正的程序是否合法，解除手续是否完备。

第四节 剥夺政治权利执行检察

剥夺政治权利是一种剥夺犯罪人参加国家管理和政治活动权利的刑罚方法。检察机关对公安机关执行剥夺政治权利的监督，包括对公安机关执行单处剥夺政治权利以及同时执行管制附加剥夺政治权利的执行活动的监督，也包括对罪犯徒刑、拘役的主刑执行完毕后公安机关继续执行附加剥夺政治权利的执行活动的监督。此外，检察机关还应该对司法行政机关是否配合公安机关对在社会上服刑的剥夺政治权利罪犯进行执行予以监督。

一、剥夺政治权利的范围

根据刑法第 54 条的规定，剥夺政治权利是指剥夺犯罪分子下列四项权利：（1）选举权和被选举权；（2）言论、出版、集会、结社、游行、示威自由的权利；（3）担任国家机关职务的权利；（4）担任国有公司、企业、事业单位和人民团体领导职务的权利。根据刑法规定，剥夺政治权利既可以附加适用，也可以独立适用。

二、剥夺政治权利执行检察的内容

1. 公安机关是否指定监督单位和成立监督考察小组。根据 1995 年通过的《公安机关对被管制、剥夺政治权利、缓刑、假释、保外就医罪犯的监督管理规定》第 4 条、第 8 条的规定和 2012 年修订的《公安机关办理刑事案件程序规定》（以下简称《公安程序规定》）第 291 条第 2 款规定，检察机关首先监督县市公安局、城市公安分局收到人民法院对罪犯作出剥夺政治权利的判决或者监狱、看守所对主刑执行完毕仍需附加执行剥夺政治权利的法律文书后，是否指定罪犯居住地的派出所负责监督考察，是否落实罪犯居住地街道居民委员会、村民委员会或者原所在单位协助进行监督，是否及时组成监督考察小组，建立被监督管理犯罪档案，并制定和落实监督管理的具体措施。

2. 负责执行的派出所是否按照规定履行告知职责。《公安程序规定》第 300 条规定，负责执行剥夺政治权利的派出所应当按照人民法院的判决，向罪犯及其所在单位、居住地基层组织宣布其犯罪事实、被剥夺政治权利的期限，以及罪犯在执行期间应当遵守的规定。

3. 对迁居的被剥夺政治权利罪犯，原执行地的公安机关是否向迁入地负责执行的公安机关介绍罪犯的情况，移送监督考察档案，迁入地公安机关是否及时接管、接续监督考察。因对被剥夺政治权利罪犯没有设置禁止随意变更居住地的限制，因此当被剥夺政治权利罪犯迁居时，原执行的公安机关应当向迁入地负责执行的公安机关介绍罪犯的情况，移送监督考察档案。

4. 公安机关是否依法监督被剥夺政治权利罪犯遵守有关规定。根据《公安程序规定》第 301 条的规定，被剥夺政治权利的罪犯在执行期间应当遵守下列规定：（1）遵守国家法律、行政法规和公安部制定的有关规定，服从监督管理；（2）不得享有选举权和被选举权；（3）不得组织或者参加集会、游行、示威、结社活动；（4）不得出版、制作、发行书籍、音像制品；（5）不得接受采访，发表演说；（6）不得在境内外发表有损国家荣誉、利益或者其他具有社会危害性的言论；（7）不得担任国家机关职务；（8）不得担任国有公司、企业、事业单位和人民团体的领导职务。

5. 对被剥夺政治权利罪犯违反规定或者重新犯罪的，公安机关是否及时处理。对于违反上述规定，但是未构成新的犯罪的剥夺政治权利罪犯，公安机关应当按照治安管理处罚法第 60 条的规定，处 5 日以上 10 日以下拘留，并处 200 元以上 500 元以下罚款。剥夺政治权利罪犯重新犯罪的，公安机关应当依法对其追究刑事责任。根据《公安程序规定》第 305 条第 1 款的规定，被剥夺政治权利罪犯在执行期间又犯新罪的，由犯罪地公安机关立案侦查。

6. 被剥夺政治权利的罪犯，执行期满，公安机关是否书面通知本人及其所在单位、居住地基层组织。

7. 公安机关工作人员是否侵害被剥夺政治权利罪犯的合法权益。罪犯在监外执行期间，人格不受侮辱、人身不受伤害、财产不受侵占、劳动和劳动报酬等合法权利依法应得到保障。特别是对依法应当恢复政治权利而不恢复的情形，人民检察院应当及时进行纠正。

8. 公安机关是否向人民检察院、人民法院和监狱管理机关及时通报被剥夺政治权利罪犯的监督管理情况。《公安机关对被管制、剥夺政治权利、缓刑、假释、保外就医罪犯的监督管理规定》第 6 条对此进行了规定。

9. 对于司法行政机关是否配合公安机关进行剥夺政治权利执行检察进行监督。对不配合公安机关执行工作，导致公安机关无法及时掌握有关信息的司法行政机关提出纠正意见。同时对被剥夺政治权利的罪犯自愿参加的司法行政机关组织的心理辅导、职业培训和就业指导活动进行相关监督。

三、剥夺政治权利执行检察的方法

资格刑不能给犯罪人造成直接的、有形的、物质性的损失，因此对犯罪人与不稳定分子缺乏威慑力。剥夺政治权利作为一种资格刑，实践中常常出现不服从监督管理或故意脱管、失控的情况，因此应该特别注意执行检察的方法。

1. 查阅公安机关的监管档案，了解其开展了哪些具体监管措施，该措施是否可行以及执行的实际效果如何。监管措施的设计应围绕"有利于监督被剥夺政治权利罪犯不行使这些权利"进行，而不应盲目地限定其人身自由。如选举权和被选举权一般只有在人大或基层换届时才行使，派出所只要在适当时候向相关组织说明该名被剥夺政治权利罪犯无这两项权利即可；如游行、示威具有突发性，结社具有隐秘性，言论、出版具有随时性，因此若想事前控制被剥夺政治权利罪犯行使这些权利很难，较经济合理的监管措施是加强走访、电话访，掌握矫正对象的行踪；关于对担任公职的控制比较容易，一是因为公职的数量有限，二是因为公职的录取都经政审程序，三是发现后可以及时罢免。此外公安机关应建立方便、有效的公示和查询系统，使被剥夺政治权利罪犯的情况能为人所知；要求被剥夺政治权利罪犯定期向派出所汇报活动情况；要求其离开所居住的区域或迁居的，应当报派出所备案。

2. 走访并与被剥夺政治权利罪犯及其亲属谈话，了解其遵守规定的情况，听取其对公安机关监管活动的意见，了解公安机关是否有过度执法侵犯其合法权益的情况。

3. 向协助公安机关执行的社区矫正机构、罪犯原单位和基层组织了解、核实被剥夺政治权利罪犯是否遵守规定。

第五节　财产刑执行检察

财产刑执行检察，是刑罚执行监督的一个重要组成部分，是指人民检察院依照法定职权和程序，对人民法院执行罚金刑、没收财产刑等刑罚执行活动的合法性进行的检察和监督。检察监督的对象是财产刑执行活动所涉及的单位和个人，包括人民法院的刑事审判庭、立案庭和执行庭（局）及其工作人员等。

一、财产刑执行检察的特点

财产刑执行检察对于刑事执行检察部门来说，是一项崭新的工作。监督工作自身的发展和我们对于财产刑执行检察工作的认识，都必然有一个过程。就目前的工作而言，相对于传统的监狱检察、看守所检察来讲，财产刑执行检察具有如下特点：

（一）以受理控告、举报、申诉为启动监督程序的重要途径

传统的刑事执行检察以派驻检察为主要的监督方式，因刑罚执行机关封闭性和在押人员人身自由被限制、被剥夺的特点，在监督方法上以依靠检察人员主动依职权监督为主，检察人员需要深入各类监管场所，深入监管改造工作一线，主动监督执行机关的各项主要执法活动，主动找在押人员谈话了解情况，主动维护在押人员合法权益。而就财产刑执行检察而言，一方面，财产刑适用非常广泛，如按照我国刑法规定，单位犯罪的，全部要判处罚金，罪犯犯刑法分则第一章"危害国家安全罪"的，全部可以并处没收财产，犯分则第三章"破坏社会主义市场经济秩序罪"的，基本上要并处罚金或没收财产，犯其他章节所列之罪的也有很大部分要判处罚金或没收财产，这就使得财产刑执行检察范围非常广泛。另一方面，财产刑的执行，特别是罚金刑的执行，主要依靠罪犯及其家属自动履行，强制履行比例不高，且主要通过冻结、划拨等方式实

现，就目前而言，人民检察院刑事执行检察部门普遍缺乏主动监督的渠道。因此，刑事执行检察部门应该主动依靠社会监督、人民群众监督，将检察机关的法律监督与罪犯及其家属、被害人及利害关系人的监督相结合，将受理控告、申诉、举报作为启动监督程序的重要途径。当然，检察机关通过其他途径发现人民法院有执行财产刑违法或不当可能的，也应该启动监督程序。另外，对于人民法院执行罚金、没收财物后是否及时上缴国库的检察监督，因缺少利益关系人的监督，检察机关应以依职权主动监督为主。

（二）监督依据与监督对象的关联性

人民检察院开展财产刑执行检察的直接依据是人民法院的生效判决、裁定。而依据目前法律规定，我国负责财产刑执行的机关是一审人民法院，财产刑执行检察的对象是负责执行的人民法院及其工作人员。这就使得财产刑执行检察的依据与监督对象具有极强的关联性，执行机关或与裁判机关为同一主体，或为裁判机关的下级法院。这种关联性对于监督工作的开展，有利之处是可以收到"以子之矛攻子之盾"的效果，增强监督对象执行刑罚的主动性。不利之处是为监督对象各部门间相互推诿、扯皮和遮掩、"变通"提供了方便。

（三）调查取证的复杂性和开放性

传统的刑事执行检察工作，由于场所的固定性、封闭性和自由刑执行工作的规范性，加之检察机关多年来的工作积累和经验总结，调查取证途径相对来说也具有固定性和常规化的特点。而财产刑执行检察程序启动后，不可避免地要涉及罪犯财产情况的调查了解，在目前我国财产登记制度、个人信用制度都不甚健全的情况下，财产调查工作难度非常大，可能涉及不同的机关、部门、社会机构、基层组织和企事业单位，甚至个人，涉及范围很广，取证复杂。

二、财产刑执行检察的主要内容

检察机关财产刑执行检察的内容应包括人民法院在财产刑执行过程中或涉案财产处理中是否存在应当执行而不执行、执行不当、罚没的财物不及时上缴国库或其他违法情况。具体包括以下主要内容：

（一）罚金、没收财产是否依法及时执行

罚金刑是指人民法院判处犯罪分子向国家缴纳一定数额金钱的刑罚方法，适用范围限于现金。关于罚金刑的执行方式，刑法第53条规定："罚金在判决指定的期限内一次或者分期缴纳。期满不缴纳的，强制缴纳。对于不能全部缴纳罚金的，人民法院在任何时候发现被执行人有可以执行的财产，应当随时追缴。如果由于遭遇不能抗拒的灾祸缴纳确实有困难的，可以酌情减少或者免除。"据此，罚金刑的执行分为自动缴纳和强制缴纳两种方式。强制缴纳的适用条件是被判处罚金的罪犯，期满不自动缴纳。没收财产是没收犯罪分子个人所有财产的一部分或者全部。没收财产的范围包括现金、动产、不动产等私人所有财产。判处没收财产的，判决生效后，应当立即执行。没收财产的判决，无论附加适用或者独立适用，都由人民法院执行；在必要的时候，可以会同公安机关执行。人民检察院刑事执行检察部门应依法监督人民法院是否于罪犯期满不缴纳后强制被执人缴纳罚金，是否于判决生效后立即执行没收财产，是否存在怠于履行法定职权情况。减免缴纳的法定条件是由于遭遇不能抗拒的灾祸缴纳确实有困难。司法实践中，不排除个别对应该缴纳的被执行人给予减免缴纳的现象，检察机关应加强对减免缴纳罚金刑，特别是因徇私舞弊而对不符合减免缴纳条件的被执行人予以减免缴纳的情况进行监督。

（二）涉案财产的处理是否合法

根据《刑诉规则》第658条的规定，人民检察院刑事执行检察部门除要对财产刑（包括罚金刑和没收财产刑）的执行情况进行监督外，还要对人民法院执行生效判决、裁定中没收违法所得及其他涉案财产处理活动实行监督。之所以作出这样的规定，是考虑到涉案财产处理虽不属于刑罚性质，但属于执行判决、裁定确定的内容，需要人民检察院开展执行监督。因涉案财产处理方式、方法与财产刑执行相近，故将对此类活动的法律监督与财产刑监督一并规定。根据刑法有关规定，人民检察院关于涉案财产处理活动的监督内容包括：（1）犯罪分子违法所得的一切财物，是否予以追缴或者责令退赔；（2）对被害人的合法财产，是否及时返还；（3）违禁品和供犯罪所用的本人财物，是否予以没收。

需要说明的是，刑事诉讼法第280条第1款至第3款规定："对于贪污贿赂犯罪、恐怖活动犯罪等重大犯罪案件，犯罪嫌疑人、被告人逃匿，在通缉一年后不能到案，或者犯罪嫌疑人、被告人死亡，依照刑法规定应当追缴其违法所得及其他涉案财产的，人民检察院可以向人民法院提出没收违法所得的申请。公安机关认为有前款规定情形的，应当写出没收违法所得意见书，移送人民检察院。没收违法所得的申请应当提供与犯罪事实、违法所得相关的证据材料，并列明财产的种类、数量、所在地及查封、扣押、冻结的情况。"第282条第1款规定："人民法院经审理，对经查证属于违法所得及其他涉案财产，除依法返还被害人的以外，应当裁定予以没收；对不属于应当追缴的财产的，应当裁定驳回申请，解除查封、扣押、冻结措施。"据此，对于贪污贿赂犯罪、恐怖活动犯罪等重大犯罪案件，因犯罪嫌疑人、被告人未到案无法进行刑事审判的情况下，经人民检察院申请，人民法院可以裁定没收违法所得及其涉案财产。这种没收违法所得及其他涉案财产的执行，同样是以人民法院生效裁定为依据的，按照《刑诉规则》第 658 条规定，也属于检察机关的监督范围。

（三）财产刑执行与相关人员财产权利关系的处理是否合法

财产权与人身自由权性质不同，不具有与人身不可分离的天然属性。因此财产刑执行过程中，要对执行的范围作出明确划定，这往往涉及国家刑罚权与私人合法财产权利的处理。本着国家尊重和保障人权的宪法原则，我国刑法及刑事诉讼法在财产刑具体制度的设计方面特别注意对相关人员合法财产权利的保护。刑事执行检察部门要依法监督人民法院在财产刑执行过程中是否存在违反法律规定，与民争利的情况，依法监督人民法院是否存在滥用职权执行、超数额执行、采用违法方法执行等情况，是否存在侵犯他人财产权益情况。

1. 维护罪犯及其家属合法权益。依照我国法律和司法解释，对罪犯执行没收财产时，执行的对象只能限于罪犯个人的合法财产，不能执行犯罪分子家属所有或应有的财产。没收全部财产时，不能置罪犯及其扶养的人的基本生活于不顾，应当为其保留必需的生活费用。被判处罚金的罪犯，如果由于遭遇不能抗拒的灾祸缴纳确实有困难的，可以裁定减少或者免除。查封、扣押、冻结的财物属于被告人合法所有的，应当在赔偿被害人损失、执行财产刑后及时返还被告人。财产刑全部或者部分被撤销的，已经执行的财产应当全部或者部分返还被执行人；无法返还的，应当依法赔偿。刑事执行检察部门应监督人民法院是否存在滥用职权执行、超数额超范围执行、采用违法方法执行情况，是否存在违反罪责自负原则执行犯罪分子家属所有或应有的财产，或者违反人道主义原则置被执行人及其家属基本生活于不顾的情况，是否存在应予减少或免除罚金而不予减免的情况，是否存在执行依据消失后拒不返还的情况。

2. 维护被害人合法权益。刑事案件被害人，因犯罪行为遭受肉体和精神痛苦的同时，往往也会遭受物质上的损失，需要罪犯赔偿经济损失。为切实维护被害人合法权益，当国家刑罚权的实现与被害人受偿权发生冲突时，我国刑法确立了优先保护被害人权益的原则。刑法第 36 条规定："由于犯罪行为而使被害人遭受经济损失的，对犯罪分子除依法给予刑事处罚外，并应根据情况判处赔偿经济损失。承担民事赔偿责任的犯罪分子，同时被判处罚金，其财产不足以全部支付的，或者被判处没收财产的，应当先承担对被害人的民事赔偿责任。"《高法刑诉法解释》第 441 条第 1 款规定："被判处财产刑，同时又承担附带民事赔偿责任的被执行人，应当先履行民事赔偿责任。"人民检察院在开展财产刑执行检察时，要特别注重维护被害人合法权益，坚决纠正与民争利的违法行为，有效修正和补救被犯罪行为破坏的社会关系。

3. 维护案外人的合法权益。财产刑在执行过程中，可能涉及与案外人正当财产权益的实现相冲突的情况。我国刑法第 60 条规定："没收财产以前犯罪分子所负的正当债务，需要以没收的财产偿还的，经债权人请求，应当偿还。"体现了私权优先的原则。《高法刑诉法解释》贯彻了这一原则，并规定了具体处理程序。人民检察院启动监督程序后，应监督人民法院在案外人针对财产刑执行提出执行异议后，是否及时中止执行，依法进行审查并作出处理，是否存在侵犯案外人合法权益的情况。

（四）中止执行、终结执行是否合法

根据《高法刑诉法解释》有关规定，人民法院在执行财产刑过程中，遇有以下几种情形的，应当裁定中止执行：（1）执行标的物系人民法院或者仲裁机构正在审理案件的争议标的物，需等待该案件审理完毕确定权属的；（2）案外人对执行标的物提出异议的；（3）其他应当中止执行的情形。具有以下情形之一的，应当裁定终结执行：（1）据以执行的判决、裁定被撤销的；（2）被执行人死亡或者被执行死刑，且无财产可供执行的；（3）被判处罚金的单位终止，且无财产可供执行的；（4）依照刑法第 53 条规定免除罚金的；（5）应当终结执行的其他情形。

中止执行和终结执行是负责执行的人民法院在财产刑执行过程中针对出现的法定情况，决定暂时停止执行或决定不再执行的程序，其目的是使法律关系及时归于确定状态。中止执行和终结执行涉及被执行人和其他利益关系人的切身利益，刑事执行检察部门应监督人民法院裁定中止执行或终结执行的理由是否符合规定，中止执行原因消除后，是否恢复执行。终结执行后，发现被执行人的财产有被隐匿、转移等情形的，是否予以追缴。

（五）罚金和没收财物上缴国库情况

刑罚执行机关按照生效判决执行到位的罚金和没收的财物，依法属于国家所有，任何个人和任何单位、部门无权私自处理。检察机关承担着维护国家利益的重要任务，要依法监督执行机关没收的财物和罚金，是否一律及时上缴国库，是否存在挪用和自行处理的情况。

三、财产刑执行检察应注意的几个问题

（一）依法监督、规范监督的原则

财产刑执行检察作为法律和司法解释赋予刑事执行检察部门的一项新的职能，必须严格、依法、规范、正确行使。刑事执行检察工作人员要牢固树立依法监督、规范监督的执法监督理念。特别是在法律规定比较原则，需要在实践中探索的问题上，必须始终保持清醒的头脑。在强化法律监督的同时，一定要强化对自身执法行为的监督。要坚持权责相统一，既要坚决防止在实际工作中不敢监督、不愿监督、监督不作为和"选择性监督"，又要防止乱监督、滥用检察权，促进财产刑执行检察工作平稳健康发展。

（二）加强检察机关内部协调配合

检察机关作为国家法律监督机关，依法独立行使检察权，不受任何行政机关、社会团体和个人的干涉。至于各项具体监督职能由哪个部门行使，是检察机关为科学合理履行职权、明确各部门责任而进行的内部划分，检察机关各部门应该坚持分工不分家，在工作中加强沟通、互相支持、互相配合，促进各项检察工作整体共同进步。对于刑事执行检察工作内部而言，更不应该把监禁刑执行检察、社区矫正检察、死刑执行检察、财产刑执行检察、查办职务犯罪等各项检察工作割裂开来，而应该坚持统筹兼顾，充分发挥和利用各项监督工作的特点和优势，促进刑事执行检察工作水平的整体提高。

财产刑执行检察作为刑事执行检察一项新的工作职能，应该充分利用刑事执行检察部门现有的监督工作方法和经验，充分挖掘内部资源，将财产刑监督与自由刑监督相结合，特别要与减刑、假释监督工作相结合，将财产刑自动履行情况作为评价罪犯改造表现的一个依据。财产刑执行检察案件在信息来源、调查取证、处理等方面也都需要其他检察监督工作的有力配合和支持。检察机关应坚持检察监督一体化的工作原则，加强刑事执行检察部门与其他检察业务部门之间的协调和配合，促进财产刑执行检察工作的科学发展。

（三）加强与人民法院等机关和部门的沟通和配合

人民检察院财产刑执行检察的根本目的，是促进财产刑执行工作的完善，确保财产刑判决、裁定的正确执行，维护相关人员合法权益。一方面，对于财产刑执行检察工作中发现的职务犯罪行为，检察机关刑事执行检察部门必须依法查处，严厉打击，以维护刑罚的正确执行。另一方面，检察机关要立足检察职能，充分发挥自身优势，将检察监督中发现的问题及时与人民法院沟通，促进其进一步整章建制、堵塞漏洞，健全财产刑执行工作机制，推动财产刑执行工作的规范化、科学化、制度化。同时，检察机关还应与人民法院、侦查机关、金融机构等一起，研究探讨和完善财产刑执行的相关配套制度。如可研究设立财产调查和附卷移送制度，在侦查、起诉阶段便由公安机关、检察机关调查犯罪嫌疑人财产状况，检察机关提起公诉时将调查结果随案附送法院，便于法官在审判时准确掌握被告人的财产状况，防止盲目判决，并为财产刑的执行提供线索和便利。并可研究相应的财产保全措施，防止法院行使查封、扣押权时，犯罪嫌疑人或其近亲属将可供执行的财产早已进行转移、隐匿甚至毁损，从而出现大量罚金刑判决因无财产可供执行而虚置的现象。

思考题

1. 死刑执行检察的主要内容有哪些？
2. 如何做好禁闭和警械具检察工作？
3. 财产刑执行检察应注意哪几个问题？

第三章　刑事措施执行检察

第一节　羁押执行检察

羁押，是犯罪嫌疑人、被告人在人民法院生效裁判作出前被暂时剥夺人身自由的一种状态，是刑事拘留和逮捕适用的一种法定后果和当然状态。羁押执行检察，是指人民检察院对看守所羁押被拘留、逮捕的犯罪嫌疑人、被告人的活动以及羁押和办案期限是否合法实行法律监督。

一、羁押和办案期限检察

（一）羁押期限和办案期限

羁押期限，是指犯罪嫌疑人、被告人被羁押的状态下，人民法院、人民检察院、公安机关根据刑事诉讼法关于拘留期限、侦查羁押期限、审查起诉期限和审理期限的规定，办理刑事案件的期限。加强对羁押期限的监督，防止和纠正刑事诉讼中出现的超期羁押，对于维护在押人员合法权益，保证刑事诉讼活动的顺利进行具有重要的意义。我国刑事诉讼法关于羁押期限的规定可以分为三种情形：一是基本羁押期限，包括拘留期限、逮捕后侦查羁押期限、审查起诉期限、一审及二审的审理期限。二是特殊羁押期限，包括拘留时间延长至30日、捕后侦查期限的延长、退回补充侦查期限、审查起诉期限的延长、改变管辖重新计算审查起诉期限、发现犯罪嫌疑人另有重要罪行重新计算羁押期限、一审及二审审理期限的延长、延期审理等情形。三是不计入或者没有规定期限的羁押期限，包括不讲真实姓名、地址，身份不明的，在查明其真实身份前不计算期限；作精神病鉴定时间不计入办案期限；对死刑复核没有规定复核期限；因特殊原因，经最高人民检察院提请全国人大常委会批准的特别重大复杂案件，没有规定办案期限；以及最高人民法院受理的上诉、抗诉案件，审理期限由最高人民法院自行决定等。

办案期限在刑事诉讼法中并未明确规定。"办案"的主体应当是司法机关。我国实行起诉法定主义，公安机关、人民检察院以及人民法院分别承担侦查、起诉、审判职能。办案期限是法定机关在查明案件事实过程中所进行的诉讼活动应当遵守的期限。

羁押期限与办案期限都涉及时间问题，也就是刑事诉讼期间问题。刑事诉讼期间是指公安机关、人民检察院、人民法院进行刑事诉讼以及诉讼当事人及其他诉讼参与人参加刑事诉讼必须遵守的时间期限。尽管羁押期限与办案期限都属于司法机关必须遵守的期间，但羁押期限与办案期限并不相同。羁押期限是对犯罪嫌疑人、被告人进行羁押所必须遵守的时间，而办案期限是司法机关进行刑事诉讼活动所必须遵守的时间。羁押是由司法机关在刑事诉讼活动中实施的，该活动应当属于广义上的办案活动。对于超期羁押、违法羁押等行为，均属于检察机关监督的范围。但羁押活动又不同于一般的办案活动，有其自身的特殊性。第一，羁押在内容方面具有特殊性。羁押导致的直接后果是使犯罪嫌疑人、被告人处于被剥夺人身自由的状态。羁押期限是对人的自由进行剥夺的时间的期限，而一般办案活动期限均是司法机关在规定的时间内履行其职责、义务等行为的期限，不会对犯罪嫌疑人、被告人产生羁押的效果。第二，期间计算的规则不同。刑事诉讼法及相关司法解释对法定期间进行了规定，"法定期间不包括在途期间"，但犯罪嫌疑人、被告人在羁押状态下，均按实际羁押时间计算羁押期限。

（二）羁押和办案期限检察的内容

1. 对公安机关羁押期限执行情况的监督。人民检察院刑事执行检察部门负责对公安机关羁押期限执行情况进行监督，发现公安机关羁押期限执行有违法情形的，应当依法监督其纠正。《刑诉规则》第624条规定："人民检察院发现公安机关的侦查羁押期限执行情况有下列情形之一的，应当依法提出纠正意见：（一）未按规定办理换押手续的；（二）决定重新计算侦查羁押期限、经批准延长侦查羁押期限，未书面通知人民检察院和看守所的；（三）对犯罪嫌疑人进行精神病鉴定，没有书面通知人民检察院和看守所的；（四）其他违法情形。"

2. 对人民法院审理期限执行情况的监督。人民检察院有权对人民法院的审理期限执行情况进行监督，刑事执行检察部门发现人民法院办理的被告人被羁押的案件审理期限执行情况违法的，应当提出纠正意见。《刑诉规则》第625条规定："人民检察院发现人民法院的审理期限执行情况有下列情形之一的，应当依法提出纠正意见：（一）在一审、二审和死刑复核阶段未按规定办理换押手续的；（二）违反刑事诉讼法的规定重新计算审理期限、批准延长审理期限、改变管辖、延期审理、中止审理或者发回重审的；（三）决定重新计算审理期限、批准延长审理期限、改变管辖、延期审理、中止审理、对被告人进行精神病鉴定，没有书面通知人民检察院和看守所的；（四）其他违法情形。"

人民检察院刑事执行检察部门对人民法院审理期限执行情况的监督主要包括：（1）监督法院在一审、二审和死刑复核阶段按照规定办理换押手续。（2）监督纠正法院违法重新计算审理期限、批准延长审理期限、改变管辖、延期审理、中止审理或者发回重审的行为。（3）监督法院在审理期限变化时及时将有关情况通知人民检察院和看守所，以便于人民检察院监督羁押期限，也便于看守所掌握人民法院办理案件的羁押期限情况。

二、羁押执行活动检察

（一）对看守所羁押期限管理活动的检察

根据刑事诉讼法和《中华人民共和国看守所条例》（以下简称看守所条例）等法律、法规的规定，看守所是刑事羁押机关，负有对犯罪嫌疑人、被告人的羁押期限进行管理的职责。如根据看守所条例第43条的规定，看守所对犯罪嫌疑人、被告人的法定羁押期限即将到期而案件又未审理终结的，应当及时通知办案机关迅速审结，超过法定羁押期限的，应当将情况报告人民检察院。人民检察院负责对羁押期限和看守所的执法活动进行监督，因此人民检察院刑事执行检察部门有权对看守所的羁押期限管理活动实行监督，当发现看守所的羁押期限管理活动违法的，应当及时提出纠正意见。

对看守所羁押期限管理活动监督的内容主要包括：

1. 监督看守所管理办案机关的换押活动。看守所应当要求办案机关按照规定及时办理换押手续，对于办案机关不办理换押手续的，人民检察院应当监督看守所督促办案机关换押。看守所对于不办理换押手续的办案机关，不允许其办案人员讯问、提审或者提犯罪嫌疑人、被告人出所。

2. 监督看守所履行羁押期限即将届满提示职责。对于犯罪嫌疑人、被告人的法定羁押期限即将到期的，看守所应当及时通知办案机关。

3. 监督看守所履行超期羁押报告和通知义务。看守所发现犯罪嫌疑人、被告人被超期羁押的，应当立即书面报告人民检察院并通知办案机关，否则，人民检察院应当提出纠正意见。

4. 监督看守所保障犯罪嫌疑人、被告人的控告、举报、申诉权。看守所收到犯罪嫌疑人、被告人及其法定代理人、近亲属或者辩护人提出的变更强制措施、羁押必要性审查、羁押期限届满要求释放或者变更强制措施的申请、申诉、控告后，应当及时转送有关办案机关或者人民检察院。

《刑诉规则》第623条规定了检察机关对看守所羁押期限管理活动的监督制度。该条规定："人民检察院发现看守所的羁押期限管理活动有下列情形之一的，应当依法提出纠正意见：（一）未及时督促办案机关办理换押手续的；

（二）未在犯罪嫌疑人、被告人羁押期限届满前七日以内向办案机关发出羁押期限即将届满通知书的；（三）犯罪嫌疑人、被告人被超期羁押后，没有立即书面报告人民检察院并通知办案机关的；（四）收到犯罪嫌疑人、被告人及其法定代理人、近亲属或者辩护人提出的变更强制措施、羁押必要性审查、羁押期限届满要求释放或者变更强制措施的申请、申诉、控告后，没有及时转送有关办案机关或者人民检察院的；（五）其他违法情形。"

（二）对看守所执法活动的检察

看守所的执法活动，包括收押管理活动、出所管理活动、教育管理活动、留所执行刑罚罪犯管理活动等。人民检察院对看守所活动的检察监督，从看守所是否依法收押犯罪嫌疑人活动的检察监督开始，直至对在押人员是否依法释放检察监督为止，贯穿于看守所对在押人员的收押、监管以及释放的各个环节和整个过程，是全过程的监督。

1. 收押检察。收押检察，是指人民检察院对看守所拘禁和羁押活动是否合法进行的检察监督，是发现和纠正错拘、错捕、错押和非法关押的首要环节。收押检察的内容有三项：（1）检察看守所对犯罪嫌疑人、被告人及罪犯的收押活动是否符合有关规定；（2）检察看守所收押人员有无相关凭证；（3）检察看守所是否收押法律禁止收押的人员。其中，对看守所收押人员有无相关凭证的检察是收押检察工作的重点，具体检察内容为：第一，检察看守所收押犯罪嫌疑人、被告人，是否具备县级以上公安机关、国家安全机关签发的刑事拘留证、逮捕证。第二，检察看守所临时收押异地犯罪嫌疑人、被告人及罪犯，是否具备县级以上人民法院、人民检察院、公安机关、国家安全机关或者监狱签发的通缉、追捕、押解、寄押等证明文书。第三，检察看守所收押剩余刑期在 3 个月以下的有期徒刑、判决确定前未被羁押的罪犯，是否具备人民法院的刑事判决（裁定）书、执行通知书。第四，检察看守所收押被收监执行的罪犯，是否具备撤销假释裁定书或者撤销缓刑裁定书或者撤销暂予监外执行的收监执行决定书。

另外，为了保护在押人员的生命健康等合法权利，在收押检察活动中，检察人员应当把看守所对收押人员的入所健康体检活动作为一项重要检察内容。2009 年云南普宁县看守所"躲猫猫事件"发生后，为了加强看守所的安全管理工作，公安部专门下发了《关于规范和加强看守所管理确保在押人员身体健康的通知》（公监管〔2010〕214 号），对在押人员入所健康检查的标准和程序、每羁押超过 6 个月后应按照入所健康检查的标准重新进行健康检查、在押人员被提讯前后和被提解出所及送返看守所时看守所应当对其进行体表检查等作了详细规定。驻所检察人员在入所检察中，应当依据该通知的规定内容监督看守所的入所健康体检活动，发现有违反该通知规定的，应当及时向看守所提出纠正意见。

2. 出所检察。出所检察，是指对看守所办理在押人员释放、交付执行刑罚、提押、押解等出所管理活动是否合法所进行的检察活动。出所检察的内容包括：（1）检察看守所对在押人员的出所管理活动是否符合有关法律规定。（2）检察在押人员出所有无相关凭证，这些凭证包括：被释放的犯罪嫌疑人、被告人或者罪犯，是否具备释放证明书；被释放的管制、缓刑、独立适用附加刑的罪犯，是否具备人民法院的判决书、执行通知书；假释的罪犯，是否具备假释裁定书、执行通知书、假释证明书；暂予监外执行的罪犯，是否具备暂予监外执行裁定书或者决定书；交付监狱执行的罪犯，是否具备生效的刑事判决（裁定）书和执行通知书；提押、提解或者转押出所的在押人员，是否具备相关凭证。

根据刑事诉讼法第 249 条、《刑诉规则》第 634 条及《中华人民共和国看守所条例实施办法（试行）》（以下简称《看守所条例实施办法（试行）》）第52 条的规定，关于看守所释放犯罪嫌疑人、被告人的内容包括：一是拘留后，办案机关发现不应当拘留或者人民检察院不批准逮捕，通知立即释放的；二是逮捕后，办案机关发现不应当逮捕，通知释放的；三是人民检察院作不起诉决定，办案机关通知释放的；四是人民法院判决被告人无罪、免予刑事处罚、判处管制、宣告缓刑、单处罚金或者剥夺政治权利，被告人被羁押的，通知释放的情形。人民检察院应当监督上述情形中在押人员是否被立即释放。

3. 教育管理活动检察。教育管理活动检察是对看守所教育和监管犯罪嫌疑人、被告人的活动是否符合法律规定的监督。根据看守所条例、《看守所条例实施办法（试行）》等有关文件的规定，看守所教育管理活动包括警戒看守、械具使用、提讯、生活卫生、会见通信、教育奖惩等内容。检察看守所教育管理犯罪嫌疑人、被告人的重要活动是否符合规定，具体应从以下几个方面着手进行：（1）检察看守所是否按照规定对羁押的犯罪嫌疑人、被告人由民警直接监管，监管民警有无体罚、虐待或者变相体罚、虐待在押人员，以及利用在押人员管理在押人员。（2）检察看守所是否严格执法，监管民警有无为在押人员通风报信、私自传递信件、伪造立功材料等问题。（3）检察看守所是否按照规定对在押人员分别羁押，及对男性和女性，同案犯犯罪嫌疑人、被告人，未成年人和成年人，未决人员和已决犯实行分别羁押，有无对在押人员混押混管。（4）检察看守所对关押犯罪嫌疑人、被告人的安全防范措施是否落实，特别是重要案犯、死刑犯的监管警戒措施是否严密、安全。（5）检察看守所是否按照规定依法使用械具，有无违法使用警械具或者使用非法定械具的问题。（6）检察看守所是否按照规定适用禁闭措施，有无违反规定的条件和程序适用紧闭措施。（7）检察看守所是否按照规定安排办案人员提讯犯罪嫌疑人、被告人，有无违反规定安排办案人员一人提讯。（8）检察看守所是否按照规定安排律师及在押人员亲属与在押人员会见，有无违反规定安排律师及在押人员亲属与在押人员会见。（9）检察看守所是否按照规定执行在押人员的生活卫生标准，伤病是否得到及时治疗。（10）检察看守所是否按照规定安排在押人员劳动，在押人员有无超时间、超体力劳动情况。

三、继续羁押必要性审查

为了改变目前羁押率过高的状况，充分保障犯罪嫌疑人、被告人的人权，增加对被羁押人的司法救济途径，修改后的刑事诉讼法第93条规定："犯罪嫌疑人、被告人被逮捕后，人民检察院仍应当对羁押的必要性进行审查。对不需要继续羁押的，应当建议予以释放或者变更强制措施。有关机关应当在十日以内将处理情况通知人民检察院。"这一条文正式确立了中国特色的羁押必要性审查制度，这也是2012年刑事诉讼法修改的亮点之一。

（一）继续羁押必要性审查的启动方式

刑事执行检察部门可以主动启动羁押必要性审查，也可以根据领导交办，人大代表、政协委员的建议，看守所的建议，犯罪嫌疑人、被告人及其法定代理人、近亲属或者辩护人的申请等启动羁押必要性审查。

（二）继续羁押必要性审查的审查对象

刑事执行检察部门对逮捕后的犯罪嫌疑人、被告人均要进行羁押必要性评估。评估可以采取过滤筛选法将有继续羁押必要性的犯罪嫌疑人、被告人筛除，并确定需要进一步审查的可能没有继续羁押必要性的重点对象。对于实施暴力犯罪、危害国家安全犯罪、有组织犯罪、涉黑、涉恶犯罪的主犯，涉嫌犯罪罪行较重、可能判处10年有期徒刑以上刑罚以及其他社会危险性较大的犯罪嫌疑人、被告人，经过羁押必要性评估后一般不再进一步审查，但是发生犯罪嫌疑人、被告人患有严重疾病、怀孕或者其他特殊情形的除外。

羁押必要性审查的重点对象包括：涉嫌犯罪情节较轻的在校学生、未成年人、妇女、老年人、残疾人，具有悔罪、坦白、自首、立功、防卫过当、避险过当、患有严重疾病、生活不能自理等情节的犯罪嫌疑人、被告人，初犯、偶犯、过失犯、预备犯、中止犯、未遂犯、从犯、胁从犯等。对重点审查对象应当进行动态、分诉讼阶段的审查。当发现有不需要继续羁押的情形时，应当随时启动羁押必要性审查。

（三）羁押必要性评估方式

刑事执行检察部门对逮捕后的犯罪嫌疑人、被告人均要进行羁押必要性评估，应当建立科学合理的羁押必要性评估机制。刑事执行检察部门应当根据犯罪嫌疑人、被告人的犯罪性质、犯罪事实、主观恶性、悔罪表现、羁押表现、身体健康状况、侦查取证进展情况、证据变化情况、可能判处的刑罚等因素，综合评估其是否有继续羁押的必要性。羁押必要性评估可以实行分值制。具体评估项目、分值设置及可能有无羁押必要性的分值可以由各地根据具体情况确定。

（四）关于提出释放或者变更强制措施建议的情况

人民检察院开展羁押必要性审查时，应当主要审查被羁押的犯罪嫌疑人、被告人是否仍然具有社会危险性以及其涉嫌犯罪罪行的轻重，如果经审查认为犯罪嫌疑人、被告人不再具有社会危险性或者其涉嫌犯罪情节较轻，符合取保候审或者监视居住条件的，应当向办案机关提出予以释放或者变更强制措施的建议。

最高人民检察院《关于人民检察院监所检察部门开展羁押必要性审查工作的指导意见（试行）》第11条规定，刑事执行检察部门经审查，发现有下列情形之一的，应当向办案机关（部门）提出释放犯罪嫌疑人、被告人或者变更强制措施的书面建议：（1）案件证据发生重大变化，不足以证明有犯罪事实或者犯罪行为系犯罪嫌疑人、被告人所为的。（2）案件事实或者情节发生变化，犯罪嫌疑人、被告人可能被判处缓刑、管制、拘役、独立适用附加刑、免予刑事处罚或者判决无罪的。（3）犯罪嫌疑人、被告人实施新的犯罪，毁灭、伪造证据，干扰证人作证，串供，对被害人、举报人、控告人实施打击报复，自杀或者逃跑等的可能性已被排除的。（4）案件事实基本查清，证据已经收集固定，符合取保候审或者监视居住条件的。（5）继续羁押犯罪嫌疑人、被告人，羁押期限将超过依法可能判处的刑期的。（6）羁押期限届满或者超期羁押的。（7）因为案件的特殊情况或者办理案件的需要，变更强制措施更为适宜的。（8）其他不需要继续羁押犯罪嫌疑人、被告人的情形。

四、纠正超期羁押

超期羁押，是指在刑事诉讼过程中，对犯罪嫌疑人、被告人采取刑事拘留、逮捕等强制措施后，羁押犯罪嫌疑人、被告人超过刑事诉讼法及其他有关规定明确规定的羁押期限的行为。

（一）超期羁押的表现

羁押必须凭有效的羁押凭证进行，而羁押凭证是否有效，不仅取决于羁押凭证是否由有权机关依法作出，而且取决于羁押凭证是否在有效期限内。超期羁押则属于有效羁押凭证失效后的继续羁押，超期羁押的实质是非法拘禁，是对犯罪嫌疑人、被告人人身权利的严重侵害，是执法不严、司法不公的具体表现。

典型超期羁押，是指在某一诉讼阶段办案羁押期限届满后，既不及时转变诉讼阶段，又不办理或已不能再办理相关延长或重新计算羁押期限的手续，拒不依法变更强制措施的情形。根据刑事诉讼法规定，人民法院、人民检察院或者公安机关对于采取强制措施超过法定期限的犯罪嫌疑人、被告人应当予以释放、解除取保候审、监视居住或者依法变更强制措施。所以，一旦超过法定羁押期限，必须解除羁押措施或者变更为非羁押性的措施，没有其他可以拖延、变通的余地，这是法律的明确规定，也是作为办案机关的人民法院、人民检察院或者公安机关的应尽职责，同时，也是负责羁押的看守所应严格遵守和执行的。

近年来，各地纠防超期羁押的意识较以往明显增强，纠防超期羁押总体来说有了根本的改变，但仍存在一些深层次的问题，突出表现就是隐形超期羁押问题。隐形超期羁押是指在形式上有继续羁押的原因或者合法手续，但实质上却是违法羁押犯罪嫌疑人、被告人的行为，或者说是办案机关规避法律的规定，利用退回补充侦查、延长羁押期限、重新计算羁押期限等方式，变相超期羁押犯罪嫌疑人、被告人的行为。主要表现形式有：一是因案件请示、司法鉴定、举报揭发的核实、协调等原因造成案件久拖不决，但这些情形所占用时间往往不计入法定办案期限。二是利用法律规定的延长、退回补充侦查、改变管辖、重新计算羁押期限、延期审理等方式，变相延长或者重新计算办案期限。这种情形在各个诉讼阶段都有所表现。三是自行规定延长羁押期限。四是公检法办案机关相互借用办案时间。五是换押不及时。造成这种状况的原因既有法律层面的问题，也有工作制度层面的问题，还有认识层面的问题。

（二）超期羁押纠正程序和责任追究制度

《刑诉规则》第626条、第627条规定了对超期羁押的纠正程序和责任追究制度。《刑诉规则》第626条规定："人民检察院发现同级或者下级公安机关、人民法院超期羁押的，应当报经本院检察长批准，向该办案机关发出纠正违法通知书。发现上级公安机关、人民法院超期羁押的，应当及时层报该办案机关的同级人民检察院，由同级人民检察院向该办案机关发出纠正违法通知书。对异地羁押的案件，发现办案机关超期羁押的，应当通报该办案机关的同级人民检察院，由其依法向办案机关发出纠正违法通知书。"

《刑诉规则》第627条第2款规定："对于造成超期羁押的直接责任人员，

可以书面建议其所在单位或者有关主管机关依照法律或者有关规定予以行政或者纪律处分；对于造成超期羁押情节严重，涉嫌犯罪的，应当依法追究其刑事责任。"

负有羁押期限监督职责的人民检察院刑事执行检察部门发现公安机关、人民法院超期羁押的，应当区分三种情况，向办案机关发出《纠正违法通知书》：

1. 人民检察院发现同级或者下级公安机关、人民法院超期羁押的，应当报经本院检察长批准，向该办案机关发出《纠正违法通知书》。因为上级人民检察院可以直接对下级公安机关、人民法院进行监督。如果上级检察院发现超期羁押后再通知下级办案机关的同级检察院，由其按照同级对等监督的原则向办案机关发出《纠正违法通知书》，会延误时间，因此，为了提高监督效率，《刑诉规则》规定人民检察院发现下级公安机关、人民法院超期羁押的，可以直接向其发出《纠正违法通知书》。

2. 发现上级公安机关、人民法院超期羁押的，应当及时层报该办案机关的同级人民检察院，由同级人民检察院向该办案机关发出《纠正违法通知书》。这是贯彻人民检察院同级对等监督原则要求的体现，同时也有利于提高监督的效果。

3. 对异地羁押的案件，发现办案机关超期羁押的，应当通报该办案机关的同级人民检察院，由其依法向办案机关发出《纠正违法通知书》。这也是贯彻人民检察院同级对等监督原则要求的体现。人民检察院发出《纠正违法通知书》后，有关办案机关未回复意见或者继续超期羁押的，应当及时报告上一级人民检察院处理。上一级检察院可以直接监督下级办案机关予以纠正，也可以向该办案机关的上一级机关通报情况，建议其履行管理监督职责，督促下级办案机关纠正超期羁押。

对于造成超期羁押的直接责任人员，可以书面建议其所在单位或者有关主管机关依照法律或者有关规定予以行政或者纪律处分；对于造成超期羁押情节严重，涉嫌犯罪的，应当依法追究其刑事责任。

第二节　指定居所监视居住执行检察

指定居所监视居住是具有人身自由限制性的刑事强制措施。指定居所监视居住对于限制犯罪嫌疑人人身自由的强度，高于普通的监视居住，低于拘留和逮捕，一般认为是一种准羁押性刑事强制措施。刑事诉讼法第 74 条规定："指定居所监视居住的期限应当折抵刑期。被判处管制的，监视居住一日折抵刑期一日；被判处拘役、有期徒刑的，监视居住二日折抵刑期一日。"人民检察院刑事执行检察部门针对指定居所监视居住执行活动是否合法实行监督，确保刑事诉讼活动的顺利进行，保护犯罪嫌疑人、被告人的合法权利。

一、指定居所监视居住执行检察的主要职责

指定居所监视居住执行检察的内涵及特点决定了人民检察院刑事执行检察部门的职责应当包含以下几个方面：（1）对指定居所监视居住执行活动是否合法实行监督；（2）对指定居所监视居住期限是否合法实行监督；（3）对被指定居所监视居住人是否遵守监视居住的规定实行监督；（4）对指定居所监视居住执行活动中发生的职务犯罪案件进行侦查、审查起诉和出庭支持公诉并对人民法院的审判活动是否合法实行监督；（5）开展职务犯罪预防工作；（6）受理被指定居所监视居住人及其法定代理人、近亲属的控告、举报和申诉；（7）其他依法应当行使的监督职责。

二、指定居所监视居住执行检察的主要内容

人民检察院刑事执行检察部门对指定居所监视居住执行检察的内容虽然广泛，但监督事项不是全方位的，主要侧重与指定居所监视居住执行期间的活动相关联的事项，刑事执行检察部门必须准确把握自己的定位。对指定居所监视居住执行监督的内容主要集中在刑事诉讼法第 73 条、第 75 条以及《刑诉规则》第 120 条、第 121 条等条文中，同时其他条文中也包含应当由人民检察院刑事执行检察部门监督的事项，具体有以下几个方面：

（一）检察交付执行的凭证是否齐全

对交付执行的凭证的监督，是刑事执行检察部门的一项重要职责。法律手续是启动人民检察院刑事执行检察部门监督程序的首要环节。对交付执行的凭证的监督，在司法实际工作中，往往有一个误区，即认为只是程序上的监督，目的是有效防止对象错误。这种认识具有片面性，没有从法律监督的本质理解监督。"监督"不仅仅是程序上的监督，同时应当对实体进行监督，这里所说的"实体"，就是法律文书所体现的实质内容。就对决定指定居所监视居住的法律手续的监督而言，一方面要监督交付执行的凭证是否齐全，即决定指定居所监视居住的法律文书以及上级机关的批准文书是否齐全；另一方面还要监督交付执行的凭证所体现的实质内容是否合法，即是否符合指定居所监视居住的适用范围及监视居住的条件。虽然对指定居所监视居住的适用范围及监视居住的条件的监督不是刑事执行检察部门的专属职责，但刑事执行检察部门明确指定居所监视居住适用的案件范围及监视居住的条件，对于准确执行法律、充分

尊重和保障人权具有重要意义。

（二）指定居所监视期限检察

刑事诉讼法及《刑诉规则》规定了解除指定居所监视居住的两种情形，一是依法不应当追究刑事责任的，二是监视居住期限届满的。关于依法不应当追究刑事责任，应当包含公安机关或者人民检察院撤销案件的、人民检察院决定绝对不起诉的、人民法院判决无罪的。至于人民检察院决定相对不起诉、存疑不起诉或者人民法院作出有罪判决的，则不必另行办理解除手续，应当视为自然解除。而人民检察院刑事执行检察部门没有审查案件事实及证据的职责，因此，人民检察院刑事执行检察部门在监督解除指定居所监视居住活动中，只监督是否具备相关法律文书及解除文书，即监视居住期限未届满的被指定居所监视居住人离开指定的居所，是否具备解除指定居所监视居住的文书及撤销案件决定书、不起诉决定书、无罪判决书；对监视居住期限已届满的，不管案件处在哪个环节，人民检察院刑事执行检察部门应当监督办案部门立即办理解除手续。刑事执行检察部门应当监督决定部门是否及时将决定指定居所监视居住的文书送达人民检察院及将指定的居所通知人民检察院；在办案环节发生变化后，新的办案部门是否重新作出指定居所监视居住决定；监视期限届满，办案部门是否及时解除指定居所监视居住。

（三）执行机关看管活动检察

对执行机关的执行活动进行监督，是刑事执行检察部门的主要内容之一，重点监督以下几个方面：指定的居所是否具备正常的生活、休息条件，是否便于监视、管理，是否能够保证办案安全以及是否排除办案场所、办公区域；执行机关的工作人员是否存在为被指定居所监视居住人通风报信、私自传递信件、物品的行为，对被指定居所监视居住人是否存在放任不管的行为，是否存在体罚、虐待或者变相体罚、虐待的行为以及其他侵犯其合法权利的行为，被指定居所监视居住人的病情加重需要立即住院治疗，办案部门是否办理住院或者住院后是否派人看管；是否按照规定安排办案人员提讯、安排律师及被指定居所监视居住人家属与被指定居所监视居住人会见；是否执行被指定居所监视居住人生活标准规定。

关于指定的"居所"具备的条件，应当达到或者超过《公安机关适用继续盘问规定》（公安部令第75号）第27条的规定，即"候问室的建设必须达到以下标准：（一）房屋牢固、安全、通风、透光，单间使用面积不得少于六平方米，层高不低于二点五五米；（二）室内应当配备固定的坐具，并保持清洁、卫生；（三）室内不得有可能被直接用以行凶、自杀、自伤的物品；（四）看管被盘问人的值班室与候问室相通，并采用栏杆分隔，以便于观察室内情况。对有违法犯罪嫌疑的人员继续盘问十二小时以上的，应当为其提供必要的卧具。候问室应当标明名称，并在明显位置公布有关继续盘问的规定、被盘问人依法享有的权利和候问室管理规定。"

（四）办案部门执法活动检察

依法保护公民的人身权利、财产权利、民主权利和其他权利，是司法机关的共同任务。对办案部门在指定居所监视居住期间执法活动实行监督，是刑事执行检察部门的职责所在，只有对办案部门执法活动进行有效监督，才能确保被指定居所监视居住人的合法权利不受侵犯。因此，刑事执行检察部门应当围绕保护被指定居所监视居住人的合法权利开展监督工作，监督内容主要有：（1）是否在执行监视居住后 24 小时以内通知被监视居住人的家属以及是否属于无法通知的情形。（2）是否符合决定指定居所监视居住的实体及程序条件。（3）办案部门及其工作人员是否存在对被指定居所监视居住人刑讯逼供、体罚、虐待或者变相体罚、虐待的行为以及其他侵犯其合法权利的行为。（4）是否存在为被指定居所监视居住人通风报信、私自传递信件、物品的行为。（5）是否存在违法使用警械具或者使用非法定械具的行为。（6）是否及时解除指定居所监视居住。

第三节　强制医疗执行检察

强制医疗，是指对依法不负刑事责任的精神病人，在实施了暴力行为，危害公共安全或者严重危害公民人身安全，且有继续危害社会可能情形下所适用的刑事处分措施。刑法第 18 条第 1 款规定："精神病人在不能辨认或者不能控制自己行为的时候造成危害结果，经法定程序鉴定确认的，不负刑事责任，但是应当责令其家属或者监护人严加看管和医疗；在必要的时候，由政府强制医疗。"强制医疗执行检察，是指人民检察院对人民法院、公安机关交付被强制医疗精神病人是否符合法律规定以及强制医疗机构收治、治疗、诊断、评估、解除被强制医疗精神病人等监管执法、医疗活动是否符合法律规定实施的法律监督。

目前，我国承担强制医疗执行职责的机构是安康医院，由公安机关管理。全国现有专门的强制医疗机构安康医院 24 所，分布在 20 个省、自治区、直辖市，其中有的是省辖市设置的，有的是在普通精神病医院加挂安康医院的牌子。而未设置安康医院的地方，大多数是将决定强制医疗的精神病人送到普通精神病医院强制医疗。对安康医院等强制医疗机构执法活动的监督，一般按照属地原则由所在地人民检察院承担，如安康医院由市级公安机关管理，则由市级人民检察院承担。在监督模式上，承担监督职责的人民检察院可以在安康医院等强制医疗机构设置派驻检察室，根据安康医院收治精神病人的数量、检察人员的力量等情况，决定采取派驻检察或巡回检察，检察人员必须两人以上。在日常监督工作方式方法上，可以借鉴监狱、看守所检察相关规定。

一、交付执行检察

人民法院对精神病人作出强制医疗决定后，应当将强制医疗决定送交公安机关执行。公安机关应当将被决定强制医疗的精神病人送交安康医院等强制医疗机构执行。交付执行是强制医疗执行活动的首要环节，也是强制医疗执行的前提和基础。

强制医疗交付执行包括两方面内容，一方面是人民法院、公安机关对被决定强制医疗精神病人交付安康医院等强制医疗机构治疗的行为；另一方面是安康医院等强制医疗机构收治被决定强制医疗精神病人的行为。因而，强制医疗交付执行检察既包括人民检察院对人民法院、公安机关交付活动是否合法进行的监督，也包括人民检察院对强制医疗机构收治活动是否合法进行的监督。具体包括：

（一）交付执行是否及时

在人民法院对精神病人作出强制医疗决定之前，精神病人处在公安机关的临时保护性措施监管状态。考虑到精神病人的身体急需治疗及临时监管难度较大等实际，人民法院作出强制医疗决定后应当及时将决定书送达公安机关，再由公安机关及时将被强制医疗的精神病人送交安康医院等强制医疗机构治疗。根据《高法刑诉法解释》第 535 条的规定，人民法院决定强制医疗的，应当在作出决定后 5 日内，向公安机关送达强制医疗决定书和强制医疗执行通知书，由公安机关将被决定强制医疗的人送交强制医疗。对于公安机关收到人民法院强制医疗决定后，在多长时间内交付执行，法律没有明确规定。根据生效判决的交付执行时间规定，公安机关应在收到人民法院生效判决后 1 个月内，将被强制医疗精神病人交付安康医院等强制医疗机构执行。在这个环节，人民检察院监督的对象或者说客体是人民法院和公安机关的交付执行活动。

（二）强制医疗执行机构对被强制医疗人员的收治活动是否符合有关法律规定

收治检察的内容有以下三项：

1. 检察强制医疗机构收治强制医疗精神病人有无相关凭证。具体包括：收治被强制医疗精神病人的，是否具备证明无刑事责任能力的医学鉴定意见书、公安机关的强制医疗意见书、人民检察院的强制医疗申请书和人民法院的强制医疗决定书、执行通知书；因非精神疾病外出就医的，病愈或者病情基本好转后，是否具备收治继续执行强制医疗的相关手续；从其他强制医疗机构调入被强制医疗人员，是否具备审批手续。

2. 检察强制医疗机构收治的对象是否属于法律规定的强制医疗精神病人。是否收治了依法不应当收治的精神病人或非精神病人，不应当收治的精神病人如怀孕或者正在哺乳自己婴儿的妇女；是否收治了不适宜进行强制医疗的精神病人，如患有其他严重疾病、生活不能自理或者严重传染性疾病的精神病人。

3. 检察强制医疗机构收治管理活动是否符合有关规定。包括是否进行身体检查（精神病鉴定以外的），是否告知其法定代理人（监护人）其在被强制医疗期间所享有的合法权益，是否对每一个被强制医疗精神病人建立档案。

以上活动是强制医疗机构在收治工作中应当履行的管理职责。其中，对强制医疗机构收治精神病人有无相关凭证的审查是交付执行检察的重点。

二、执行活动检察

对强制医疗执行活动的监督是对强制医疗机构治疗、诊断、评估被强制医疗精神病人等监管执法、医疗活动是否符合法律规定而开展的监督，是强制医疗执行监督的核心，是重点也是难点。

（一）对强制医疗决定可能错误的检察处理

实践中，可能发生"被精神病"和假借患有精神病而逃避刑罚处罚的事件，为了避免出现假案、错案，《刑诉规则》第663条规定："人民检察院在强制医疗执行监督中发现被强制医疗的人不符合强制医疗条件或者需要依法追究刑事责任，人民法院作出的强制医疗决定可能错误的，应当在五日以内报经检察长批准，将有关材料转交作出强制医疗决定的人民法院的同级人民检察院。收到材料的人民检察院公诉部门应当在二十日以内进行审查，并将审查情况和处理意见反馈负责强制医疗执行监督的人民检察院。"

人民检察院刑事执行检察部门可以通过对强制医疗交付执行检察、医疗监管执行活动检察，发现不符合强制医疗法定条件的人被强制医疗的情况，即"被精神病"和"假精神病"。但是，刑事执行检察部门发现人民法院作出的强制医疗决定可能存在错误时，不能直接向作出强制医疗决定的人民法院提出纠正意见，而是应当将有关材料转交作出强制医疗决定的人民法院的同级人民检察院，由人民检察院的公诉部门负责审查监督。原因有二：一是源于强制医疗特别程序的提起是公诉部门的一项职能；二是体现了强制医疗决定监督和强制医疗执行监督分别由公诉部门和刑事执行检察部门负责的职责划分。

（二）监管执法活动检察

对医疗及监管执法活动的检察是指人民检察院对强制医疗执行机构治疗、管理被强制医疗精神病人的活动是否合法实行的监督。强制医疗机构收治被强制医疗精神病人后，应当充分履行治疗职责，包括日常的诊断、治疗、疾病恢复情况的评估等，由于此类精神病人的特殊性，强制医疗机构同时还承担着对精神病人日常生活进行监管的职责。强制医疗机构医疗及监管执法活动内容多样，且专业性很强，决定了人民检察院的监督内容的多样化、日常化，且难度大。因此，在开展日常法律监督工作中，人民检察院应当突出重点、突出程序、突出对被强制医疗精神病人合法权益的保护等内容，发现问题及时提出纠正意见。

依法维护被强制医疗精神病人的合法权益，是贯穿强制医疗执行监督工作始终的一项重要内容，也是强制医疗执行监督的重点。实践中，强制医疗的精神病人因精神障碍等因素的影响，辨别是非对错能力很差，主张权利的能力也受到很大限制。强制医疗机构的相对封闭性，使得精神病人的家长或监护人难以及时发现强制医疗机构侵害精神病人合法权益的违法行为。因而，人民检察院在强制医疗执行监督工作中，应重点突出对被强制医疗精神病人合法权益的尊重和保护。

1. 保护其享有治疗权。让精神病人得到积极的治疗，使其尽可能恢复正常、回归家庭和社会，是强制医疗机构的职责。在治疗过程中，禁止强制医疗机构安排被强制医疗精神病人参与医学科研活动或者接受新药、新治疗方法的临床试验；对享受公费医疗待遇的、参加城镇职工基本医疗保险和居民医疗保险的、参加农村合作医疗保险的强制医疗的精神病人的医疗费用，督促强制医疗机构严格执行国家法律、法规关于医疗费用的相关规定，对确无能力负担的，由人民政府负担。不能因医疗费用原因消极治疗或延误治疗。

2. 保护其不受侮辱、虐待。因被强制医疗精神病人具有暴力倾向，治疗时有时会使用一些医疗器械控制病人，故要监督强制医疗机构借机体罚、虐待精神病人，同时要督促强制医疗机构采取有效措施防止病人伤害自身、危害他人或者擅自离院，发现擅自离院的，应当立即向相关部门报告。

3. 生活保障权。监督强制医疗机构确保被强制医疗病人在住院期间的生活费的合理使用，并将费用的使用情况告知费用提供者。

4. 中止及出院权。审查其病情是否符合出院的条件以及是否具有继续危害社会的能力，使不具备继续危害社会能力的精神病人及时解除强制医疗；对中止强制医疗情形消失的，要督促公安机关及时办理收治手续，体现法律的权威。

另外，还要保护强制医疗精神病人及其监护人的申请复议权、申诉、控告、检举、建议权以及其权利义务的知晓权等。

（三）强制医疗变更执行检察

强制医疗变更执行，是指被强制医疗精神病人在强制治疗期间，因为患有非精神障碍方面的严重疾病或出现不宜继续适用强制医疗情形时，而采取的其他执行方式。由于强制医疗机构专业性很强，主要针对精神障碍类疾病的治疗，对非精神障碍类疾病，尤其是一些重大复杂疑难疾病的治疗，强制医疗机构难以承担，需要出院治疗或变更治疗方式。如患有非精神障碍类严重疾病、生活不能自理或者严重传染性疾病的。

对强制医疗执行机构提请强制医疗变更执行检察的内容主要包括三个方面：（1）提请强制医疗变更执行是否符合法律规定条件；（2）提请强制医疗变更执行的程序是否符合法律和有关规定；（3）对依法应当变更强制医疗执行的，强制医疗执行机构是否提请强制医疗变更执行。

（四）解除强制医疗检察

对解除强制医疗活动进行监督，是强制医疗执行检察的重要内容。根据《刑诉规则》第666条的规定，人民检察院刑事执行检察部门收到被强制医疗的人及其近亲属、法定代理人解除强制医疗决定的申请后，应当及时转交强制医疗机构审查，并监督强制医疗机构是否及时审查、审查处理活动是否合法。由此，人民检察院对解除强制医疗的监督包括两个方面，即对强制医疗机构是否依法提出解除强制医疗的监督和人民法院是否依法批准解除强制医疗决定的监督。

刑事诉讼法第288条第1款规定："强制医疗机构应当定期对被强制医疗的人进行诊断评估。对于已不具有人身危险性，不需要继续强制医疗的，应当及时提出解除意见，报决定强制医疗的人民法院批准。"被强制医疗精神病人经过一定期限的强制医疗后，需要由强制医疗机构对其病情进行诊断评估，经诊断评估，如果被强制医疗人的精神疾病痊愈或者精神病情得到好转、人身危险性已完全或基本消除，没有必要再实施强制医疗措施的，强制医疗机构应当向人民法院提出解除强制医疗措施申请。

被强制医疗的人及其近亲属有权申请解除强制医疗。人民检察院在监督中发现应当强制医疗的条件消失的，也可以提出解除强制医疗的意见。人民法院应当对解除强制医疗申请进行审查，对不再具有人身危险性、不需强制医疗的作出解除强制医疗的决定。

（五）强制医疗执行中的事故检察

强制医疗机构事故主要有：被强制医疗人员外逃、被强制医疗人员群体病疫、被强制医疗人员伤残、被强制医疗人员死亡等。对强制医疗机构发生的各类事故，派驻检察机构都应及时进行检察。

派驻检察机构接到强制医疗执行机构关于被强制医疗人员外逃、群体病疫、伤残、死亡等事故报告，应当立即派员赴现场了解情况，并及时报告本院检察长；认为可能存在违法犯罪问题的，派驻检察人员应当深入事故现场，调查取证；派驻检察机构与强制医疗执行机构共同剖析事故原因，研究对策，完善监管措施。

死亡检察是事故检察中的重点。派驻检察机构接到强制医疗机构关于被强制医疗人员死亡报告后，应当派员在 24 小时内到达现场，开展调查，根据了解的情况，对强制医疗机构提供的调查材料和调查结论进行审查。经审查对强制医疗机构作出的调查结论和死亡原因有异议的，应作进一步调查，并将调查结果通报强制医疗机构；无异议的，不再进行调查。如果死者家属对强制医疗执行机构提供的医疗鉴定有疑义，向人民检察院申请重新鉴定的，人民检察院应当受理。经审查认为医疗鉴定有错误的，应当重新对死亡原因作出鉴定。并将鉴定意见通知强制医疗机构，同时告知死者家属。

强制医疗执行机构发生重大事故的，派驻检察机构应当及时填写《重大事故登记表》，报送上一级人民检察院，同时对强制医疗执行机构是否存在执法过错责任进行调查。辖区内强制医疗执行机构发生重大事故的，省级人民检察院应当检查派驻检察机构是否存在不履行或者不认真履行监督职责等问题。

思考题

1. 人民检察院在开展羁押必要性审查时，提出释放或者变更强制措施建议的情形主要有哪些？

2. 指定居所监视居住执行检察的主要职责有哪些？

3. 在强制医疗执行检察中，发现强制医疗决定可能错误时应当如何处理？

第四章　办理案件

第一节　查办职务犯罪案件

一、查办职务犯罪案件的范围和种类

（一）查办职务犯罪案件的范围

2004年9月，最高人民检察院《关于调整人民检察院直接受理案件侦查分工的通知》规定，除虐待被监管人案，私放在押人员案，失职致使在押人员脱逃案，徇私舞弊减刑、假释、暂予监外执行案继续由刑事执行检察部门负责侦查外，原由反贪部门和反渎部门负责的监管场所发生的职务犯罪案件，划归刑事执行检察部门负责侦查。2007年3月，最高人民检察院《关于加强和改进监所检察工作的决定》对刑事执行检察部门查办职务犯罪案件的范围作了进一步明确，刑事执行检察的主要职责之一就是对刑事执行中发生的职务犯罪案件立案侦查。

司法实践中，有些同志认为刑事执行检察部门只能查办监管场所内的职务犯罪案件，而不能查办监管场所以外的职务犯罪案件。这是一种错误的认识，必须予以纠正。对刑事执行的监督是刑事执行检察的中心工作，查办和预防刑事执行中的职务犯罪是强化刑事执行监督的手段和保障。因此，刑事执行检察部门查办职务犯罪案件的范围与刑事执行范围应当保持一致。目前，刑事执行虽大部分由监狱、看守所等监管场所来完成，但却不仅仅限于监管场所，如实行社区矫正的罪犯，其刑罚执行与监管都已不在监管场所内进行，对其负有监管责任的执行机关工作人员也非监管场所工作人员，但对监外执行罪犯的监管与执法却是刑罚执行过程中的重要内容，若负有监管责任的执法人员在罪犯刑罚执行过程中涉嫌职务犯罪，应由刑事执行检察部门立案侦查。除此之外，减刑、假释、暂予监外执行往往会涉及监狱管理机关的人员、法院的审判人员、医疗鉴定机构的鉴定人员等，个别的还会涉及某些社会人员，这些负有执法职责的人员在刑罚变更执行中涉嫌职务犯罪的，都应当囊括到刑事执行检察部门查办职务犯罪案件的范围中去。

因此，刑事执行中发生的职务犯罪案件的范围，不仅包括监管场所内发生的职务犯罪案件，也包括在社会上执行刑罚和监管活动中发生的职务犯罪案

件。也就是说，刑事执行中发生的全部职务犯罪案件，均由刑事执行检察部门负责侦查。职务犯罪主体，既包括监狱、看守所等监管场所的工作人员，也包括公安、检察、法院、司法行政部门和其他部门有关的国家工作人员，当然还包括参与共同犯罪或者行贿、介绍贿赂的犯罪嫌疑人、被告人、罪犯及社会人员。

对于重大、复杂、跨地区的职务犯罪案件，检察长可以将案件交由反贪部门或者反渎部门办理，刑事执行检察部门予以配合。最高人民检察院《关于调整人民检察院直接受理案件侦查分工的通知》之所以对此作出规定，是因为考虑到部分地区刑事执行检察部门的办案人员较少，为了更好地侦查职务犯罪案件，由力量较强的反贪部门、反渎部门为主办理，刑事执行检察部门予以配合。当然，对于重大、复杂、跨地区的职务犯罪案件，如果当地刑事执行检察部门具有查办案件的人员和能力，也可以由刑事执行检察部门立案查办，这样既符合通知的精神，也有利于职务犯罪案件的查办，还能促进刑事执行检察部门对监管场所法律监督工作的开展。

（二）查办职务犯罪案件的种类

刑事执行检察部门经常遇到的职务犯罪案件有：贪污罪，受贿罪，挪用公款罪，刑讯逼供罪，玩忽职守罪，滥用职权罪，虐待被监管人罪，私放在押人员罪，失职致使在押人员脱逃罪，徇私舞弊减刑、假释、暂予监外执行罪等。

随着形势的发展变化，发生在刑罚执行和监管领域的职务犯罪行为不断演绎变化，逐渐涉及一些新罪名、新领域，刑事执行检察部门必须扩宽思路，促进查办职务犯罪工作向深层次、新领域拓展。如在监管活动监督中，注重发现帮助犯罪分子逃避处罚、打击报复被监管人员等犯罪线索；在监外执行、社区矫正监督工作中，注重发现监管考察中失职、渎职造成监外执行人员脱管、漏管或重新犯罪造成恶劣社会影响的职务犯罪案件线索；在监管单位生产销售领域中，注重发现侵吞、私分和挪用国有资产及环境污染、单位受贿等犯罪线索；对一些负有生产任务的监狱、劳改企业多次发生重大生产、安全事故的，注重查办隐藏在重大责任事故背后的滥用职权、玩忽职守犯罪等案件。

二、刑事执行中职务犯罪案件的特点

（一）犯罪主体的特殊性

刑事执行活动无论处于监狱、看守所等监管场所内，还是监管场所外，职务犯罪行为均与相关执法机关或部门的工作人员被法律赋予的执法权和行政监管权息息相关。因此，其犯罪主体的身份大多紧紧依托于刑事执行活动中的某种执法权或特别授权的基础上，体现特定的职务属性。

（二）被监管人身份的复杂性

发生在刑事执行中的职务犯罪案件，被监管人的身份较为复杂，既有可能因自身合法权益受到侵害成为被害人，也可能是权钱交易的教唆者和受益者。如涉及体罚虐待被监管人罪，被监管人员由于人身权利受到侵犯成为监管干警滥用职权行为的受害者，而涉及贿赂案件时，除执法人员索贿情形之外，被监管人员往往成为行贿行为的教唆者，从而通过权钱交易获得非法利益。

（三）犯罪的隐蔽性

由于从事刑事执行工作人员特殊的职务属性，该类职务行为较少为社会公众所知，执法活动的透明度和阳光度都十分有限，导致该领域发生的职务犯罪行为有较强的隐蔽性。另外，我国目前刑事执行大多处于监狱、看守所等监管场所内，具有相对较强的封闭性，社会透明度、知信度相对较差，执法的公平、公正性，监管干警的廉洁性，被监管人员的处遇、生活、改造质量等状况，除监管机关自身和被监管人员及其亲属以及检察机关等相关职能部门外，几乎处于无人知晓的状况，职务犯罪很难暴露。

（四）案件的关联性和群体性

目前，刑事执行工作分工越来越具体，监管体制和监督机制日趋完善，执行权、管理权、决策权分离，监管场所生产经营方式特殊，而该领域职务犯罪目的的实现往往需要诸多环节的相互利用、协作，"单兵作战"存在难度。近几年来，犯罪分子主动寻求利益共同体，共同犯罪趋势越来越明显，窝案、串案增多，犯罪呈现团伙化、群体化倾向。

（五）犯罪嫌疑人反侦查能力强

与一般职务犯罪案件主体相比，刑事执行中职务犯罪的涉案人员均体现出高智商、法律性、专业性、自我保护意识较强的特点。涉案人员无论是监管民警或者司法工作人员，还是在押人员，这些人熟悉办案程序和办案方法，深知程序与机制中的薄弱环节，具有较强的对抗能力和规避罪责的抗辩能力。

三、职务犯罪案件的线索来源

刑事执行是法律实施过程中的一个比较特殊的领域，发生职务犯罪隐蔽性较强，不容易暴露。从实践来看，发生在该领域的职务犯罪案件的线索来源主要有以下几个方面：

（一）检察机关自行发现

从实践中看，当前职务犯罪案件群体化趋势明显，窝案、串案突出。职务犯罪案件的查办往往会遇到"破一案、带一串、挖一窝"的情形。据统计，目前检察机关自行发现的职务犯罪事实或犯罪嫌疑人的线索，已经占检察机关查办职务犯罪案件总数的 35%，并且这些案中案往往具有可查性强、成案率高的特点。

（二）单位或者个人的报案、举报

刑事诉讼法第 108 条第 1 款规定，任何单位和个人发现有犯罪事实或者犯罪嫌疑人，有权利也有义务向人民检察院报案或者举报。发生在刑事执行中的职务犯罪案件，社会反映强烈，广大人民群众对此深恶痛绝。目前，单位或者个人的报案、举报仍然是我们发现职务犯罪案件受案的一个重要渠道。

（三）被监管人及其法定代理人、近亲属的举报、控告或报案

刑事诉讼法第 108 条第 2 款规定，被害人对侵犯其人身、财产权利的犯罪事实或者犯罪嫌疑人，有权向人民检察院报案或者控告。被监管人虽处于被监管地位，但其合法权利受法律保护，当自身合法权益受到损害时，有权向检察机关报案或者控告。由于被监管人身份的特殊性，使他们与案件有着内在的、直接的、间接的、必然的联系，甚至是案件的直接参与者，与案件的发生、发展以及结果有着一定的牵连关系。这类人的报案和控告可靠性较强，是查办刑事执行中职务犯罪的一个重要途径。另外，由于大部分被监管人人身自由受到限制，权钱交易一般需要通过中间人（罪犯家属或亲朋好友）来实施，因此，被监管人的法定代理人、近亲属、朋友等也是案件的重要知情人，刑事执行检察部门对此不可忽视。

（四）犯罪嫌疑人自首

根据刑法第 67 条的规定，犯罪以后主动投案，如实供述自己的罪行的，是自首。被采取强制措施的犯罪嫌疑人、被告人和正在服刑的罪犯，如实供述司法机关还未掌握的本人其他罪行的，以自首论。对自首者，可以从轻或者减轻处罚，犯罪较轻的，可以免除处罚。从实践来看，自首是我们受理职务犯罪案件的一种渠道。

（五）上级机关或者领导直接交办

上级机关或领导批转交办的案件线索，一般为群众书面举报，大多属大要案线索，这类案件由于有上级机关和领导支持，便于办案部门排除干扰、全力侦破，线索成案率较高。

（六）其他部门移送

实践中，通常会遇到司法机关、行政执法或者纪检监察部门在执法执纪和司法活动中对发现的职务犯罪事实和犯罪嫌疑人，按照有关规定向检察机关移送的情形。尤其是监管单位及其上级主管部门的纪检、监察部门，由于这些部门的同志生活、学习和工作都在监管单位，对监管领域的违法、渎职行为的情况了解较多，不少违反党纪政纪的人员往往又是违法犯罪的犯罪嫌疑人。这类

线索经纪委、监察部门调查获取了初步证据后，移交检察机关只需进行必要的查证或履行一定的法律手续便可立案侦查，成案可能性较高。

四、获取职务犯罪案件线索的途径

（一）日常谈话中发现

谈话检察是刑事执行检察部门进行检举揭发教育宣传的主阵地，也是日常检察中发现职务犯罪线索的重要方法。谈话检察属于刑事执行检察部门日常检察的重要方法，被监管方敏感度低，容易提供案件线索。刑事执行检察人员应当利用多样谈话形式，珍惜每一次被监管人向检察官咨询法律问题、与检察官交谈的机会，动员被监管人检举监管人员职务犯罪线索。针对被监管人害怕打击报复，难以主动检举揭发的主观思想特点，谈话对象的选择和谈话时机的把握应有针对性和灵活性。其一，入监谈话。在服刑人员送交监狱执行时，刑事执行检察人员应及时与其个别谈话，了解其在看守所羁押期间和各办案环节中执法人员的违法犯罪问题。其二，出所出监谈话。刑事执行检察人员应当高度重视向当天刑满释放、已被批准离所离监的人员以及剩余刑期比较短即将离所离监的被监管人员收集和了解其在监狱及看守所等监管场所遭遇或知悉的监管民警违法犯罪行为。其三，监外执行谈话。通过对监外执行人员的回访考察，重点了解其在监狱和看守所羁押及各办案环节发生的职务犯罪线索。

（二）会见录音、亲情电话、监控系统中获取

被监管人员根据表现每月都可以与家属会见、拨打亲情电话。由于谈话对象与自己关系亲密，在这些谈话中他们往往缺少防备，很容易透露监区的许多内幕。同时，一些试图谋取不正当利益的被监管人一般也会通过这种沟通渠道与家属进行交流，让家属在外面活动，替自己向监管民警请托事项、安排劳动岗位或者帮助减刑、假释等。刑事执行检察人员应注意对这些录音资料进行复听、复查，对发现的一些苗头性问题进行跟踪调查，长期经营，将对案件线索发现起到很大的作用。另外，条件允许的派驻检察室应当建立与监管单位视频监控系统的数据共享，通过对监管场所的24小时动态监控，从中发现"八小时"之外监管人员有关"通风报信"等监管违法的线索情况。

（三）检察官信箱、举报电话中获取

刑事执行检察部门在监管场所都设有检察官信箱。首先，检察官信箱应当设在被监管人易发现、易接近，便于被监管人投掷的位置，又应注意脱离监管干警的监控，以防信息堵塞，确保举报渠道顺畅。其次，刑事执行检察部门设立职务犯罪举报电话，要求将电话号码公布于众，并有专人接听，并应注重与各大报纸、新闻媒体、信息网站建立专项联系，拓展信息范围，但重点是监管

场所的广大干警职工和被监管人，以及来狱来所探视的被监管人的亲属。公布的方法是口头宣传与散发相关资料，以及将举报电话号码张贴公开栏相结合。

（四）突击巡视检察中发现

从办案实践看，针对被监督单位对刑事执行检察部门日常监督检察方式比较熟悉以及检察人员正常工作时间以外容易发生职务犯罪案件的特殊状况，突击检察方式成为发现职务犯罪案件线索的一个"突破口"。突击检察是对刑罚执行和监管执法活动不定期进行抽查，抽查可以结合重大节假日、特殊时期进行。突击检察的时间一般选择在日常检察之外的时间进行，如夜间检察、凌晨检察、假日检察等。突击检察主要是有针对性地进行检察，也可以随机进行检察。

（五）刑罚变更执行活动中发现

减刑、假释、暂予监外执行是刑事执行检察部门监督的重点，也是职务犯罪的高发部位和主要环节。刑罚变更执行活动中的职务犯罪有以下特点：一是犯罪线索的多面性。监狱对被监管人实行计分考核后，被监管人的分数成为呈报、裁决变更执行的主要条件，因而计分、奖励、呈报、裁决的各个环节都可能存在"花钱买卖分数"等徇私舞弊、权钱交易的问题。二是涉及的司法人员范围广。有不同级别的监管人员、公安人员、审判人员，还可能有省级政府指定医院的疾病鉴定人员、派驻检察人员等。

（六）监外执行检察中发现

一是在监督监外罪犯脱管、漏管和办理监外执行罪犯又犯罪案件批捕起诉工作中，注意深挖其背后的司法人员玩忽职守等职务犯罪线索。二是对假释、保外就医人员的考察中，注意深挖办理假释、保外就医背后隐藏的监管司法人员职务犯罪线索。

（七）监管事故中发现

监管场所发生的暴动、脱逃、非正常死亡、食物中毒、重大疫情、生产安全事故的背后，很可能掩盖着监管人员玩忽职守、滥用职权、虐待被监管人等职务犯罪的问题。因此，当监管事故发生后，刑事执行检察人员应当强化侦查意识，深查事故背后隐藏的监管人员职务犯罪问题。

（八）生产经营活动、基建项目、采购活动中发现

目前大部分监管场所存在企业生产经营活动以及日常迁建工程建设项目，在从事生产经营活动的过程中，通过回扣、技术咨询费等形式收受企业单位贿赂，通过招投标、工程分包收受工程建设单位的贿赂，贪污、挪用公款成为监管人员职务犯罪的新特点。同时，一些监管场所财务制度、审计制度及相应的监督工作不健全，给犯罪留下可乘之机。刑事执行检察人员应重视发掘监管场

所生产经营过程中以及在工程项目建设招投标、预决算、材料采购、设计变更、审计等重点环节可能存在的职务犯罪问题，应对公开招标采购活动派员进行全程监督，另外，应加强与监管场所纪检部门的沟通，在信息通报、违法犯罪线索相互移转等方面积极配合，及时发现查处违法违纪问题。

（九）特殊被监管人身上挖掘

监狱内的职务犯罪罪犯、事务犯、多次获得减刑或者保外就医的罪犯、奖励分特别是专项奖励分过高的罪犯等几类特殊被监管人，这些被监管人在服刑期间受到特殊照顾的背后往往有职务犯罪活动。另外，被严管、禁闭、被使用械具或者受到其他处分的罪犯，因为受到处理被扣分，减刑、假释受到影响，对监狱有很大的情绪，更容易开口讲述自己知道的事实。在日常监管活动中应对这类人予以重点关注，对涉及这些人的违法违规事件及时介入，深入排查，挖掘其背后可能隐藏的职务犯罪线索。

五、职务犯罪案件线索的管理

职务犯罪线索是检察机关启动职务犯罪侦查工作的前提和依据，线索管理的好坏直接关系到初查的质量与效率，最终影响到线索能否成案及其突破的难易程度。实行案件线索管理是促进案件线索管理规范化、程序化的根本保证，是从制度上切实防止有案不查、压案不办等现象发生的重要途径和措施。为此，刑事诉讼法、《刑诉规则》对线索管理程序都予以明确规定，最高人民检察院刑事执行检察厅还专门就刑事执行检察部门查办职务犯罪案件线索的管理，有针对性地出台了《人民检察院监所检察部门查办职务犯罪案件线索管理办法》，对规范刑事执行检察部门职务犯罪侦查工作，加强对案件线索管理起到重要作用，主要内容包括：

（一）专人管理与统一登记

职务犯罪线索要由案件管理中心专人负责，专人管理。无论是群众举报的，还是上级交办的、办案中发现的、干警个人收集的案件线索，都要尽快登记备案，对大要案件线索应当及时报告本院分管检察长。登记的内容主要包括线索来源、举报线索的举报人和被举报人的基本情况、举报线索的流向及其办理情况等。对被监管人及其法定代理人、近亲属、律师或者其他单位和人员的举报、控告或者报案，以及犯罪嫌疑人投案自首，刑事执行检察部门接收后应当及时移送举报中心处理。如有特殊情况暂时不宜移送的，应当报分管检察长或者部门负责人批准。

（二）评估与分流

登记受理案件线索后，刑事执行检察部门应在 7 日内对案件线索的真实性、可查性进行审查、分析、评估，提出处理意见，报分管检察长批准，分流案件线索。对于内容详细、事实比较清楚、可查性较强且属于本院刑事执行检察部门管辖范围的案件线索，应当在审查后 7 日以内提出初查意见，报分管检察长审批。初查条件尚不成熟或者暂不具备初查价值的案件线索，经分管检察长批准，可暂存待查。不属于本院刑事执行检察部门管辖范围需要移送的案件线索，应当填写《刑事执行检察部门案件线索移送表》，经分管检察长批准，在受理后 7 日以内移送有管辖权的人民检察院刑事执行检察部门或其他单位处理。移送案件线索，应当移送材料原件。在移交案件线索时，要办理一对一的交接手续，以使举报线索管理有序、去向清楚、责任明确。

（三）分级备案审查

科级以下（含科级）干部的职务犯罪案件线索，层报省级人民检察院刑事执行检察处备案。县处级以上（含县处级）干部的案件线索、涉嫌犯罪金额达 50 万元以上的案件线索以及重大、复杂、跨地区的案件线索，层报最高人民检察院刑事执行检察厅备案。案件线索上报备案，应当在受理后 7 日以内办理，并填写《刑事执行检察部门案件线索备案表》，报上一级人民检察院刑事执行检察部门备案。情况紧急的应当及时办理。上级人民检察院刑事执行检察部门对下级人民检察院刑事执行检察部门上报备案的案件线索，应当及时进行审查。如有不同意见，经分管检察长批准后，应当在收到备案材料后 10 日以内通知下级人民检察院刑事执行检察部门。下级人民检察院刑事执行检察部门应当执行上级人民检察院刑事执行检察部门的意见。

（四）催办和督办

检察机关举报中心向刑事执行检察部门移送案件线索时，要附上查处情况回复单。刑事执行检察部门接到举报中心移送的案件线索后，应在 1 个月内将处理情况回复举报中心；下级人民检察院接到上级人民检察院移送的案件线索后，应在 3 个月内将处理情况回复上级人民检察院举报中心；逾期不回复的，举报中心应进行催办。

（五）定期分析、清理

初查条件尚不成熟或者暂不具备初查价值的案件线索，经分管检察长批准，可暂存待查。对暂存待查的案件线索，应当定期进行清理，对初查条件已经成熟的，应当及时提出初查意见，报分管检察长审批。

六、查办职务犯罪案件的侦查机制

由于刑事执行检察部门在机构设置和人员配置上有自身的特点，刑事执行检察部门的办案工作强调"以省级院主导，以市级院为主体，以基层院为基础"的工作机制。省级院刑事执行检察处应加强对办案工作的督办指导，加强内外协调，根据需要指定管辖，必要时要直接领办案件，要注意选择办案工作相对滞后地区，通过座谈、调研、走访、一起办案等多种手段，认真查找分析问题和原因，帮助其尽快扭转落后局面，真正把全省办案工作统管起来。市级院刑事执行检察处要整合全市刑事执行检察办案力量，带领派出检察院和派驻检察室，集中突破本辖区内的刑事执行中发生的职务犯罪，要全面负责管理全市辖区内的案件和线索，决策、批准或修改初查和侦查计划。组织、规划初查和侦查的步骤，统一指挥初查、侦查工作，根据案件的发展和具体情况，调动侦查人员，主办、参办和突破案件、调取主要证据；集中力量短期内侦破案件，并对案件质量进行考核。对于基层院刑事执行检察部门而言，要注意发挥基础性作用，在做好对看守所日常监督工作的基础上，捕捉案件线索，积极配合市级院做好办案工作。当然，对刑事执行检察院的要求又有所不同，我们一直强调要发挥派出检察院的办案主力军作用，有些派出检察院的办案工作是很出色的。

七、查办职务犯罪案件的程序

刑事执行检察部门查办职务犯罪案件的程序，是指刑事执行检察部门查办职务犯罪案件过程中所必须遵循的法定步骤、方法和手续，一般包括初查、立案、侦查、侦查终结以及移送起诉或不起诉等内容。

（一）初查

刑事执行检察部门对案件线索进行审查后，经批准进行立案前的初步调查。初查的目的是判明是否有犯罪事实发生和是否需要转入立案程序。根据办案实践，初查一般可分为受理、筛选、审批、实施、初查终结五个环节。受理即是由专人对案件线索进行接受、登记、管理；筛选是对线索进行分析研究，判断是否有初查价值；审批是由案件承办人制作《提请初查报告》，经科（处）长审核后报检察长决定；实施是根据初查方案，具体开展工作；初查终结是根据初查的事实和证据，制作的立案或者不予立案的审查结论报告。

初查常用的方法有以下几种：（1）以检查某项工作的名义调取有关材料；（2）用以案隐案的方法进行调查；（3）有条件的委托监管单位纪检监察部门进行调查；（4）秘密询问受害人和知情人；（5）对获得的线索内容进行核实。

（二）立案

根据法律规定，立案必须同时具备两个条件：一是有犯罪事实；二是需要追究刑事责任。案件承办人经初查后认为符合立案条件的，应当制作《立案请示报告》，经刑事执行检察部门负责人审核后，报经检察长批准，填写《立案决定书》，予以立案。

（三）侦查

侦查是刑事执行检察部门在办理职务犯罪案件的过程中，为了收集、调取犯罪嫌疑人有罪或者无罪、罪重或者罪轻的证据材料和查证犯罪嫌疑人，依照法定程序进行的专门调查工作和有关的强制性措施。

侦查的具体内容包括：（1）讯问犯罪嫌疑人；（2）询问证人、被害人；（3）勘验、检查、侦查实验；（4）搜查；（5）调取、查封、扣押物证、书证和视听资料、电子证据；（6）查询、冻结存款、汇款、债券、股票、基金份额等财产；（7）鉴定；（8）辨认；（9）技术侦查措施；（10）通缉。

（四）侦查终结

侦查终结是指刑事执行检察部门对立案侦查的案件，经过一系列的侦查活动，认为案件事实已经查清，证据达到确实、充分的程度，从而结束侦查并对案件作出结论的一种诉讼活动。案件侦查终结后，刑事执行检察部门要根据案件侦查的不同情况作出不同的法律结论。

1. 案件事实清楚，证据确实、充分，犯罪性质和罪名认定正确，法律手续完备，依法应当追究刑事责任的案件，侦查人员应当制作《起诉意见书》，经刑事执行检察部门负责人审核，并报检察长批准后，连同其他案卷材料，一并移送本院公诉部门审查。

2. 案件事实清楚，证据确实、充分，法律手续完备，但犯罪情节轻微，依照刑法规定不需要判处刑罚或者免除刑罚的案件，侦查人员应当制作《不起诉意见书》，经刑事执行检察部门负责人审核，并报检察长批准后，连同其他案卷材料，一并移送本院公诉部门审查。

3. 侦查过程中，发现不应当对犯罪嫌疑人追究刑事责任的，应当终止侦查，由侦查人员制作《撤销案件意见书》，经刑事执行检察部门负责人审核后，报请检察长或检察委员会决定。

八、职务犯罪案件的备案审查

刑事执行检察部门查办的发生在刑事执行中的职务犯罪案件，必须一律层报最高人民检察院刑事执行检察厅备案审查。备案审查的目的是进一步规范各级人民检察院刑事执行检察部门查办职务犯罪案件的侦查活动，加强上级人民检察院刑事执行检察部门对下级人民检察院刑事执行检察部门的业务指导，提高办案质量。负责审查备案的人民检察院刑事执行检察部门，应当确定专人负责，并根据不同诉讼阶段填写《人民检察院刑事执行检察部门查办职务犯罪案件备案审查表》。审查后，应当提出审查意见，报部门负责人审核。

刑事执行检察部门查办职务犯罪案件在下列诉讼阶段应当报上一级人民检察院刑事执行检察部门备案：

（一）立案侦查阶段

刑事执行检察部门承办的案件，应当在决定立案侦查之日起 3 日以内，填写立案备案登记表，连同提请立案报告和立案决定书，一并报送上一级人民检察院刑事执行检察部门备案。刑事执行检察院承办的案件应当向派出它的人民检察院刑事执行检察部门报送。上一级人民检察院刑事执行检察部门应当在收到备案材料之日起 10 日内提出审查意见，并在审查后的 7 日内向上一级人民检察院刑事执行检察部门报送备案材料。

（二）侦查终结阶段

刑事执行检察部门承办的案件侦查终结之后，应将侦查终结报告、撤案决定书、移送起诉意见书、移送不起诉意见书报送上一级人民检察院刑事执行检察部门备案。对于刑事执行检察部门承办的拟作撤案处理的案件，应当将拟撤销案件意见书，以及人民监督员的表决意见，连同本案全部案卷材料，在法定期限届满 7 日之前报上一级人民检察院刑事执行检察部门审查；刑事执行检察院承办的案件应当向派出它的人民检察院刑事执行检察部门报送。上一级人民检察院刑事执行检察部门应当在收到案件 7 日内作出书面批复；重大、复杂案件，应当于收到案件 10 日内作出批复；情况紧急或者因其他特殊原因不能按时送达的，可以先电话通知报送材料的检察院执行，随后送达书面批复。

（三）起诉阶段

根据案件进展，起诉阶段需要上报的备案材料包括起诉书、不起诉决定书。

（四）判决阶段

人民法院对案件作出一审和二审判决、裁定之后，刑事执行检察部门应将判决书、裁定书报送上一级人民检察院刑事执行检察部门备案。

上级人民检察院刑事执行检察部门对下级人民检察院刑事执行检察部门报送的备案材料应当及时进行审查，审查内容包括：（1）上报的备案审查材料是否符合要求；（2）根据备案材料提供的事实和证据分析案件的定性是否准确，适用法律是否正确；（3）案件办理的程序是否合法。上级人民检察院刑事执行检察部门经审查，认为下级人民检察院的决定不当的，应当提出纠正意见。下级人民检察院刑事执行检察部门接到上级人民检察院刑事执行检察部门的纠正意见后，应当在 10 日以内将执行情况向上级人民检察院刑事执行检察部门报告。上级人民检察院刑事执行检察部门每半年对下级人民检察院刑事执行检察部门报送备案审查的情况进行一次分析通报。

第二节　办理罪犯又犯罪案件

一、罪犯又犯罪的概念和特征

罪犯又犯罪是指被判处刑罚的犯罪分子，在服刑期间重新违反我国刑事法律并依法应当受到刑罚处罚的行为。

罪犯又犯罪除了具备犯罪的一般构成要件外，还具备以下特征：第一，从主体上看，是罪犯，即实施了犯罪行为，被判处刑罚且正在接受刑罚处罚的人。第二，从时间上看，犯罪行为实施的时间上必须是在刑罚执行期间。罪犯刑满释放或者赦免后实施的犯罪，以及人民法院在判决宣布以前罪犯所犯的未经判决的罪，都不属于罪犯又犯罪。第三，从空间上看，由于正在接受刑罚处罚，大部分罪犯又犯罪案件都发生在监狱和看守所。但是，罪犯脱逃后又犯罪的、监外执行的罪犯重新犯罪的，一般也属于我们所说的罪犯又犯罪范畴。第四，从再犯罪类型上看，罪犯又犯罪主要是普通刑事犯罪。

二、罪犯又犯罪案件的管辖

对于发生在监狱内的罪犯又犯罪案件的侦查，监狱法第60条规定："对罪犯在监狱内犯罪的案件，由监狱进行侦查。侦查终结后，写出起诉意见书，连同案卷材料、证据一并移送人民检察院。"刑事诉讼法第290条也规定，"对罪犯在监狱内犯罪的案件由监狱进行侦查。军队保卫部门、监狱办理刑事案件，适用本法的有关规定。"

对于发生在监狱外的罪犯又犯罪案件的侦查，包括看守所代为执行刑罚的罪犯又犯罪的、罪犯脱逃后又犯罪的、监外执行的罪犯重新犯罪的，按照《公安程序规定》的规定，由犯罪地公安机关立案侦查。关于对罪犯又犯罪案件的审查逮捕和起诉，以及对立案、侦查和审判活动是否合法实行监督，根据最高人民检察院《关于加强和改进监所检察工作的决定》第4条第（7）项的规定，由人民检察院刑事执行检察部门负责。

三、罪犯又犯罪案件的处罚

刑法第71条规定："判决宣告以后，刑罚执行完毕以前，被判刑的犯罪分子又犯罪的，应当对新犯的罪作出判决，把前罪没有执行的刑罚和后罪所判处的刑罚，依照本法第六十九条的规定，决定执行的刑罚。"这是对罪犯又犯罪案件处罚的一般情形，同时，刑法第77条、第86条以及有关司法解释还规定了几种刑罚执行期间又犯罪的特殊情况：

1. 在管制期间又犯新罪。1981年7月27日，最高人民法院《关于管制犯在管制期间又犯新罪被判处拘役或有期徒刑应如何执行的问题的批复》中指出，"在管制期间又犯新罪的，在对新罪所判处的有期徒刑或者拘役执行完毕后，再执行前罪所没有执行完的管制。"

2. 在保外就医期间又犯罪。1993年1月28日，最高人民法院研究室《关于罪犯在保外就医期间又犯罪，事隔一段时间后被抓获，对前罪的余刑，应当如何计算的请示的答复》中指出，"罪犯在保外就医期间又犯罪的，应当依照刑法第六十六条的规定，对前罪没有执行完的刑罚和后罪判处的刑罚，按刑法第六十四条规定，决定执行的刑罚，对于前罪余刑的计算应从新罪判决确定之日计算。"

3. 在死刑缓期二年执行期间和在死刑缓期二年执行期满后尚未裁定减刑前又犯新罪。1987年5月12日，最高人民法院《关于对判处死刑缓期二年执行期满后，尚未裁定减刑前又犯新罪的罪犯能否执行死刑问题的批复》中指出，"二年缓期执行期间又犯新罪的，当然应视为是在死刑缓期执行期间犯罪。二年期满以后，尚未裁定减刑以前又犯新罪的，不能视为是在死刑缓期执行期间犯罪，对这种犯罪，应依照刑法第四十六条、刑事诉讼法第一百五十三条的规定予以减刑，然后对其所犯新罪另行起诉、审判，作出判决，并按照刑法第六十六条的规定，决定执行的刑罚。对新罪判处死刑的，才能执行死刑。"

4. 在剥夺政治权利期间又重新犯罪。1994年5月16日，最高人民法院《关于在附加剥夺政治权利执行期间重新犯罪的被告人是否适用数罪并罚问题的批复》中指出，"对被判处有期徒刑的罪犯，主刑已执行完毕，在执行附加刑剥夺政治权利期间又重新犯罪，如果所犯新罪无须判处附加刑剥夺政治权利的，应当按照刑法第六十四条第二款、第六十六条的规定，在对被告人所犯新罪作出判决时，将新罪所判处的刑罚和前罪没有执行完毕的附加刑剥夺政治权利，按照数罪并罚原则，决定执行的刑罚，即在新罪所判处的刑罚执行完毕以后，继续执行前罪没有执行完毕的附加刑剥夺政治权利。"

5. 在缓刑和假释考验期限内犯新罪。刑法第77条规定，被宣告缓刑的犯罪分子，在缓刑考验期限内犯新罪，应当撤销缓刑，对新犯的罪作出判决，把前罪和后罪所判处的刑罚，依照本法第69条的规定，决定执行的刑罚。刑法第86条第1款规定："被假释的犯罪分子，在假释考验期限内犯新罪，应当撤销假释，依照本法第七十一条的规定实行数罪并罚。"

四、罪犯又犯罪案件中几个特殊问题的处理

（一）关于对在监内服刑的罪犯又犯罪案件行使侦查权的主体

我国刑事诉讼法和监狱法将罪犯在监狱内又犯罪案件的侦查权赋予了监狱机关，但是监狱并非行使侦查权的唯一主体。具体而言，监狱机关侦查权的主体主要有以下几种：（1）监狱。根据我国刑事诉讼法第290条和监狱法第60条的规定，对罪犯在监狱内犯罪的案件，由监狱进行侦查。（2）未成年犯管教所。它也是我国的刑罚执行机关——专门关押和改造未满18周岁的未成年犯，因此它也有权行使监狱机关的侦查权。（3）监狱及未成年犯管教所的上级管理机关。有的省市规定，对于一些重大、复杂的案件，监狱、未成年犯管教所等监管场所的上级机关将直接展开侦查。如北京市监狱管理局《关于办理狱内案件的若干规定》第7条规定："监所发生罪犯重大刑事案件或特大刑事案件，由狱侦处负责组织侦查，监狱配合"；第8条规定："狱内案件涉及到两个以上监所的，由狱侦处负责组织侦查，相关监狱密切配合"，因此它们也应是监狱机关侦查的主体。（4）公安机关。《公安程序规定》第304条、第305条规定了留看守所执行刑罚的罪犯以及在监外执行刑罚的罪犯又犯新罪的，由公安机关立案侦查。

（二）关于监狱机关侦查罪犯又犯罪案件所采取的措施

监狱机关在侦查罪犯又犯罪案件时，和其他侦查机关一样，首先要对案发现场进行勘查，固定、收集并提取有关的痕迹物证；要对又犯罪嫌疑人以及可能隐藏罪犯或者犯罪证据的人的身体、物品、住所和其他有关的地方进行搜查；要对受害人、知情人，以及相关罪犯、监狱人民警察进行调查访问；要对又犯罪嫌疑人、尸体、现场遗留物、赃物、作案工具等进行辨别等。同时，监狱机关对罪犯又犯罪案件的侦查工作与其他机关的侦查工作又有所不同：首先，根据1997年司法部发布的《狱内侦查工作规定》，监狱机关在侦查中对又犯罪嫌疑人采取的强制措施主要是隔离审查，而不是像其他侦查机关那样适用拘传、拘留、取保候审、监视居住、逮捕等措施。其次，由于刑事诉讼法对监狱机关对罪犯又犯罪案件的侦查期限没有明确规定，因此监狱机关在案件侦查过程中应当依据《狱内侦查工作规定》的规定，"对案犯单独关押的期限一般不超过两个月，案件复杂、期限届满不能终结的重大疑难案件，可以经省（自治区、直辖市）监狱管理局批准延长一个月"。

（三）关于在办理罪犯又犯罪案件过程中被告原判刑期届满的问题

刑事执行检察部门在办理罪犯又犯罪案件过程中，如果遇到正在服刑的罪

犯刑期届满，按照最高人民法院、最高人民检察院、公安部《关于办理罪犯在服刑期间又犯罪案件过程中，遇到被告刑期届满如何处理问题的批复》规定，"办理罪犯在服刑期间又犯罪案件过程中，遇到被告原判刑期届满，如果所犯新罪的主要事实已经查清，可能判处徒刑以上刑罚，有逮捕必要的，仍应依照刑事诉讼法的规定，根据案件所处在的不同诉讼阶段，分别由公安机关、人民检察院、人民法院依法处理。即尚在侦查的，由公安机关提请人民检察院批准逮捕；正在审查起诉的，由人民检察院办理逮捕；已经起诉到人民法院审判的，由人民法院决定逮捕。公安机关在执行逮捕时，可向被告宣布：前罪所判刑期已执行完毕，现根据所犯新罪，依法予以逮捕。"

（四）关于监外执行罪犯又犯罪的移交问题

刑事诉讼法第 262 条第 1 款规定："罪犯在服刑期间又犯罪的，或者发现了判决的时候所没有发现的罪行，由执行机关移送人民检察院处理。"上述规定在罪犯被判实刑并在监狱、看守所、未成年犯管教所中服刑时又犯罪时不存在问题，监狱、公安机关作为执行机关可对这类罪犯进行侦查后移送检察机关起诉。但是，当罪犯处于监外执行状态时，依照该款的规定由执行机关移送检察机关是不合适或难以操作的。因为，刑事诉讼法第 258 条将被判处管制、宣告缓刑、假释或者暂予监外执行的罪犯的执行机关确定为社区矫正机构，即司法行政机关。然而，刑事诉讼法并没有赋予司法行政机关相应的侦查权，由司法行政机关对又犯罪人员犯罪进行侦查、采取强制措施也是不现实的。因此，对刑事诉讼法第 262 条中的执行机关应进行扩大解释，即此处执行机关在罪犯服实刑时是指监狱、公安机关，在监外执行罪犯又犯罪时，执行机关除指社区矫正机构外，还包括公安机关。这也和《社区矫正实施办法》第 2 条第 4 款中"公安机关对重新犯罪的社区矫正人员及时依法处理"相对应。

（五）关于罪犯在缓刑、假释考验期内又犯罪是否需要批准逮捕的问题

对缓刑、假释考验期内又犯罪的犯罪嫌疑人是适用批准逮捕还是直接撤销假释收监执行，目前司法实践中存在两种不同做法。第一种做法是直接由法院裁定撤销缓刑、假释，收监执行未执行完毕的刑罚，不需要提请检察机关批准逮捕。第二种做法是将犯罪嫌疑人提请检察机关批准逮捕，检察机关受案后全面审查，作出是否批捕的决定。尽管第二种做法更有利于保护犯罪嫌疑人的合法权益，防止事实上的非法羁押，但依据 1983 年最高人民法院、最高人民检察院、公安部、司法部《关于罪犯在服刑期间又犯罪是否办理逮捕手续问题的批复》第 3 条之规定，假释的罪犯，在假释考验期限内又重新犯罪的，不必另办逮捕手续，看守所凭县以上公安机关的羁押证明文件收押。对缓刑、假释期间又犯罪的犯罪嫌疑人，不再另行提请批准逮捕，而是先由法院作出撤销

缓刑、假释裁定书，再由执行地公安机关及时将罪犯送交监狱或者看守所予以收押，对新犯之罪由法院判决后，再对其数罪并罚，执行刑罚。

（六）关于对罪犯又犯罪案件中辩护律师权益的保障

监狱法对罪犯在服刑期间的通信和会见范围进行了明确规定，即信件应当经过监狱检查，会见范围限于亲属、监护人。对涉嫌又犯罪的罪犯，辩护律师是否可以与其进行通信、会见，法律没有明确规定。但是，根据刑事诉讼法第37条的规定，辩护律师可以同在押的犯罪嫌疑人、被告人会见和通信。辩护律师持律师执业证书、律师事务所证明和委托书或者法律援助公函要求会见在押的犯罪嫌疑人、被告人的，看守所应当及时安排会见，至迟不得超过48小时。辩护律师会见犯罪嫌疑人、被告人时不被监听。虽然该条规定并未涉及正在服刑的罪犯又犯罪问题，也仅仅将应当安排会见的主体规定为看守所，但是，涉嫌又犯罪被监狱机关立案侦查的罪犯，身份不仅是前罪的罪犯，还是新罪的犯罪嫌疑人，为保障其在新罪侦查和审查起诉过程中的合法权益，监狱应当依照刑事诉讼法第37条的规定允许辩护律师与其会见和通信，并且会见不被监听，通信不受检查。驻监狱检察室发现辩护律师的合法权益未得到保障时，应当及时向监狱提出纠正意见。

五、罪犯又犯罪案件的侦查监督

（一）罪犯又犯罪案件的立案监督

罪犯又犯罪案件立案监督是指人民检察院刑事执行检察部门依照法律规定对监狱等侦查机关对罪犯又犯罪案件的立案活动是否合法所进行的法律监督。刑事诉讼法第111条规定："人民检察院认为公安机关对应当立案侦查的案件而不立案侦查的，或者被害人认为公安机关对应当立案侦查的案件而不立案侦查，向人民检察院提出的，人民检察院应当要求公安机关说明不立案的理由。人民检察院认为公安机关不立案理由不能成立的，应当通知公安机关立案，公安机关接到通知后应当立案。"这一规定是人民检察院依法对刑事诉讼实行法律监督的基本原则在刑事立案阶段的具体体现。根据该规定以及刑事诉讼的基本原则，《刑诉规则》第552条规定："人民检察院依法对公安机关的刑事立案活动实行监督。"第704条规定："人民检察院办理国家安全机关、走私犯罪侦查机关、监狱移送的刑事案件以及对国家安全机关、走私犯罪侦查机关、监狱立案、侦查活动的监督，适用本规则的有关规定。"据此，人民检察院对监狱等侦查机关对罪犯又犯罪案件的立案活动实行法律监督，是法律赋予检察机关的重要职权，它对于强化法律监督职能，保障国家法律的统一、正确实施具有十分重要的意义。

同时，对于监狱、公安机关不应当立案侦查而立案侦查的案件，即监狱、公安机关对不符合刑事诉讼法规定的立案条件而决定立案侦查的案件，也应当通知侦查机关纠正。这类案件可以是检察机关在办案过程中发现，也可以是被立案的当事人及其近亲属或者其他控告人、举报人控告、举报的案件。这类案件作为刑事立案监督的内容，应当注意监督的是立案活动本身，即监狱、公安机关的立案是否符合刑事诉讼法规定的立案条件。检察机关通过刑事立案监督程序，纠正立案环节中的违法立案问题。

（二）罪犯又犯罪案件的审查逮捕

审查批准逮捕，是指人民检察院对公安机关、监狱等侦查机关提请批准逮捕的案件进行审查后，依法作出是否逮捕犯罪嫌疑人决定的一种诉讼活动。根据有关规定，审查批准逮捕权主要由人民检察院侦查监督部门行使，刑事执行检察部门也行使对部分案件的批准逮捕权，主要是对监狱、公安机关、国家安全机关立案侦查的服刑罪犯又犯罪案件行使审查逮捕权。具体来说，一是受理公安机关对被判处管制、缓刑、剥夺政治权利、假释、暂予监外执行的罪犯又犯罪案件移送审查逮捕的案件；二是受理公安机关、国家安全机关对留在看守所服刑的罪犯又犯罪案件刑期届满需要逮捕的案件；三是受理监狱对服刑罪犯又犯罪案件刑期届满需要逮捕的案件。

（三）罪犯又犯罪案件的侦查活动监督

罪犯又犯罪案件侦查活动监督，是指人民检察院刑事执行检察部门依法对监狱等侦查机关侦查罪犯又犯罪案件时的侦查活动是否合法进行监督，是人民检察院刑事执行检察部门实行法律监督的一项重要内容。它有以下几个方面的含义：第一，罪犯又犯罪案件侦查活动监督是一项由人民检察院刑事执行检察部门实施的专门法律监督；第二，罪犯又犯罪案件侦查活动监督的对象是监狱、公安机关等实施的侦查活动；第三，罪犯又犯罪案件侦查活动监督的内容是监狱、公安机关所采取的专门调查工作和有关强制措施等侦查活动的合法性。

六、罪犯又犯罪案件的审查起诉

罪犯又犯罪案件审查起诉，是指人民检察院刑事执行检察部门根据法律规定，对侦查机关侦查终结并提出起诉意见的罪犯又犯罪案件进行审查，以决定是否将犯罪嫌疑人提交人民法院审判的一种诉讼活动。

根据刑事诉讼法第 168 条和《刑诉规则》第 363 条的规定，人民检察院刑事执行检察部门审查移送起诉的罪犯又犯罪案件，必须查明的内容比较广泛，既包括实体性问题也包括程序性问题。

经过审查起诉，人民检察院刑事执行检察部门应当根据具体情况和有关法律规定对受理审查起诉的罪犯又犯罪案件作出不同的处理决定：提起公诉或者不起诉。

七、罪犯又犯罪案件的出庭公诉

罪犯又犯罪案件出庭公诉，是指人民检察院刑事执行检察部门对提起公诉的罪犯又犯罪案件在人民法院开庭审判时，依法派员出席法庭，宣读起诉书指控犯罪，并通过法庭调查的举证、质证和法庭辩论，阐明公诉意见，论证公诉主张，促使人民法院依法判决被告人有罪并处以相应刑罚的诉讼活动。

人民检察院刑事执行检察部门派员对罪犯又犯罪案件出庭公诉，主要承担四个方面的任务：（1）代表国家在法庭上指控、揭露和证实犯罪，提请人民法院对被告人依法审判；（2）对法庭审判活动是否合法进行监督；（3）维护诉讼参与人的合法权利；（4）结合案情进行法制宣传和教育。

第三节　办理控告、举报、申诉案件

《中华人民共和国宪法》（以下简称宪法）第 41 条第 1 款规定："中华人民共和国公民对于任何国家机关和国家工作人员，有提出批评和建议的权利；对于任何国家机关和国家工作人员的违法失职行为，有向有关国家机关提出申诉、控告或者检举的权利，但是不得捏造或者歪曲事实进行诬告陷害。"第 2 款规定："对于公民的申诉、控告或者检举，有关国家机关必须查清事实，负责处理。任何人不得压制和打击报复。"由此可见，控告、举报和申诉属于宪法规定的公民的基本权利，国家应创造一切条件，保障公民这一权利的实施。

一、刑事控告、举报、申诉的概念

（一）刑事控告、举报的概念

刑事控告、举报，是指机关、团体、企事业单位和公民向公安机关、人民检察院或者人民法院依照法定的程序和方式控告、举报违法、犯罪事实或者犯罪嫌疑人，并要求依法追究刑事责任和司法机关依法进行处理的法律活动。

控告、举报既是公民的权利，也是公民的义务，同时还是国家实现有效、良性治理的途径之一。通过控告、举报，国家与公民互相配合，能够最大程度地纠正违法行为。控告与举报都是向司法机关揭露违法犯罪，并要求依法处理的行为，也都是公民同犯罪作斗争的重要手段，但两者又有不同，主要区别有：一是控告行为所针对的是对控告人自身权益的侵犯，而举报行为的对象则通常是与举报者无直接利害关系的行为，可以是侵害国家或社会公共利益，或者侵犯其他人合法权益的行为。二是控告的目的主要是维护自身的合法权益；而举报的目的主要是伸张正义、维护法制、保护国家和社会公共利益及他人的合法权益。但控告和举报又在一定程度上存在竞合，即被控告或者被举报对象既侵害举报人自身权利，又侵害其他人的合法权益或国家、社会利益。鉴于司法实践中控告和举报存在诸多相似之处，且在一定程度上存在竞合，所以对控告和举报合并加以论述。

（二）刑事申诉的概念

在我国，刑事申诉制度是一项重要的法律制度。人民检察院管辖的刑事申诉是指当事人及其法定代理人、近亲属对人民检察院诉讼终结的刑事处理决定以及对人民法院已经发生法律效力的刑事判决、裁定不服，依法向人民检察院提出申请，请求对案件进行重新处理的活动。

申诉是指公民对于任何国家机关和国家工作人员的违法失职行为，以及侵害其合法权益的行为，有向有关国家机关提出申诉的权利。实践中，申诉的内容是多种多样的，有对行政处分不服提出申诉的，有对党纪处分不服提出申诉的，有对人民法院所作的民事行政判决、裁定不服提出申诉的，也有对刑事判决、裁定不服提出申诉的等。刑事申诉是申诉在刑事诉讼领域的具体应用形式。刑事申诉的概念实际分为广义和狭义两个方面。广义的刑事申诉是指"当事人及其法定代理人、近亲属对侦查机关的处理决定或结论和人民检察院不起诉的决定以及人民法院已经发生法律效力的刑事判决、裁定不服，依法向公安机关、人民检察院和人民法院提出要求重新处理的一种诉讼活动"。狭义的刑事申诉是指当事人及其法定代理人、近亲属，不服各类刑事案件的处理结果而要求重新审理的再审之诉。这里主要围绕狭义的刑事申诉展开论述。

二、办理控告、举报、申诉案件的范围

（一）办理控告、举报案件的范围

检察机关刑事执行检察部门办理控告、举报案件的范围是由刑事执行检察部门直接立案查办职务犯罪案件的管辖范围决定的。为了深入贯彻"强化法律监督、维护公平正义"的检察工作主题，把对诉讼活动的监督职能与对职务犯罪的侦查职能有机结合起来，进一步加大查办职务犯罪的力度，最高人民检察院于 2004 年发出了《关于调整人民检察院直接受理案件侦查分工的通知》，对人民检察院直接受理案件的侦查分工进行了调整，明确指出：刑事执行检察部门负责监管场所发生的贪污贿赂、渎职侵权等案件的侦查工作。除虐待被监管人案、私放被监管人案、失职致使被监管人脱逃案、徇私舞弊减刑、假释、暂予监外执行案继续由刑事执行检察部门负责侦查外，原由反贪污贿赂部门和渎职侵权检察部门负责侦查的刑事执行中所发生的职务犯罪案件，划归刑事执行检察部门负责侦查。因此，刑事执行检察部门办理控告、举报案件的范围是对刑事执行中发生的属于人民检察院直接受理的上述犯罪行为提出的控告、举报。

（二）办理申诉案件的范围

2012 年 1 月 19 日，最高人民检察院印发了《关于办理不服人民法院生效刑事裁判申诉案件若干问题的规定》，对人民检察院办理不服人民法院生效刑事裁判申诉案件的承办部门再次作了调整。文件规定：当事人及其法定代理人、近亲属认为人民法院已经发生法律效力的刑事判决、裁定确有错误，向人民检察院申诉的，由作出生效判决、裁定的人民法院的同级人民检察院刑事申诉检察部门受理。刑事申诉检察部门对已经发生法律效力的刑事判决、裁定的申诉案件复查后，认为需要提出抗诉的，报请检察长或者检察委员会决定。人民法院开庭审理时，由刑事申诉检察部门出庭支持抗诉。

《刑诉规则》吸收了上述规定的有关内容，对刑事判决、裁定监督的承办部门的职能分工作了重大调整，将刑事申诉检察部门作为不服人民法院生效刑事裁判申诉案件的承办部门，公诉部门作为二审抗诉案件和除申诉案件以外的审判监督抗诉案件的承办部门。此外，由于《刑诉规则》将刑事执行检察部门作为死刑执行临场监督的承办部门，因此，也相应地将不服人民法院死刑终审判决、裁定尚未执行的申诉，交由刑事执行检察部门办理。

《刑诉规则》第 593 条第 4 款规定，不服人民法院死刑终审判决、裁定尚未执行的申诉，由刑事执行检察部门办理。同时，第 608 条规定："死刑复核期间当事人及其近亲属或者受委托的律师向最高人民检察院提出的不服死刑裁判的申诉，由最高人民检察院死刑复核检察部门审查。"上述规定明确了现阶段刑事执行检察部门办理刑事申诉案件的范围，即除了在最高人民法院死刑复核期间当事人及其近亲属或者受委托的律师直接向最高人民检察院提出的不服死刑裁判的申诉外，其他不服人民法院死刑终审判决、裁定尚未执行的申诉，都由刑事执行检察部门办理。具体包括：已经终审但尚未经最高人民法院核准的死刑的判决、裁定；已经终审但尚未经高级人民法院核准的死刑缓期二年执行的判决、裁定；最高人民法院已经核准的死刑的判决、裁定及高级人民法院已经核准的死刑缓期二年执行的判决、裁定尚未实际执行的。

关于被监管人及其法定代理人、近亲属对减刑、假释裁定、暂予监外执行决定不服提出的申诉，应由检察机关哪个部门具体管辖，《刑诉规则》没有作出明确规定。考虑到司法实践和《刑诉规则》关于刑事判决、裁定执行监督的有关规定，由检察机关刑事执行检察部门管辖不服减刑、假释裁定、暂予监外执行决定的申诉更为适宜。

应当注意的是，在司法实践中，仍存在被监管人及其法定代理人、近亲属针对已发生法律效力的判决、裁定（减刑、假释裁定以外的刑事裁定）向刑事执行检察部门提出申诉的情况，对此应向提出申诉的被监管人及其法定代理人、近亲属做好解释工作，告知其应向有管辖权的检察机关刑事申诉检察部门提出申诉。对于其中由尚在执行中的被监管人自行向刑事执行检察部门提出的申诉，考虑到充分保障被监管人申诉权的实现和开展工作的便利性，可以由刑事执行检察部门接收其申诉材料并及时转交有管辖权的检察机关刑事申诉检察部门受理和复查。刑事执行检察部门应将申诉材料转交情况告知申诉人。

三、刑事控告、举报、申诉案件的受理与审查

（一）控告、举报材料的受理与审查

刑事诉讼法第 108 条第 3 款规定："公安机关、人民检察院或者人民法院对于报案、控告、举报，都应当接受。"各级检察机关对于控告、举报材料不论是否属于人民检察院的管辖范围，都应当接受。机关、团体、企事业单位提出控告、举报的，应当采取书面形式，单位负责人签名，加盖公章，以示严肃认真和负责；公民个人控告、举报犯罪的，可以用书面形式提出，也可以用口头形式提出。凡以口头形式提出的，接待的检察人员应将控告、举报内容制作成笔录，经控告、举报人确认无误后签字、盖章，接待的检察人员也应当签名或者盖章。对于根据传闻而控告、举报的，检察人员应当问清传闻的来源，以便进一步调查核实。

根据《人民检察院监狱检察办法》、《人民检察院看守所检察办法》的规定，刑事执行检察部门应当受理被监管人及其法定代理人、近亲属提出的控告、举报。派驻检察机构应当在看守所、监狱监区或者分监区设立检察官信箱，及时接收被监管人的控告、举报材料。派驻检察人员应当定期接待被监管人的法定代理人、近亲属来访，受理控告、举报材料，提供法律咨询。刑事执行检察部门接受控告、举报材料以后，要及时审查处理，并填写控告、举报登记表，并根据具体情况分别作出不同处理：

1. 根据控告、举报的情况，如果发现有超期羁押，妨碍辩护权行使，殴打、体罚、虐待被监管人，非法侵占被监管人财物等情况，应及时予以制止，切实保障被监管人合法权益。

2. 根据控告、举报的情况，如果发现确有犯罪事实存在，且属于刑事执行检察管辖范围内的应当追究刑事责任的行为，应当立案侦查。

3. 按照案件管辖的分工，对于其中不属于人民检察院管辖的，应当及时移送有管辖权的机关处理，并通知控告人、举报人。对于不属于人民检察院管辖又必须采取紧急措施的，应当先采取紧急措施，然后移送主管机关。对于按照检察机关内部的分工应当由其他部门办理的，应及时将有关材料移送有管辖权的部门，并通知控告人、举报人。

4. 对案件事实不清或者线索不明的，应当进行必要的调查核实，收集相关材料，查明情况后自行立案或者及时移送有管辖权的机关、部门处理。

刑事执行检察部门办理控告、举报案件，对控告人、举报人要求回复处理结果的，应当将调查核实情况反馈控告人、举报人。

（二）申诉材料的受理与审查

根据刑事诉讼法、《刑诉规则》的规定，对于具备下列条件的刑事申诉，人民检察院应当受理：（1）属于对人民检察院诉讼终结的刑事处理决定和人民法院已经发生法律效力的刑事判决、裁定不服的申诉；（2）属于本院管辖；（3）申诉人是原案的当事人或者其法定代理人、近亲属，或者是受申诉人委托代理行使申诉权的委托代理人；（4）申诉人提交的申诉材料事实叙述清楚、申诉理由及请求明确，有相关的证据材料或者证据线索支持，原案的相关法律文书和复查案件的法律文书齐全。

申诉可以采用口头或者书面形式，申诉人口头提出申诉的，应当制作笔录，并有申诉人签名或者盖章。对于符合受理条件的刑事申诉，应填写《刑事申诉受理登记表》，并分情况予以处理：

1. 对不属于本院或者本部门管辖的刑事申诉，应及时移交有管辖权的人民检察院、本院其他部门或者有关部门，并通知申诉人。

2. 对下列申诉，人民检察院可以不再立案复查，经刑事执行检察部门负责人批准，直接答复申诉人，必要时可制作《刑事申诉审查结果通知书》回复申诉人：

（1）经最高人民检察院审查或者复查作出决定的；

（2）经省级人民检察院复查作出决定，申诉人未提出新的事实或者证据的；

（3）申诉人的合理诉求已经依法处理但仍坚持申诉，所提出的要求不符合法律政策规定的；

（4）申诉人反映的问题经调查没有事实和法律依据，或者申诉人反映的问题已经依法处理，申诉人明确表示接受处理意见，又以同一事由重新申诉的；

（5）属于证据不足的案件，已经人民检察院依法复查，但限于客观条件，事实仍无法查清，证据仍无法达到确实、充分的要求，申诉人又不能提供新的事实或者证据的；

（6）案件已经两级人民检察院立案复查，且采取公开审查形式复查终结，申诉人没有提出新的充足理由的；

（7）对不服人民法院已发生法律效力的刑事判决、裁定的申诉，经两级人民检察院办理且省级人民检察院已经复查的，如果没有新的事实和理由，人民检察院不再立案复查，但原审被告人可能被宣告无罪或者判决、裁定有其他重大错误可能的除外；

（8）申诉人反映的问题已过诉讼时效，或者反映1979年颁布的刑法、刑事诉讼法实施前的问题，已经作出结论，经省级人民检察院审查认为无复查依据，申诉人仍要求重新处理的。

3. 对下列申诉，应制作《刑事申诉提请立案复查报告》，经刑事执行检察部门负责人或者分管检察长批准后立案复查：

（1）原判决、裁定有错误可能的；

（2）不服下级人民检察院审查或者复查处理决定，上级人民检察院认为有错误可能的；

（3）上级人民检察院或者本院检察长交办的。

应当注意的是，原判决、裁定是否有错误可能，应从以下几个方面审查：申诉人是否提出了足以改变原处理结果的新的事实或者证据；据以定案的证据是否确实、充分或者证明案件事实的主要证据之间是否存在矛盾；适用法律是否正确；处罚是否得当；有无违反案件管辖权限及其他严重违反诉讼程序的情况；办案人员在办理案件过程中有无贪污受贿、徇私枉法等违法违纪行为。

四、不服刑罚变更执行申诉案件的处理

检察机关刑事执行检察部门对被监管人及其法定代理人、近亲属提出的不服减刑、假释裁定和暂予监外执行决定的申诉，经过审查后，认为原裁定、决定正确的，予以维持；认为原裁定、决定不当的，应当提出书面纠正意见。具体处理如下：

1. 人民检察院经审查认为人民法院减刑、假释的裁定不当，应当报经检察长批准，向作出减刑、假释裁定的人民法院提出书面纠正意见。对人民法院减刑、假释裁定的纠正意见，由作出减刑、假释裁定的人民法院的同级人民检察院书面提出；下级人民检察院发现人民法院减刑、假释裁定不当的，应当向作出减刑、假释裁定的人民法院的同级人民检察院报告。

2. 人民检察院对人民法院减刑、假释的裁定提出纠正意见后，应当监督人民法院是否在收到纠正意见后 1 个月以内重新组成合议庭进行审理，并监督重新作出的裁定是否符合法律规定。对最终裁定不符合法律规定的，应当向同级人民法院提出纠正意见。

3. 人民检察院经审查认为暂予监外执行决定不当的，应当报经检察长批准，向决定或者批准暂予监外执行的机关提出书面纠正意见。下级人民检察院认为暂予监外执行不当的，应当立即层报决定或者批准暂予监外执行的机关的同级人民检察院，由其决定是否向决定或者批准暂予监外执行的机关提出书面纠正意见。

4. 人民检察院向决定或者批准暂予监外执行的机关提出不同意暂予监外执行的书面意见后，应当监督其对决定或者批准暂予监外执行的结果进行重新核查，并监督重新核查的结果是否符合法律规定。对核查不符合法律规定的，应当依法提出纠正意见，并向上一级人民检察院报告。

第四节　办理羁押必要性审查案件

刑事诉讼法第 93 条规定："犯罪嫌疑人、被告人被逮捕后，人民检察院仍应当对羁押的必要性进行审查。"该条赋予了检察机关对逮捕后继续羁押的必要性进行审查的职权。

一、羁押必要性审查的概念

羁押必要性审查，是指检察机关根据羁押的犯罪嫌疑人、被告人涉嫌犯罪的性质、情节以及证据的收集固定情况、犯罪嫌疑人、被告人悔罪态度等，审查其是否具有再次犯罪或者妨碍诉讼的危险性，如果对其取保候审、监视居住是否足以防止发生这种危险性，在此基础上，决定是否继续羁押该犯罪嫌疑人、被告人。

关于羁押必要性审查的内涵，目前大致有广义和狭义两种理解：广义上理解，羁押必要性审查不应仅限于刑事诉讼法第 93 条的规定，还包括刑事诉讼活动主体依据诉讼职权对羁押必要性所进行的自行审查即依职权进行的审查，从继续羁押必要性审查的角度而言，即应包括刑事诉讼法第 94 条、第 95 条的规定。刑事诉讼法第 93 条是专项监督的法条，强调监督意义上的审查，第 94 条是依职权审查的法条，第 95 条是依申请审查的法条，均可以理解为基于诉讼的职权所展开的审查，这是刑事诉讼活动主体所进行的自行审查，可以依职权也可以依申请。三个法条共同组成了继续羁押必要性审查的完整体系。狭义上理解，羁押必要性审查是监督意义上的审查，主要指刑事诉讼法第 93 条的规定，是检察机关依照诉讼监督的职责对捕后的继续羁押必要性进行审查。

就修改后刑事诉讼法对我国羁押制度的建立有更明显的积极意义的角度而言，应当更加强调狭义的羁押必要性审查。基于诉讼职权的羁押必要性审查在原刑事诉讼法中就已经存在，2012 年的修订是对其进行了一些细化。而第 93 条则是对羁押必要性审查的新增内容，是加强检察机关诉讼监督职能的一项重要举措，也是我国实行逮捕与羁押适度分离的一项初步探索。从这一意义上说，从狭义的角度理解羁押必要性审查，对我国羁押制度的完善具有更加重大的意义。

另外，就刑事执行检察部门的工作而言，有意义的主要是监督意义上的羁押必要性审查。对于基于诉讼职权的羁押必要性审查，刑事执行检察部门应当依照相关规定予以配合。

二、羁押必要性审查的标准

刑事诉讼法第 91 条第 2 款规定："逮捕后，应当立即将被逮捕人送看守所羁押。"因此，逮捕的标准可以视为继续羁押的基本标准，即只有符合法律规定的应当依法逮捕的标准，才能够予以继续羁押。在实际操作中，由于启动这项工作的前提是审查对象已经被羁押，因此审查的内容主要侧重于不必要继续羁押的情况。

不予继续羁押的情形主要从四个方面把握，经审查认为符合下列情况之一的，即应当提出释放或者变更强制措施书面建议：

1. 社会危害性：犯罪嫌疑人、被告人患有严重疾病、生活不能自理，怀孕或者正在哺乳自己婴儿，系生活不能自理的人的唯一抚养人，不羁押犯罪嫌疑人、被告人不致发生刑事诉讼法第 79 条规定的社会危险性的；犯罪嫌疑人、被告人实施新的犯罪的可能性已被排除的。

2. 刑事诉讼保障：案件事实基本查清，证据已经收集固定，符合取保候审或者监视居住条件的；犯罪嫌疑人、被告人毁灭、伪造证据，干扰证人作证，串供，对被害人、举报人、控告人实施打击报复，自杀或者逃跑等的可能性已被排除的。

3. 逮捕的构罪条件和刑罚条件：案件证据发生重大变化，不足以证明有犯罪事实或者犯罪行为系犯罪嫌疑人、被告人所为的；案件事实或者情节发生变化，犯罪嫌疑人、被告人可能被判处缓刑、管制、拘役、独立适用附加刑、免予刑事处罚或者判决无罪的；具有刑事诉讼法第 15 条规定的情形之一的；继续羁押犯罪嫌疑人、被告人，羁押期限将超过依法可能判处的刑期的。

4. 其他综合因素：羁押期限届满而案件尚未办结的；因为案件的特殊情

况或办理案件的需要，变更强制措施更为适宜的。

另外，对于预备犯、中止犯，或者防卫过当、避险过当的，主观恶性较小的初犯、从犯、胁从犯，犯罪后自首、有立功表现、悔罪表现的，与被害人自愿达成和解协议并依法履行的，未成年人或者在校学生，老年人，此类犯罪嫌疑人、被告人主观恶性或社会危险性小，可能判处的刑罚一般不重，羁押的必要性不大，在综合考虑案件具体情况的基础上，也可以依法发出释放或变更强制措施的建议。

除考察上述内容之外，还需要考虑其他相关问题，如对于惯犯、累犯、有犯罪前科或者没有悔罪态度的，有必要综合考虑案件的整体情况慎重决定是否发出释放或变更强制措施的建议；对于没有固定住所、固定职业等的犯罪嫌疑人、被告人，作出释放或变更强制措施的建议也面临着较大的障碍。

在实际工作中，对于规则条文中没有明确列举的一些情况，经过综合评定，认为变更羁押措施或者释放后，不影响刑事诉讼活动进行，不具有社会危害性的，不拘泥于上述条文。

三、羁押必要性审查的原则

（一）依法保障犯罪嫌疑人、被告人人权原则

具体体现为羁押最后（例外）原则、羁押比例性原则。我国法定的强制措施包括拘传、取保候审、监视居住、拘留和逮捕五种。其中拘传、取保候审、监视居住属于非羁押性强制措施，拘留、逮捕属于羁押性强制措施。羁押最后（例外）原则要求采取强制措施时，理应优先适用前者，在不得已时，才可以适用后者，从而使羁押成为一种最后适用的例外状态。羁押比例性原则指未决羁押的适用程序及期限，应当与所指控的犯罪行为的严重性、危害诉讼正常进行的可能性、可能科处的刑罚相适应，或者成正比例关系，同时，广义的比例性原则还包含合目的性，即羁押的目的应被严格限定在保证预审活动进行和预防新的危害社会行为发生两个方面，羁押的适用不得背离法定目的并以达到法定目的为限度。

（二）宽严相济、促进社会和谐原则

宽严相济是我国长期坚持的一项刑事政策，对于打击犯罪、保护人权、促进社会和谐都具有实际的积极意义，也是推动刑事司法改革的一个重要动力。刑事诉讼活动的基本目标是惩罚犯罪与保护人权，最终目标则体现为促进社会和谐。羁押必要性审查制度通过对逮捕后羁押必要性的审查，较好地实现宽严相济的刑事司法目的。在具体标准的把握上，应当严格按照法律的规定，对应当羁押的人予以继续羁押，坚持合目的性原则，将羁押的目的严

格限定在保障诉讼和预防犯罪上，并综合考虑犯罪嫌疑人、被告人各方面的情况，切实保障其合法权益，从而促进社会和谐。

（三）积极稳妥原则

羁押必要性审查是 2012 年修改后刑事诉讼法规定的在现有刑事诉讼体制下的一种司法改进制度，其具体方法有待于在实践中摸索完善，因此，开展羁押必要性审查工作，应当结合本地实际，循序渐进，先易后难，稳步推进，务求实效；既要追求良好的制度理想，又要脚踏实地，服务实践；既要保障犯罪嫌疑人、被告人的人权，又要保障刑事诉讼活动顺利进行。在当前继续羁押必要性审查工作的探索实践中，刑事执行检察部门可以首先从在日常派驻检察中易于发现的疾病、羁押期限届满、羁押期间可能超过预期刑期、家庭或个人特殊情况等事项着手，积极探索可行的审查方法，加强与侦查、侦查监督、公诉部门的沟通，逐步建立对于案件进度的查询平台等，积累经验，逐渐扩大审查案件的范围。可以根据本院实际情况，采取刑事执行检察部门主导，刑事执行检察、侦查监督、公诉部门三家联动模式，也可以先采取侦查监督、公诉部门主导，刑事执行检察部门配合的模式，通过积累经验、理顺关系，从而逐步过渡到刑事执行检察部门有能力独立主导羁押必要性审查工作的程度，积极发挥刑事执行检察部门在这项工作中的作用。

（四）准司法性审查原则

由于羁押是对公民人身自由的限制，根据人权保护和无罪推定思想，在多数西方法治国家，对羁押必要性实行司法审查，由中立的法官通过听证等程序作出是否继续羁押的判断。在我国司法体制下，继续羁押必要性审查是人民检察院法律监督权的行使和体现，检察机关作为法律监督机关和司法机关，对羁押必要性的审查应当具有准司法审查的性质，由不承担侦查监督、起诉等刑事追诉责任的司法机构通过司法性审查决定适用羁押措施。司法性审查的根本要义在于其中立性，在具体程序中必须保持在羁押必要性审查中的相对中立性和客观性。

（五）持续性审查原则

根据人权保护和无罪推定思想，在作出有罪判决前将犯罪嫌疑人、被告人予以羁押只是权宜之计，因此，对羁押的审查应持续贯穿于逮捕之后至判决生效之前羁押的整个过程中，一旦发现羁押的条件不成立，要及时予以变更或撤销。据此，各级人民检察院刑事执行检察部门应当根据《刑诉规则》第 617 条的规定，积极履行犯罪嫌疑人、被告人被逮捕后的羁押必要性审查职责，可以在侦查、审查起诉、一审、二审和死刑复核阶段全过程开展羁押必要性审查工作。

四、羁押必要性审查的主体

根据刑事诉讼法第 93 条的规定，羁押必要性审查的主体是人民检察院。《刑诉规则》第 617 条规定，侦查阶段的羁押必要性审查由侦查监督部门负责；审判阶段的羁押必要性审查由公诉部门负责。刑事执行检察部门在刑事执行检察工作中发现不需要继续羁押的，可以提出释放犯罪嫌疑人、被告人或者变更强制措施的建议。

为了避免侦查监督、公诉、刑事执行检察部门在各自职责范围内进行羁押必要性审查工作中发生重复和冲突，需要处理好三者之间的关系，目前较为可行的做法是：本院侦查监督部门正在审查批准延长侦查羁押期限，或者侦查监督部门、公诉部门正在对逮捕后的犯罪嫌疑人、被告人进行羁押必要性审查，通报刑事执行检察部门的，刑事执行检察部门应当暂停已开始的羁押必要性审查工作。刑事执行检察部门如果发现犯罪嫌疑人、被告人患有严重疾病、怀孕等可能不需要或者不应当继续羁押的法定情形时，应当及时向正在开展审查工作的侦查监督部门、公诉部门通报情况。也就是说，侦查监督、公诉在相应的诉讼阶段进行羁押必要性审查，刑事执行检察部门对逮捕后的刑事诉讼活动的全过程进行羁押必要性审查。在侦查监督、公诉部门进行职权性羁押必要性审查时，刑事执行检察部门应当暂停这项工作，并应将掌握的被羁押人与羁押审查相关的情况向正在审查的部门进行通报。

就刑事执行检察部门而言，具体承担羁押必要性审查职责的是各级人民检察院刑事执行检察部门和派驻看守所检察室，由其具体承担本院担负监督任务的看守所在押犯罪嫌疑人、被告人的羁押必要性审查职责。办案机关相对应的人民检察院刑事执行检察部门或者专门刑事执行检察人员应当予以配合。没有设立派驻看守所检察室的人民检察院，应当指定专门刑事执行检察人员负责羁押必要性审查工作。对逮捕后异地羁押的犯罪嫌疑人、被告人，由羁押地的人民检察院刑事执行检察部门和派驻看守所检察室具体承担羁押必要性审查职责，办案机关相对应的人民检察院刑事执行检察部门或者专门刑事执行检察人员应当予以配合。

五、羁押必要性审查的对象

从立法原意上讲，羁押必要性审查的对象应为逮捕后判决生效前被羁押的所有犯罪嫌疑人、被告人。在具体工作中，可以对每一名被羁押者进行羁押必要性评估，通过评估筛选出一些重点审查对象和一般不予继续审查的对象。对于前者，应当根据其所处诉讼环节，分诉讼阶段地跟踪进行动态审查；对于后者，经过羁押必要性评估后一般不再进一步审查，但在发生犯罪嫌疑人、被告人患有严重疾病、案情证据发生重大变化或者其他特殊法定不适宜羁押情形时，应依法及时启动羁押必要性审查程序。

综合前期试点实践中的具体经验，羁押必要性审查的重点对象主要包括：涉嫌犯罪情节较轻的在校学生、未成年人、妇女、老年人、残疾人，具有悔罪、坦白、自首、立功、防卫过当、避险过当、患有严重疾病、生活不能自理等情节的犯罪嫌疑人、被告人，初犯、偶犯、过失犯、预备犯、中止犯、未遂犯、从犯、胁从犯等。

一般不予继续审查的对象主要有：实施严重暴力犯罪、危害国家安全犯罪、重大经济犯罪、重大毒品犯罪、有组织犯罪、涉黑、涉恶犯罪的主犯，涉嫌犯罪罪行较重、可能判处 10 年有期徒刑以上刑罚以及其他社会危险性较大的犯罪嫌疑人、被告人。对此类犯罪嫌疑人、被告人，经过羁押必要性评估后一般不再进一步审查，但是发生犯罪嫌疑人、被告人患有严重疾病或者其他特殊法定不适宜羁押情形的除外。

六、羁押必要性审查的启动

《刑诉规则》第 616 条第 2 款规定："人民检察院发现或者根据犯罪嫌疑人、被告人及其法定代理人、近亲属或者辩护人的申请，经审查认为不需要继续羁押的，应当建议有关机关予以释放或者变更强制措施。"实践中，羁押必要性审查主要有三种启动方式：

（一）依职权启动审查程序

从立法原意来看，对所有被逮捕的犯罪嫌疑人、被告人，人民检察院均应当主动进行羁押必要性审查。在具体审查工作中，要把握好主动审查的时机、间隔期限等。入所后及时对每一名被羁押者进行羁押必要性评估，建立重点审查对象档案和特殊审查对象（指经评估认为一般不再进一步审查，但发生患有严重疾病或者其他特殊法定不适宜羁押情形的则应予以审查的犯罪嫌疑人、被告人）档案，对于重点审查对象，可以依照诉讼阶段常规启动羁押必要性审查程序。对于特殊审查对象，则仅在发生具体情形时随机启动。对于其他被羁押人，则可以根据实际情形和日常监督力量的安排做适当取舍。但应当作详细的记录，每一名被羁押人两次羁押必要性审查的间隔一般不宜超过两个诉讼阶段的期间。

（二）依申请启动审查程序

《刑诉规则》第 618 条规定："犯罪嫌疑人、被告人及其法定代理人、近亲属或者辩护人可以申请人民检察院进行羁押必要性审查，申请时应当说明不需要继续羁押的理由，有相关证据或者其他材料的，应当提供。"这一规定是对被羁押人一方提供的一种救济途径，其作用在于引起检察机关对羁押必要性审查程序的启动。

为保证被羁押人能够了解自己享有的申请权，各驻所检察机构应当建立逮捕后权利告知制度，即犯罪嫌疑人、被告人被羁押后，驻所检察人员应当在3日以内书面告知其如果被逮捕后有权利依法向办案机关申请变更强制措施，也可以申请人民检察院进行羁押必要性审查。需要注意的是，对羁押必要性审查的申请和对变更强制措施的申请都可能最终引起变更强制措施的客观效果，但二者申请的对象、时间、效力和法律后果均不相同：对羁押必要性审查的申请，其对象仅仅是人民检察院，可以在侦查、审查起诉、审判、死刑复核阶段中任何一个阶段提出，其效果仅限于引起羁押必要性审查程序的启动。对变更强制措施的申请，其对象是办案机关，包括公安机关、人民检察院、人民法院，申请的时间要对应办案机关的诉讼阶段（如申请人民法院变更强制措施只能是在审判阶段），办案机关应当在收到申请后3日内作出决定，不同意变更强制措施的，应当告知申请人并说明不同意的理由。

（三）依交办、建议等其他缘由启动程序

实践中，也可以根据检察长的交办，人大代表、政协委员的建议，或者看守所的建议等启动羁押必要性审查程序。

七、羁押必要性审查的方法

羁押必要性审查的方法应当体现准司法性审查的原则。司法性审查的关键在于审查主体中立地听取两造意见并加以客观判断。对于羁押必要性审查而言，不论是以书面审查及调查的方式还是以公开听证的方式进行的审查，都应当能够体现被羁押人的意见。

（一）调查式审查

根据我国实际情况和试点探索，目前主要采取的是此种审查方式。具体方式主要有：羁押必要性评估；查阅有关案件事实的法律文书、不需要继续羁押犯罪嫌疑人、被告人的有关证明材料等；向侦查机关（部门）了解基本案情和侦查取证的进展情况；听取有关各方如办案机关（部门）、办案人员、犯罪嫌疑人、被告人及其法定代理人、近亲属、辩护人、被害人及其诉讼代理人等的意见；通过与看守所监管民警谈话，查看监室监控录像，巡视检察监室，与同监室在押人员谈话，到犯罪嫌疑人、被告人所在单位、街道、社区村（居）民委员会了解其平时表现、犯罪原因、家庭状况等多种方式，具体了解其悔罪表现、主观恶性、社会危险性，是否具备取保候审或者监视居住条件等情况。

（二）听证式审查

由追诉方（侦查机关、公诉部门）和被羁押人一方各自向负责审查的主体举证以证明是否可以释放或变更强制措施，必要时可以请被害人一方参与。采用听证这一形式，主要原因在于其程序设计注重彰显中立性、公正性，用程序来消弭对缺乏监督问题的质疑，有助于实现保护人权和保障诉讼的平衡，保证其公正性和公信力，避免引发其他社会问题。由于刑事执行检察部门与公诉部门以及反贪、反渎等侦查部门同属于检察机关，其作出的继续羁押与否的决定易引起质疑，只有在程序上强调公正性和被羁押人一方的可参与性、权利可救济性，才能最大限度地消除质疑。在当前，可以探索在下列三种情形下适用听证程序的具体方式：（1）被羁押人对有关机关不同意变更强制措施的理由不服而向刑事执行检察部门提出羁押必要性审查申请的，以听证审查为宜。（2）对审查机关通过调查式审查作出的决定，被羁押人一方提出异议向人民检察院申请复议的，以听证审查为宜。由申请方、侦查或起诉部门参与，通过听取各方意见，调查相关证据材料，进而就羁押是否合法、羁押的理由是否存在、是否继续羁押等各方面进行审查并作出决定。其他依申请被动启动的审查，必要时也可以采取听证的方式。（3）对可能引发争议的案件，也可以考虑启动听证程序，围绕羁押的必要性，由有关各方充分表达意见。

八、羁押必要性审查结论的作出及救济

（一）羁押必要性审查结论的作出

刑事执行检察部门开展羁押必要性审查工作，实行案件承办人审查、部门负责人审核、分管检察长审批的制度。

羁押必要性审查完成后，拟提出释放或者变更强制措施建议的，案件承办人应当制作《羁押必要性审查案件报告》，经刑事执行检察部门负责人审核后报分管检察长审批。《羁押必要性审查案件报告》的内容包括：案件来源、审查工作情况、犯罪嫌疑人或者被告人基本情况、基本案情、诉讼阶段、身体健康状况、羁押表现、无羁押必要性的证据材料、是否需要建议释放或者变更强制措施的意见等。经分管检察长批准之后，向办理案件的侦查机关、人民法院或者本院侦查部门、公诉部门提出释放犯罪嫌疑人、被告人或者变更强制措施的书面建议。建议发出的对象不包括本院侦查监督部门、看守所。

发出检察建议的具体形式如下：

1. 对于同级或者下级公安机关、人民法院，或者下级人民检察院正在办理的案件，刑事执行检察部门应当在报经分管检察长批准后，以本院名义向办案机关发出《羁押必要性审查建议书》。

2. 对于本院侦查部门或者公诉部门办理的案件，刑事执行检察部门经审查认为不需要继续羁押犯罪嫌疑人的，应当在报经分管检察长批准后，以本部门名义向侦查部门或者公诉部门发出《对犯罪嫌疑人变更强制措施（予以释放）的建议函》。

3. 对上级公安机关、人民检察院、人民法院办理的案件，羁押地人民检察院刑事执行检察部门经审查认为不需要继续羁押犯罪嫌疑人、被告人的，应当及时将有关材料层报办案机关的同级人民检察院刑事执行检察部门，由该院刑事执行检察部门审查决定是否提出释放或者变更强制措施的书面建议。

4. 对异地羁押的案件，办案机关与羁押地人民检察院无上下级隶属关系的，羁押地人民检察院刑事执行检察部门经审查认为不需要继续羁押犯罪嫌疑人、被告人的，应当在报经分管检察长批准后，以本院名义向办案机关发出《羁押必要性审查建议书》。

（二）检察建议的具体内容要求

向有关办案机关（部门）提出释放犯罪嫌疑人、被告人或者变更强制措施的建议，应当在建议书（函）内写明："请你局（院、科、处、厅）在收到本建议书（函）10 日以内将处理情况通知我院（科、处、厅、局），如果未采纳本建议的，请说明理由和依据。"

向有关办案机关（部门）提出释放或者变更强制措施的建议，应当加强说理和论证，充分说明不需要继续羁押犯罪嫌疑人、被告人的有关事实、证据材料及法律依据。

（三）羁押必要性审查的审结期限

对于检察长交办以及人大代表、政协委员、看守所建议的羁押必要性审查案件，应当在 10 日以内办结，并报告检察长或者书面回复意见。对于犯罪嫌疑人、被告人及其法定代理人、近亲属或者辩护人申请启动的羁押必要性审查案件，应当在 15 日以内办结，并书面答复申请人。

应当注意的是，对于患有危及生命安全的严重疾病的犯罪嫌疑人、被告人，应当快速启动羁押必要性审查程序，及时提出释放或者变更强制措施的建议，避免发生在押人员在看守所内死亡的事件。

（四）羁押必要性审查后检察建议不被采纳的救济途径

对于办案机关（部门）没有采纳人民检察院释放或者变更强制措施的建议，构成超期羁押或者犯罪嫌疑人、被告人有死亡危险的，刑事执行检察部门应当立即书面报告上级人民检察院刑事执行检察部门。

上级人民检察院刑事执行检察部门收到下级刑事执行检察部门书面报告后，应当立即审查。经审查，认为确需释放犯罪嫌疑人、被告人或者变更强制措施的，应当及时以本院名义建议同级公安机关或者人民法院督促下级公安机关或者人民法院释放犯罪嫌疑人、被告人或者变更强制措施，或者督促下级人民检察院释放犯罪嫌疑人或者变更强制措施。

（五）对申请人不服审查结论性意见的救济

犯罪嫌疑人、被告人及其法定代理人、近亲属或者辩护人向人民检察院提出羁押必要性审查申请的，申请人对人民检察院羁押必要性审查结论性意见不服或有异议的，可以向人民检察院申请复议，也可以向上一级人民检察院申诉。人民检察院应当在收到申请后 15 日内重新审查并告知其审查结果。

另外，在审查结果异议的救济上，无论是继续羁押还是解除羁押，都应当将理由和依据对当事方进行必要解释，以获取各方的信赖和尊重。对有直接被害人的，开展羁押必要性审查时要征询被害人意见，发出释放或变更强制措施检察建议后，应向被害人做好告知说理工作，一方面强化被害人对羁押必要性审查的执法监督，另一方面让被害人及时了解案件进展情况和释放或变更强制措施的合理依据，减少不必要的误解和社会不和谐因素。

第五节　办理减刑、假释、暂予监外执行案件

一、办理减刑案件

（一）减刑概述

减刑是刑罚变更执行制度的一种，是指罪犯在刑罚执行期间，因符合法定条件，由人民法院将原判刑罚予以减轻或免除的制度。刑法学界关于减刑有广义与狭义两种观点。狭义的减刑是指对被判处管制、拘役、有期徒刑或者无期徒刑的罪犯，根据其在刑罚执行期间认真遵守监规，接受教育改造，确有悔改或者立功表现，而适当减轻其原判刑罚的制度。广义说认为减刑不仅包括狭义的减刑，还应包括死缓犯的减刑、附加刑的减刑以及特赦减免。

减刑包含两方面的含义：一是将较重的刑种减为较轻的刑种，如将无期徒刑减为有期徒刑，但有期徒刑不得减为拘役或管制，拘役也不得减为管制；二是将较长的刑期减为较短的刑期，如将 10 年有期徒刑减为 9 年有期徒刑。

（二）减刑的条件

1. 减刑的对象条件。减刑的对象是被判处管制、拘役、有期徒刑、无期徒刑和死刑缓期二年执行的罪犯。刑法第 78 条仅规定了减刑的对象为管制、拘役、有期徒刑、无期徒刑罪犯。刑法第 50 条规定，死缓罪犯在死缓执行期间，如果没有故意犯罪或确有重大立功表现的，二年期满后，可以减为无期徒

刑或者有期徒刑。死缓罪犯的减刑是依照法律的特别规定按期进行的，与刑法第78条规定的减刑不同，是一种法定特殊形式减刑。

减刑对象中还有两个问题需要明确：

一是缓刑罪犯的减刑。刑法中没有缓刑罪犯减刑的规定，但在2012年最高人民法院《关于办理减刑、假释案件具体应用法律若干问题的规定》中肯定了缓刑的减刑，其第13条规定："判处拘役或者三年以下有期徒刑并宣告缓刑的罪犯，一般不适用减刑。前款规定的罪犯在缓刑考验期限内有重大立功表现的，可以参照刑法第七十八条的规定，予以减刑，同时应依法缩减其缓刑考验期限。拘役的缓刑考验期限不能少于二个月，有期徒刑的缓刑考验期限不能少于一年。"

二是暂予监外执行罪犯的减刑。最高人民法院、最高人民检察院、公安部、司法部联合制定的《社区矫正实施办法》第28条规定："社区矫正人员符合法定减刑条件的，由居住地县级司法行政机关提出减刑建议书并附相关证明材料，经地（市）级司法行政机关审核同意后提请社区矫正人员居住地的中级人民法院裁定。人民法院应当自收到之日起一个月内依法裁定；暂予监外执行罪犯的减刑，案情复杂或者情况特殊的，可以延长一个月。"

2. 减刑的实质条件。根据我国刑法第78条和监狱法第29条的规定，减刑的实质条件分为可以减刑和应当减刑的条件。

（1）可以减刑的条件。可以减刑，又称为酌定减刑，其条件可归纳为两个方面，即确有悔改表现或者立功表现，两者具备其一，就可以减刑。

①确有悔改表现。根据最高人民法院《关于办理减刑、假释案件具体应用法律若干问题的规定》，"确有悔改表现"是指同时具备以下四个方面情形：认罪悔罪；认真遵守法律法规及监规，接受教育改造；积极参加思想、文化、职业技术教育；积极参加劳动，努力完成劳动任务。

②立功表现。根据《关于办理减刑、假释案件具体应用法律若干问题的规定》和刑法第78条的规定，"立功"具体是指下列情形之一：阻止他人实施犯罪活动的；检举、揭发监狱内外犯罪活动，或者提供重要的破案线索，经查证属实的；协助司法机关抓捕其他犯罪嫌疑人（包括同案犯）的；在生产、科研中进行技术革新，成绩突出的；在抢险救灾或者排除重大事故中表现突出的；对国家和社会有其他贡献的。

（2）应当减刑的条件。应当减刑也称为法定减刑或绝对减刑，是指罪犯在服刑改造期间，具有法律规定的应当减刑的情形，经刑罚执行机关按照法定程序提出减刑建议，由人民法院依法作出的减刑。

根据刑法第78条和监狱法第29条的规定，有重大立功表现的，应当减刑。所谓"有重大立功表现的"，主要是指具有下列情形之一的：阻止他人重大犯罪活动的；检举监狱内外重大犯罪活动，经查证属实的；有发明创造或者重大技术革新的；在日常生产、生活中舍己救人的；在抗御自然灾害或者排除重大事故中，有突出表现的；对国家和社会有其他重大贡献的。《关于办理减刑、假释案件具体应用法律若干问题的规定》第 4 条增加了一项重大立功情形，即协助司法机关抓捕其他重大犯罪嫌疑人（包括同案犯）的。

3. 减刑的限制条件。减刑的限制条件是在 2011 年 2 月通过的《刑法修正案（八）》中新增加的。刑法第 50 条第 2 款规定："对被判处死刑缓期执行的累犯以及因故意杀人、强奸、抢劫、绑架、放火、爆炸、投放危险物质或者有组织的暴力性犯罪被判处死刑缓期执行的犯罪分子，人民法院根据犯罪情节等情况可以同时决定对其限制减刑。"《关于办理减刑、假释案件具体应用法律若干问题的规定》第 10 条规定："被限制减刑的死刑缓期执行罪犯，缓期执行期满后依法被减为无期徒刑的，或者因有重大立功表现被减为二十五年有期徒刑的，应当比照未被限制减刑的死刑缓期执行罪犯在减刑的起始时间、间隔时间和减刑幅度上从严掌握。"

4. 减刑的起始时间和间隔时间。根据不同情况分别作出处理：

（1）对被判处无期徒刑的罪犯，如果确有悔改表现或者立功表现，服刑 2 年以后，可以减刑。对被判处无期徒刑的犯罪分子在刑罚执行期间又犯罪，被判处有期徒刑以下刑罚的，自新罪判决确定之日起 2 年内一般不予减刑；新罪被判处无期徒刑的，自新罪判决确定之日起 3 年内一般不予减刑。

（2）对被判处有期徒刑的罪犯，其减刑起始时间和间隔时间为：被判处 5 年以上有期徒刑的罪犯，一般在执行 1 年 6 个月以上方可减刑，两次减刑之间一般应当间隔 1 年以上；被判处不满 5 年有期徒刑的罪犯，可以比照上述规定，适当缩短起始和间隔时间。确有重大立功表现的，可以不受上述减刑起始和间隔时间的限制。有期徒刑的减刑起始时间自判决执行之日起计算。

被判处 10 年以上有期徒刑的罪犯在刑罚执行期间又犯罪，被判处有期徒刑以下刑罚的，自新罪判决确定之日起 2 年内一般不予减刑；新罪被判处无期徒刑的，自新罪判决确定之日起 3 年内一般不予减刑。

5. 减刑的幅度。应注意以下几个方面：

（1）对死缓犯的减刑幅度。被判处死刑缓期二年执行的罪犯在缓期执行期间，如果没有故意犯罪，二年期满以后，减为无期徒刑；如果确有重大立功表现，二年期满以后，减为 25 年有期徒刑。死刑缓期执行罪犯减为无期徒刑后，确有悔改表现，或者有立功表现的，服刑二年以后可以减为 25 年有期徒刑；有重大立功表现的，服刑二年以后可以减为 23 年有期徒刑。死刑缓期执行罪犯经过一次或几次减刑后，其实际执行的刑期不能少于 15 年，死刑缓期执行期间不包括在内。

（2）对无期徒刑罪犯的减刑幅度。对确有悔改表现或者立功表现的，一般可以减为 20 年以上 22 年以下有期徒刑；对有重大立功表现的，可以减为 15 年以上 20 年以下有期徒刑。在死刑缓期执行减为有期徒刑或者无期徒刑减为有期徒刑的时候，应当把附加剥夺政治权利的期限改为 3 年以上 10 年以下。

（3）对被判处有期徒刑罪犯的减刑幅度。对确有悔改表现或者立功表现的，一般一次减刑不超过 1 年有期徒刑；如果确有悔改表现并有立功表现或者重大立功表现的，一般一次减刑不超过 2 年有期徒刑。

在对有期徒刑罪犯进行减刑时，对附加剥夺政治权利的刑期可以酌减。酌减后剥夺政治权利的期限，最短不得少于 1 年。

（4）减刑后的最低服刑期限。根据我国刑法第 78 条第 2 款的规定，减刑以后实际执行的刑期不能少于下列期限：①判处管制、拘役、有期徒刑的，不能少于原判刑期的 1/2；②判处无期徒刑的，不得少于 13 年；③人民法院依照刑法第 50 条第 2 款规定限制减刑的死刑缓期执行的犯罪分子，缓期执行期满后依法减为无期徒刑的，不能少于 25 年，缓期执行期满后依法减为 25 年有期徒刑的，不能少于 20 年。

判决执行以前先行羁押在看守所的日期，应当折抵刑期，作为实际执行的刑期。根据刑法的规定，判决执行以前先行羁押 1 日，折抵管制刑期 2 日，折抵拘役、有期徒刑刑期各 1 日。

对无期徒刑罪犯而言，实际执行的期限从判决确定之日起计算。因此判决前先行羁押的时间不得折抵刑期。如果被判无期徒刑的罪犯，裁定减为有期徒刑，其有期徒刑的服刑日期应当从人民法院裁定减刑之日起计算，裁定前服刑的期间不得计入有期徒刑的刑期之内。

6. 减刑的特殊规定。主要涉及未成年犯和老病残犯，具体如下：

（1）未成年犯减刑的特殊规定。最高人民法院《关于办理减刑、假释案件具体应用法律若干问题的规定》第 19 条规定："未成年罪犯的减刑、假释，可以比照成年罪犯依法适当从宽。未成年罪犯能认罪悔罪，遵守法律法规及监规，积极参加学习、劳动的，应视为确有悔改表现，减刑的幅度可以适当放宽，起始时间、间隔时间可以相应缩短。符合刑法第八十一条第一款规定的，可以假释。前两款所称未成年罪犯，是指减刑时不满十八周岁的罪犯。"

（2）老病残犯减刑的特殊规定。最高人民法院《关于办理减刑、假释案件具体应用法律若干问题的规定》第 20 条规定："老年、身体残疾（不含自伤致残）、患严重疾病罪犯的减刑、假释，应当主要注重悔罪的实际表现。基本丧失劳动能力、生活难以自理的老年、身体残疾、患严重疾病的罪犯，能够认真遵守法律法规及监规，接受教育改造，应视为确有悔改表现，减刑的幅度可以适当放宽，起始时间、间隔时间可以相应缩短……对身体残疾罪犯和患严重疾病罪犯进行减刑、假释，其残疾、疾病程度应由法定鉴定机构依法作出认定。"

（三）办理减刑案件的程序

1. 对罪犯计分考核和奖惩情况进行监督。刑罚执行机关对罪犯的改造情况实行的是量化考核，把罪犯的思想改造表现和劳动改造表现作为考核的两大内容，以计分考核奖惩罪犯不仅是减刑的基础，从一定意义上讲，也是减刑程序的起点，所以对刑罚执行机关计分考核情况进行同步监督，确保计分考核公开、公平、公正显得十分必要。派驻检察人员要通过日常检察掌握罪犯的改造情况，对罪犯计分考核和奖惩情况进行监督，是以对减刑案件中证据来源的真实性、合法性进行同步审查的方式，为减刑的依法规范运行起到了从源头上把关的作用。

2. 对执行机关抄送的减刑材料进行审查。人民检察院收到执行机关移送的下列减刑案件材料后，应当及时进行审查：（1）执行机关拟提请减刑意见；（2）终审法院裁判文书、执行通知书、历次减刑裁定书；（3）罪犯确有悔改表现、立功表现或者重大立功表现的证明材料；（4）罪犯评审鉴定表、奖惩审批表；（5）其他应当审查的案件材料。

3. 对减刑案件进行必要的调查。具有下列情形之一的，人民检察院应当进行调查核实：（1）拟提请减刑罪犯系职务犯罪罪犯、破坏金融管理秩序和金融诈骗犯罪罪犯、黑社会性质组织犯罪罪犯、严重暴力恐怖犯罪罪犯，或者其他在社会上有重大影响、社会关注度高的罪犯；（2）因罪犯有立功表现或者重大立功表现拟提请减刑的；（3）拟提请减刑罪犯的减刑幅度大、起始时间早、间隔时间短或者实际执行刑期短的；（4）拟提请减刑罪犯的考核计分高、专项奖励多或者鉴定材料、奖惩记录有疑点的；（5）收到控告、举报的；（6）其他应当进行调查核实的。

人民检察院可以采取调阅复制有关材料、重新组织诊断鉴别、进行文证鉴定、召开座谈会、个别询问等方式，对下列情况进行调查核实：（1）拟提请减刑罪犯在服刑期间的表现情况；（2）拟提请减刑罪犯的财产刑执行、附带民事裁判履行、退赃退赔等情况；（3）拟提请减刑罪犯的立功表现、重大立功表现是否属实，发明创造、技术革新是否系罪犯在服刑期间独立完成并经有关主管机关确认；（4）其他应当进行调查核实的情况。

4. 列席减刑假释评审委员会。执行机关减刑假释评审委员会由管教业务部门的负责人参加。刑罚执行部门熟悉刑罚变更执行方面的法律法规，狱政管理部门主管和掌握罪犯的计分考核奖扣分、行政奖励情况，狱侦部门掌握罪犯的违纪情况，劳动改造部门主管和掌握罪犯的劳动生产情况，教育管教部门主管和掌握罪犯的思想改造和学习情况，生活卫生管教部门主管罪犯的生活卫生事务，每位管教科室负责人对罪犯在各自所管业务范围内的改造情况掌握的比较充分，他们在评审会上对罪犯减刑案件发表意见、进行讨论。人民检察院可以派员列席执行机关提请减刑评审会议，了解案件有关情况，根据需要发表意见。

5. 对减刑建议书副本进行审查，提出意见。人民检察院收到执行机关抄送的减刑建议书副本后，应当逐案进行审查，可以向人民法院提出书面意见。发现减刑建议不当或者提请减刑违反法定程序的，应当在收到建议书副本后10日以内，依法向审理减刑案件的人民法院提出书面意见，同时将检察意见书副本抄送执行机关。案情复杂或者情况特殊的，可以延长10日。

6. 对人民法院减刑案件审理活动的监督。人民法院对减刑案件的审理形式分为"书面审"和"开庭审"。检察机关对法院的审理活动进行同步监督主要包括以下内容：（1）是否在法定审理期限内审结；（2）是否依照法定方式和内容对减刑案件进行了裁前公示；（3）对有异议的减刑案件可以要求法院开庭审理，进一步查明案情；（4）是否依法落实对六类案件进行开庭审理的规定；（5）是否依法办理罪犯的财产刑，及时上缴国库和发还附带民事诉讼原告人。

7. 对开庭审理减刑案件的监督。人民法院开庭审理减刑案件的，人民检察院应当指派检察人员出席法庭，发表检察意见，并对法庭审理活动是否合法进行监督。出席法庭的检察人员不得少于二人，其中至少一人具有检察官职务。检察人员应当在庭审前做好下列准备工作：（1）全面熟悉案情，掌握证据情况，拟定法庭调查提纲和出庭意见；（2）对执行机关提请减刑有异议的案件，应当收集相关证据，可以建议人民法院通知相关证人出庭作证。庭审开始后，在执行机关代表宣读减刑建议书并说明理由之后，检察人员应当发表检察意见。庭审过程中，检察人员对执行机关提请减刑有疑问的，经审判长许可，可以出示证据、申请证人出庭作证、要求执行机关代表出示证据或者作出说明、向被提请减刑的罪犯及证人提问并发表意见。法庭调查结束时，在被提请减刑罪犯作最后陈述之前，经审判长许可，检察人员可以发表总结性意见。庭审过程中，检察人员认为需要进一步调查核实案件事实、证据，需要补充鉴定或者重新鉴定，或者需要通知新的证人到庭的，应当建议休庭。检察人员发现法庭审理活动违反法律规定的，应当在庭审后及时向本院检察长报告，依法向人民法院提出纠正意见。

8. 对减刑裁定的监督。人民检察院收到人民法院减刑裁定书副本后，应当及时审查下列内容：（1）人民法院对罪犯裁定予以减刑，以及起始时间、间隔时间、实际执行刑期、减刑幅度是否符合有关规定；（2）人民法院对罪犯裁定不予减刑是否符合有关规定；（3）人民法院审理、裁定减刑的程序是否合法；（4）按照有关规定应当开庭审理的减刑案件，人民法院是否开庭审理；（5）人民法院减刑裁定书是否依法送达执行并向社会公布。

9. 纠正不当减刑的程序。人民检察院经审查认为人民法院减刑裁定不当的，应当在收到裁定书副本后 20 日以内，依法向作出减刑裁定的人民法院提出书面纠正意见。人民检察院对人民法院减刑裁定提出纠正意见的，应当监督人民法院在收到纠正意见后 1 个月以内重新组成合议庭进行审理并作出最终裁定。人民检察院发现人民法院已经生效的减刑裁定确有错误的，应当向人民法院提出书面纠正意见，提请人民法院按照审判监督程序依法另行组成合议庭重新审理并作出裁定。

对人民法院减刑裁定的纠正意见，由作出减刑裁定的人民法院的同级人民检察院书面提出。下级人民检察院发现人民法院减刑裁定不当的，应当立即向作出减刑裁定的人民法院的同级人民检察院报告。

二、办理假释案件

（一）假释概述

假释是指人民法院根据执行机关的假释建议书，对被判处有期徒刑、无期徒刑的罪犯，在其执行一定刑期以后，确有悔改表现，没有再犯罪的危险，而附条件地予以提前释放，若在考验期限内未发现法定撤销的事由，则其未执行之刑期视为已执行的一项刑罚变更执行制度。

假释是一项刑罚变更执行制度，其变更的不是刑罚的刑期、刑种内容，而是变更了刑罚执行的场所。若罪犯在假释期间没犯新罪、没发现漏罪，又能遵守法律法规的各项规定，考验期限届满，就视为原判刑罚已经执行完毕。

（二）假释的条件

1. 对象条件。根据刑法第 81 条第 1 款的规定，假释并不是适用于所有被判处监禁刑的罪犯，而是仅限于被判处有期徒刑或无期徒刑的罪犯。

2. 排除条件。根据刑法第 81 条第 2 款规定和最高人民法院《关于办理减刑、假释案件具体应用法律若干问题的规定》第 18 条的规定："对累犯以及因故意杀人、强奸、抢劫、绑架、放火、爆炸、投放危险物质或者有组织的暴力性犯罪被判处 10 年以上有期徒刑、无期徒刑的罪犯，不得假释。因前款情形和犯罪被判处死刑缓期执行的罪犯，被减为无期徒刑、有期徒刑后，也不得假释。"

3. 时间条件。根据刑法第 81 条的规定，一般情况下，被判处有期徒刑的罪犯，执行原判刑期 1/2 以上；被判处无期徒刑的罪犯，实际执行 13 年以上，就具备了可以假释的时间条件。但是如果有特殊情况，经最高人民法院核准，可以不受上述执行刑期的限制。根据最高人民法院《关于办理减刑、假释案件具体应用法律若干问题的规定》第 17 条的规定，这里的"特殊情况"是指与国家、社会利益有重要关系的情况。此外，该规定第 22 条还规定，罪犯减刑后又假释的间隔时间，一般为 1 年；对一次减去 2 年有期徒刑后，决定假释的，间隔时间不得少于 2 年。罪犯减刑后余刑不足 2 年，决定假释的，可以适当缩短间隔时间。

4. 实质条件。根据刑法第 81 条的规定，被判处有期徒刑或无期徒刑的犯罪分子只有认真遵守监规，接受教育改造，确有悔改表现，假释后没有再犯罪的危险的，才可以假释。

根据最高人民法院《关于办理减刑、假释案件具体应用法律若干问题的规定》第 15 条的规定，办理假释案件，判断"没有再犯罪的危险"，除符合刑法第 81 条规定的情形外，还应根据犯罪的具体情节、原判刑罚情况，在刑罚执行中的一贯表现，罪犯的年龄、身体状况、性格特征，假释后生活来源以及监管条件等因素综合考虑。

《关于办理减刑、假释案件具体应用法律若干问题的规定》贯彻宽严相济的刑事政策，对未成年人、老年人的假释作出了规定。一是规定未成年罪犯的减刑、假释，可以比照成年罪犯依法适当从宽。二是规定老年、身体残疾（不含自伤致残）、患严重疾病罪犯的减刑、假释，应当注重悔罪的实际表现。基本丧失劳动能力、生活难以自理的老年、身体残疾、患严重疾病的罪犯，能够认真遵守法律法规及监规，接受教育改造，应视为确有悔改表现，假释后生活确有着落的，除法律和本解释规定不得假释的情形外，可以依法假释。

《关于办理减刑、假释案件具体应用法律若干问题的规定》明确规定，对确有财产刑执行能力和附带民事赔偿义务履行能力而不执行、不履行的罪犯，在减刑、假释时应当从严掌握。

5. 社区影响条件。刑法第 81 条第 3 款规定："对犯罪分子决定假释时，应当考虑其假释后对所居住社区的影响。"

（三）办理假释案件的程序

1. 对罪犯计分考核和奖惩情况进行监督。1990 年发布的司法部《关于计分考核奖惩罪犯的规定》把罪犯的思想改造表现和劳动改造表现以计分的形式进行量化考核，罪犯获取的计分考核积分和行政奖励是被提请假释的基础。因此，人民检察院对执行机关的罪犯计分考核工作是否规范进行监督是同步监督的应有之义。派驻检察人员要通过经常深入罪犯学习、生活、劳动"三大现场"，找罪犯谈话了解情况，并及时与要求约谈的罪犯谈话，查阅罪犯的日常考核记录，对罪犯的计分考核进行监督。

2. 对执行机关抄送的假释材料进行审查。人民检察院收到执行机关移送的下列假释案件材料后，应当及时进行审查：（1）执行机关拟提请假释意见；（2）终审法院裁判文书、执行通知书、历次减刑裁定书；（3）罪犯确有悔改表现、立功表现或者重大立功表现的证明材料；（4）罪犯评审鉴定表、奖惩审批表；（5）社区矫正机构或者基层组织关于罪犯假释后对所居住社区影响的调查评估报告；（6）其他应当审查的案件材料。

3. 对假释案件进行必要的调查。具有下列情形之一的，人民检察院应当进行调查核实：（1）拟提请假释罪犯系职务犯罪罪犯、破坏金融管理秩序和金融诈骗犯罪罪犯、黑社会性质组织犯罪罪犯、严重暴力恐怖犯罪罪犯，或者其他在社会上有重大影响、社会关注度高的罪犯；（2）拟提请假释罪犯的假释考验期长或者实际执行刑期短的；（3）拟提请假释罪犯的考核计分高、专项奖励多或者鉴定材料、奖惩记录有疑点的；（4）收到控告、举报的；（5）其他应当进行调查核实的。

人民检察院可以采取调阅复制有关材料、重新组织诊断鉴别、进行文证鉴定、召开座谈会、个别询问等方式，对下列情况进行调查核实：（1）拟提请假释罪犯在服刑期间的表现情况；（2）拟提请假释罪犯的财产刑执行、附带民事裁判履行、退赃退赔等情况；（3）拟提请假释罪犯的身体状况、性格特征、假释后生活来源和监管条件等影响再犯罪的因素；（4）其他应当进行调查核实的情况。

4. 列席减刑假释评审委员会。人民检察院可以派员列席执行机关提请假释评审会议，了解案件有关情况，根据需要发表意见。

5. 对假释建议书副本进行审查，提出意见。人民检察院收到执行机关抄送的假释建议书副本后，应当逐案进行审查，可以向人民法院提出书面意见。发现假释建议不当或者提请假释违反法定程序的，应当在收到建议书副本后10日以内，依法向审理假释案件的人民法院提出书面意见，同时将检察意见书副本抄送执行机关。案情复杂或者情况特殊的，可以延长10日。

6. 对开庭审理假释案件的监督。人民法院开庭审理假释案件的，人民检察院应当指派检察人员出席法庭，发表检察意见，并对法庭审理活动是否合法进行监督。出席法庭的检察人员不得少于二人，其中至少一人具有检察官职务。检察人员应当在庭审前做好下列准备工作：（1）全面熟悉案情，掌握证据情况，拟定法庭调查提纲和出庭意见；（2）对执行机关提请假释有异议的案件，应当收集相关证据，可以建议人民法院通知相关证人出庭作证。庭审开始后，在执行机关代表宣读假释建议书并说明理由之后，检察人员应当发表检察意见。庭审过程中，检察人员对执行机关提请假释有疑问的，经审判长许可，可以出示证据、申请证人出庭作证、要求执行机关代表出示证据或者作出说明、向被提请假释的罪犯及证人提问并发表意见。法庭调查结束时，在被提请假释罪犯作最后陈述之前，经审判长许可，检察人员可以发表总结性意见。庭审过程中，检察人员认为需要进一步调查核实案件事实、证据，需要补充鉴定或者重新鉴定，或者需要通知新的证人到庭的，应当建议休庭。检察人员发现法庭审理活动违反法律规定的，应当在庭审后及时向本院检察长报告，依法向人民法院提出纠正意见。

7. 对假释裁定的监督。人民检察院收到人民法院假释裁定书副本后，应当及时审查下列内容：（1）人民法院对罪犯裁定予以假释，以及实际执行刑期或者假释考验期是否符合有关规定；（2）人民法院对罪犯裁定不予假释是否符合有关规定；（3）人民法院审理、裁定假释的程序是否合法；（4）按照有关规定应当开庭审理的假释案件，人民法院是否开庭审理；（5）人民法院假释裁定书是否依法送达执行并向社会公布。

8. 对假释罪犯交付执行的监督。根据《社区矫正实施办法》第5条的规定，对于适用社区矫正的罪犯，人民法院、公安机关、监狱应当核实其居住地，在向其宣判时或者在其离开监所之前，书面告知其到居住地县级司法行政机关报到的时间期限以及逾期报到的后果，并通知居住地县级司法行政机关；在判决、裁定生效起3个工作日内，送达判决书、裁定书、决定书、执行通知书、假释证明书副本等法律文书，同时抄送其居住地县级人民检察院和公安机关。县级司法行政机关收到法律文书后，应当在3个工作日内送达回执。人民检察院应当对假释罪犯的交付执行进行监督，确保假释罪犯和法律文书档案的顺利交接，防止脱管、漏管，保证假释罪犯社区矫正工作的依法进行。

9. 纠正不当假释。人民检察院经审查认为人民法院假释裁定不当的，应当在收到裁定书副本后20日以内，依法向作出假释裁定的人民法院提出书面纠正意见。人民检察院对人民法院假释裁定提出纠正意见的，应当监督人民法院在收到纠正意见后1个月以内重新组成合议庭进行审理并作出最终裁定。人民检察院发现人民法院已经生效的假释裁定确有错误的，应当向人民法院提出书面纠正意见，提请人民法院按照审判监督程序依法另行组成合议庭重新审理并作出裁定。

对人民法院假释裁定的纠正意见，由作出假释裁定的人民法院的同级人民检察院书面提出。下级人民检察院发现人民法院假释裁定不当的，应当立即向作出假释裁定的人民法院的同级人民检察院报告。

10. 对假释的撤销进行监督。刑法第 86 条规定，被假释的犯罪分子，在假释考验期限内犯新罪，应当撤销假释，依照刑法第 71 条的规定实行数罪并罚。在假释考验期限内，发现被假释的犯罪分子在判决宣告以前还有其他罪没有判决的，应当撤销假释，依照刑法第 70 条的规定实行数罪并罚。被假释的犯罪分子，在假释考验期限内，有违反法律、行政法规或者国务院有关部门关于假释的监督管理规定的行为，尚未构成新的犯罪的，应当依照法定程序撤销假释，收监执行未执行完毕的刑罚。《刑诉规则》第 659 条规定，人民检察院依法对社区矫正执法活动进行监督，发现假释罪犯在考验期内违反法律、行政法规或者有关假释的监督管理规定，或者违反人民法院禁止令，依法应当撤销假释，没有及时向人民法院提出撤销假释建议的，应当依法向社区矫正机构提出纠正意见。人民检察院发现人民法院对依法应当撤销假释的罪犯没有依法、及时作出撤销假释裁定，应当依法提出纠正意见。

三、办理暂予监外执行案件

（一）暂予监外执行概述

暂予监外执行是指人民法院、监狱管理机关和公安机关对患有严重疾病、怀孕或正在哺乳自己的婴儿、生活不能自理等法定事由的罪犯，依法决定、批准暂时在监管场所以外执行刑罚的一项行刑制度。

（二）暂予监外执行的条件

1. 对象条件。根据刑事诉讼法第 254 条第 1 款的规定，对于被判处有期徒刑或者拘役的罪犯，符合三类法定情形之一的，可以暂予监外执行。该条第 2 款规定，对被判处无期徒刑的罪犯，系怀孕或者正在哺乳自己婴儿的妇女的，可以暂予监外执行。

2. 身体状况条件。根据法律规定，只有具有以下三类法定事由之一的罪犯，才可能被暂予监外执行：

（1）有严重疾病需要保外就医的。所谓有严重疾病需要保外就医的，是指罪犯患有严重疾病，由于监管场所的医疗设备不足、医疗条件缺乏等原因无法在监所内医治，不得不让罪犯保外就医。因患严重疾病保外就医是暂予监外执行的主要法定事由之一，所以习惯上人们就把这类罪犯的暂予监外执行称为保外就医。关于保外就医的具体条件，1990 年司法部、最高人民检察院、公安部联合颁发的《罪犯保外就医执行办法》作出了具体规定，由于该办法与修改后刑事诉讼法有冲突的地方，因此，该办法中与刑事诉讼法有冲突的规定无效，没有冲突的规定可以适用。该办法的附件《罪犯保外就医疾病伤残范围》对罪犯可准予保外就医的疾病伤残范围作了列举。

（2）怀孕或者正在哺乳自己婴儿的妇女。怀孕的妇女是指判决生效时或交付执行后，罪犯正处于妊娠期。正在哺乳自己婴儿的妇女是指判决生效时或交付执行后正处在哺乳期（一般是指分娩后 1 年以内）。对于怀孕的妇女而言，因为胎儿需要合适的生长发育环境，其随时有生产的可能，以监管场所的医疗条件而言，无法接生婴儿，因此怀孕的女犯需要在监外执行刑罚。妇女生产后，监内的环境不利于婴儿的成长，而婴儿又需要母亲哺乳，因此对正在哺乳自己婴儿的妇女适用暂予监外执行是十分必要的。

（3）生活不能自理，适用暂予监外执行不致危害社会的罪犯。根据刑事诉讼法第 254 条第 1 款第（三）项的规定，生活不能自理，适用暂予监外执行不致危害社会的罪犯，可以暂予监外执行。2013 年公安部发布的《看守所留所执行刑罚罪犯管理办法》第 20 条第 2 款规定，生活不能自理是指因病、伤残或者年老体弱致使日常生活中起床、用餐、行走、如厕等不能自行进行，必须在他人协助下才能完成。

3. 执行条件。这是指需要暂予监外执行的罪犯在暂予监外执行期间接受监督和帮助等方面的条件。无论是基于哪种身体状况条件被暂予监外执行的罪犯，在暂予监外执行期间，都需要到当地社区中受到监督、得到帮助。如果不具备这方面的条件，就不能保证暂予监外执行罪犯获得必要的治疗和照顾，也不能保证其不再次进行危害社会的行为。因此，只有那些具备适当执行条件的罪犯，才有可能被批准、决定暂予监外执行。

从有关规定和司法实践来看，暂予监外执行方面的执行条件主要有两个方面：（1）适格的保证人。保证人必须具备法律规定的条件，要履行督促暂予监外执行罪犯遵守法律规定的义务，要担负起暂予监外执行罪犯的医疗和生活保证责任。（2）社区矫正机构愿意接受暂予监外执行的罪犯，担负起管理监督暂予监外执行罪犯的责任，当地社区中的基层组织或者罪犯的原所在单位协助进行监督管理。

4. 限制条件。我国刑事诉讼法第 254 条第 3 款规定："对适用保外就医可能有社会危险性的罪犯，或者自伤自残的罪犯，不得保外就医。"

（三）办理暂予监外执行案件的程序

1. 对病犯情况开展日常检察。这是指检察机关在刑罚执行机关未对罪犯进行暂予监外执行研究前，通过各种渠道事先掌握与罪犯暂予监外执行直接有关的罪犯身体健康状况等基本情况，如定期到病犯监区、监狱医院进行巡查，掌握病犯病情和思想动态、改造表现。例如，湖北省检察机关与执行机关落实工作联系制度，建立了监管场所向派驻检察机构及时通报罪犯病重、病危情况的工作机制，派驻检察人员在收到罪犯的病重、病危通知单后，立即与病犯、管教民警、医生见面，掌握病情，要求加强治疗，对不能确诊或监狱医疗条件不能满足治疗需要的，建议监狱安排罪犯临时出监到医疗条件好的社会医院就诊治疗，并注意跟踪了解病情变化。

2. 对执行机关抄送的暂予监外执行材料进行审查。派驻检察人员在收到执行机关抄送的暂予监外执行材料后，应以书面审查和实际调查相结合的方式对暂予监外执行案件开展审查，具体如下：一是审查呈报对象是否符合法定条件，必要时邀请检察技术部门的法医介入病残鉴定审查；如果检察机关对于罪犯暂予监外执行的疾病伤残鉴定有异议的，必要时可以组织对罪犯病情的复查和重新鉴定；审查罪犯有无社会危害性，是否具备暂予监外执行后的社区矫正条件。二是审查呈报的证明材料是否完备。三是审查呈报程序是否合法。

3. 列席暂予监外执行评审委员会。派驻检察人员要列席监狱暂予监外执行评审会，认真听取评审会的各种讨论意见，根据前期检察过程中掌握的罪犯病情、平时就医情况、改造表现等，审查罪犯的疾病伤残鉴定意见及呈报审批手续是否齐全，提出有针对性的检察意见，发现执行机关呈报暂予监外执行不当的，要及时提出纠正意见。

4. 对批准或决定暂予监外执行的监督。人民检察院接到决定或者批准机关抄送的暂予监外执行决定书后，应当进行审查。重点审查检察机关在对执行机关呈报暂予监外执行前提出的意见是否被采纳，暂予监外执行是否符合法定条件和程序。经过监督，如果发现暂予监外执行不当的，应当在收到暂予监外执行决定后 1 个月内提出书面纠正意见。

5. 对暂予监外执行的执行监督。刑事诉讼法第 258 条规定，对暂予监外执行的罪犯，依法实行社区矫正，由社区矫正机构负责执行。根据《社区矫正实施办法》的规定，司法行政机关负责指导管理、组织实施社区矫正工作，人民检察院依法对社区矫正执法活动进行监督。

6. 纠正不当暂予监外执行的程序。《人民检察院监狱检察办法》第 23 条规定了人民检察院对监狱呈报暂予监外执行活动中的七种情形应及时提出纠正意见。《刑诉规则》第 643 条规定，人民检察院应对监狱、看守所、公安机关暂予监外执行的执法活动中的十种情形提出纠正意见。

《刑诉规则》第 644 条规定，人民检察院收到监狱、看守所抄送的暂予监外执行书面意见副本后，应当逐案进行审查，发现罪犯不符合暂予监外执行法定条件或者提请暂予监外执行违反法定程序的，应当在 10 日以内向决定或者批准机关提出书面检察意见，同时也可以向监狱、看守所提出书面纠正意见。《人民检察院监狱检察办法》规定，派驻检察机构应当将审查情况填入《监狱呈报暂予监外执行情况登记表》，层报省级人民检察院刑事执行检察部门。省级人民检察院刑事执行检察部门审查认为监狱呈报暂予监外执行不当的，应当将审查意见告知省级监狱管理机关。

人民检察院接到决定或者批准机关抄送的暂予监外执行决定书后，应当进行审查。经审查认为暂予监外执行不当的，应当自接到通知之日起 1 个月以内，报经检察长批准，向决定或者批准暂予监外执行的机关提出书面纠正意见。下级人民检察院认为暂予监外执行不当的，应当立即层报决定或者批准暂予监外执行的机关的同级人民检察院，由其决定是否向决定或者批准暂予监外执行的机关提出书面纠正意见。

人民检察院向决定或者批准暂予监外执行的机关提出不同意暂予监外执行的书面意见后，应当监督其对决定或者批准暂予监外执行的结果进行重新核查，并监督重新核查的结果是否符合法律规定。

监狱管理机关、公安机关或者人民法院接到人民检察院认为暂予监外执行不当的意见后，应当及时对暂予监外执行的决定进行重新核查，提出处理意见，并将处理结果及时通报人民检察院。

对于暂予监外执行的罪犯，人民检察院发现罪犯不符合暂予监外执行条件、严重违反有关暂予监外执行的监督管理规定或者暂予监外执行的情形消失而罪犯刑期未满的，应当通知执行机关收监执行，或者建议决定或者批准暂予监外执行的机关作出收监执行决定。

思考题

1. 如何查办刑事执行活动中的职务犯罪案件？
2. 如何办理罪犯申诉案件？
3. 如何办理羁押必要性审查案件？
4. 检察机关如何办理减刑、假释案件？
5. 检察机关如何办理暂予监外执行案件？

第五章　其他刑事执行检察工作

第一节　被监管人死亡检察

一、被监管人死亡检察概述

被监管人死亡检察，是指在刑事执行活动中检察机关依照法定职权对监管场所被监管人的死亡情况进行受理、调查和督促等诉讼监督行为并提供检察意见的活动。

根据最高人民检察院《关于监管场所被监管人死亡检察程序的规定（试行）》和最高人民检察院、公安部、民政部《看守所在押人员死亡处理规定》规定，被监管人死亡分为正常死亡和非正常死亡，最高人民检察院《关于监管场所被监管人死亡检察程序的规定（试行）》对被监管人非正常死亡检察规定了比正常死亡更为严格的检察程序。

二、被监管人死亡检察的原则

刑事执行检察人员在防范和处理监管场所被监管人员死亡事件的过程中应树立起既要惩罚犯罪，又要注重保障人权，既要维护社会公平正义，又要坚持以人为本的监督观，正确履行宪法所赋予的监督职责。

（一）依法独立行使检察权原则

检察机关作为法律监督机关，必须依法独立公正地行使检察权，严格按照法律法规规定要求的检察内容、程序、时限、方法开展工作。对监管场所发生被监管人死亡的，要及时查清事实，依法作出处理，不受任何团体、个人和行政机关的非法干预。

（二）实事求是、客观公正原则

被监管人死亡检察必须以事实为根据，以法律为准绳，实事求是，尽力追求法律真实。一是及时锁定事实，迅速收集被监管人死亡的原始资料，及时固定证据，方便日后举证。二是尊重事实，对被监管人死亡原因过程描述客观真实，做到不隐瞒、不夸大、不歪曲、不伪饰。三是依靠事实，以客观事实为基础、以国家法律为准绳，以低调务实的态度解决问题。

（三）科学监督、有限监督原则

检察机关对被监管人死亡进行检察，必须树立科学监督、有限监督的理念，坚持有所为有所不为，严格在法律规定的职权和范围内开展工作。在被监管人死亡事件的处置过程中，被监管人家属与监管场所的对立是客观存在的，检察机关不是任何一方的调解人和利益代言人，不能超越监督职权，也不能怠于检察，避免在配合与监督的关系上定位不明，措施不当。被监管人死亡检察应当限于检察死亡原因、确认死亡性质、检察监管执法是否规范、处理程序和结果是否规范等，不能代替监管场所履行职责和作为。

（四）及时慎重、人道主义原则

刑事执行检察人员对被监管人死亡进行检察时，一旦接到报告，必须掌握时间先机，保证及时介入、及时询问、及时固定，确保被监管人死亡现场的真实，在现场调查中应当掌握监管场所发现的情况、被监管人救治的情况、被监管人发生事故前的情况和被监管人生前的情况。在坚守事实、依法处理的前提下，检察人员应坚持人道主义原则，细心体察死亡被监管人家属的痛苦，深刻理解他们的诉求，在告知、接待、处置的细节中体现关怀。

三、被监管人死亡检察的内容

最高人民检察院《关于监管场所被监管人死亡检察程序的规定（试行）》对被监管人死亡检察的内容、方法和程序等方面进行了详细规定。在监管场所发生被监管人死亡的检察处理中，《关于监管场所被监管人死亡检察程序的规定（试行）》是刑事执行检察人员开展检察工作的主要依据。刑事执行检察人员在对被监管人死亡进行检察时，应重点检察被监管人死亡原因、确定死亡性质、监管场所履行职责和处理程序及结果等情况。在查明死亡原因的基础上，结合事件调查综合情况，判定监管单位及其工作人员有无责任以及责任的大小，做到依法监督、公正处理。

（一）确定被监管人死亡原因

司法实践中，被监管人死亡有正常死亡和非正常死亡两种情形，正常与非正常多数需要从死亡原因上来区别。而被监管人的死亡原因是多方面的，有时甚至是很复杂的。按世界卫生组织在《国际疾病分类》中对死亡原因的定义，"所有直接导致或间接促进死亡的疾病、病情和损伤，以及任何造成这类损伤的事故或暴力的情况"称为死因。监管场所发生被监管人死亡的，刑事执行检察人员接报后，应立即赶赴死亡现场，进行现场检察，查明死亡原因，这是死亡案件检察监督的最重要环节，对被监管人死亡原因的确定直接关系到对死亡性质的认定。

1. 尸体检查。刑事执行检察人员会同本院技术部门法医对死亡被监管人的尸表进行检验，仔细查看尸体的位置、姿态、尸体周围的环境和情况，注意发现尸体周围痕迹和物品的情况，对尸体的衣着、身长、体格状况、皮肤颜色等特征进行观察测量；观察尸体是否已出现尸斑、尸僵现象，尸体是否开始腐败，腐败的程度如何。需要查看尸体各部位是否有损伤，损伤的具体位置、形状、大小、深浅和方向等。在尸体检查过程中，对整个检查情况进行照相或摄像固定，制作尸表检查笔录。

2. 现场勘验。被监管人死亡现场首先要解决的是判断死因和死亡性质，而死因及死亡性质的判断，特别是死亡性质的判断，除对尸体进行检验外，不可或缺的工作就是勘验现场。至于分析死者身上损伤的形成以及临终前的活动状况等问题，也主要依赖于现场的勘验。现场勘验是指检察人员对案发现场及其他留有犯罪物品、痕迹的场所进行的专门调查。现场勘验的主要任务是运用照相、摄像等技术手段客观、全面记录现场原始状况，运用科学技术手段发现、固定、提取与案件有关的痕迹物证，如被监管人使用的工具和现场遗留物（衣物、毛发、血迹、书信、烟头等可见物），在现场勘验后及时绘制现场图，制作现场勘验笔录，依法调查被监管人、监管人员、狱医等相关人员。其目的是准确判断被监管人死亡原因和相关人员的责任，依法作出妥善处理。刑事执行检察人员重点对被监管人死亡现场的位置、概况、尸体在现场的位置、姿势、衣着、现场遗留的血迹、凶器，以及现场是否具备被监管人死亡等客观条件进行全面、细致、客观的勘验，对于与被监管人死亡有关的各种物品、痕迹、文件、材料，应当细心观察，十分留意，需要时可以反复多次进行勘验和检查，不放过任何蛛丝马迹。

3. 司法鉴定。现行法律法规规定，监管场所发生被监管人死亡的，刑事执行检察人员通过被监管人尸体检查和现场勘验，综合医院抢救资料、基本案情和被监管人家属的表述，对能直接判定被监管人死亡原因的，确定自然死亡的，宜认定监管场所的医疗意见。对被监管人因病死亡，检察机关或被监管人家属对监管场所的医疗鉴定有疑义或异议，以及被监管人非因病老等自然原因死亡的，刑事执行检察人员可请检察技术部门对被监管人死亡原因进行审查和司法鉴定。检察技术部门法医全面、细致、系统地进行尸体解剖工作，并取材进行病理组织学检验，以准确确定被监管人死亡原因。特别是对被监管人猝死和非正常死亡的，应格外注意某些细节，准确确定被监管人猝死、非正常死亡的各种类型和内外作用力的参与情况，以便准确区分被监管人死亡的性质。

（二）检察监管执法情况

刑事执行检察人员在对死亡被监管人进行尸体检查、现场勘验和邀请检察技术部门法医进行司法鉴定的同时，必须对监管场所的监管执法情况和被监管人案情进行外围调查。刑事执行检察人员有权对近一时期监管场所的监管执法情况进行调查取证，固定、封存监控录像，查封监管人员执法登记账簿，对监管干警、被监管人、医生、死者家属等了解死亡事件的人进行调查讯问，听取相关陈述，提取、收集与被监管人死亡事件有关的诸如凶器、血衣、呕吐物、痕迹等物证、书证等各种证据材料。

要重点审查监管干警管理执法情况，是否存在不认真履行职责，不按时巡视监所，作风粗暴简单，滥用职权，稍不如意就殴打、虐待被监管人；对牢头狱霸或被监管人殴打被监管人的事件不进行制止或熟视无睹，或采取措施不当，致使事态进一步恶化、扩散；对新入所、死缓犯被监管人等重点人员，没有进行思想疏导，致使被监管人因心理压力过大发生自杀；不按规定要求进行面对面管理，安全防范管理措施不到位；对患有疾病的被监管人不关心、不照顾，甚至认为被监管人不服从管教，从而加大管理力度，恶意加戴械具或关禁闭室的，导致被监管人致伤、致死事件的发生。刑事执行检察人员通过对案情和监管执法情况的调查，发现监管干警有渎职侵权等违法犯罪情形的，应立即启动对职务犯罪案件的调查。

（三）确定死亡性质

被监管人死亡原因查明后，最关键也是最重要的就是刑事执行检察人员对死亡性质的认定。被监管人死亡性质需由刑事执行检察人员综合案情调查、现场勘验和法医学（或医学）鉴定三方面的情况综合分析才能确定。死亡性质是从法律属性上讲的，它是指被监管人是正常死亡还是非正常死亡。一般来说，被监管人正常死亡还是非正常死亡其引发的后续法律程序和后果是不一样的。前者的后续程序主要由监管机关处理，如果是后者，即意味着检察监督的后续工作将大量开展，包括将鉴定意见告知家属、对涉嫌监管民警职务犯罪的进行责任追究、对被其他监管人员殴打、体罚、虐待等行为追究刑事责任。但在司法实践中，刑事执行检察人员对死亡检察工作的开展情况并不完全依据被监管人死亡性质。由于被监管人死亡情形的复杂性，一些在法医学上可以认定正常死亡的，也不当然排除监管场所的执法责任，这是由被监管人死亡的诸多因素叠加促成的。

现有法律法规的基本规定是"对监管人员非正常死亡或非正常死亡可能的，应当进行法医鉴定"，要求在短时间内（48小时内）未经医学鉴定之前对死亡原因作出清楚判断是不现实的，实践中，刑事执行检察人员接到通知后，经过勘验和初步调查，除因自杀、自伤、劳动事故、较明显暴力侵害等造成的死亡外，对一些表面疾病死亡、猝死等死因不明确的案件无法确定是正常死亡还是非正常死亡，确定为正常死亡担心失职，又不能仓促确定为非正常死亡，往往使检察监督工作陷入被动。因此，必须扭转在第一时间必须判断出被监管人是否正常死亡的观念，而应将重点放在死亡原因的调查核实上，凡经过调查仍然对死者的死因有疑问的，必须进行法医鉴定，只有在死因明确后才能区分是否为正常死亡。换言之，猝死或死因不明的死亡非经法医鉴定不能认为正常死亡，即使被监管人非正常死亡的其他证据非常明确，也不能简单认为不用再进行司法鉴定，而应等待检察机关司法鉴定人员对被监管人尸体解剖检验的意见，确定被监管人死亡原因，作为检察机关调查的内容。

（四）监督监管场所处置情况

监管场所发生被监管人死亡的，首先由监管场所立即通知人民检察院和被监管人家属，同时进行现场保护，形成被监管人死亡原因的初步鉴定意见。刑事执行检察人员到达现场后，认真听取监管场所对被监管人死亡原因的初步意见，并且对死亡原因、医疗抢救处置行动等进行法律监督。

监管场所应向被监管人家属说明被监管人死亡原因、死亡经过，解答家属提出的问题，安排家属查看尸体。监管场所根据死亡的不同原因，依法作出不同处理。对被监管人正常死亡，且监管场所没有监管执法过错的，协助被监管人家属领取被监管人遗物，对尸体进行火化和骨灰处理情况，必要时建议监管场所给予家属一定经济救助。对非正常死亡的，监管场所应当区分不同情况处理。如果监管场所监管干警涉嫌殴打、体罚、虐待被监管人致死或被监管人不堪虐待而自杀的，检察机关应依法进行立案侦查，并由监管场所依照国家规定予以赔偿。对被监管人工伤死亡或交通事故等发生死亡的，监管场所应给予其家属劳动补偿金、安抚金或发放一次性死亡补助金。监管场所对被监管人死亡的处理情况，检察机关应全程、全面进行检察监督，保护被监管人家属的知情权、参与权、申请司法鉴定权和获得经济赔偿和救助的民事权利，严厉打击监管场所的渎职侵权行为，维护被监管人及其家属的合法权益，保证刑事司法活动的公正运行。

四、对被监管人死亡的受理和报告

（一）对被监管人死亡的受理

最高人民检察院《关于监管场所被监管人死亡检察程序的规定（试行）》第5条、第6条和第7条规定，人民检察院接到监管场所发生被监管人死亡报告后，应当立即受理，并开展审查、调查和相关处理工作。县级人民检察院担负派驻或者巡回检察任务的监管场所发生被监管人死亡事件的，由地市级人民检察院负责审查、调查和相关处理工作，或者组织、指导县级人民检察院开展审查、调查和相关处理工作。地市级以上人民检察院担负派驻或者巡回检察任务的监管场所发生被监管人死亡事件的，由本院负责审查、调查和相关处理工作。专门担负监管场所检察任务的派出检察院负责本辖区监管场所被监管人死亡事件的审查、调查和相关处理工作。重大、敏感、社会关注的被监管人死亡事件，由省级人民检察院负责审查、调查处理或者组织办理。

《关于监管场所被监管人死亡检察程序的规定（试行）》只规定了监管场所对被监管人死亡向检察机关刑事执行检察部门主动报告的情形。司法实践中，有的监管场所出于"面子"、"政绩"或"保护监管干警"的心态，不主动报告或瞒报被监管人死亡的情况也时有发生。因此，刑事执行检察人员对被监管人死亡事件的受理就不能仅限于被动接受监管场所的报告，而应积极主动，通过日常监督活动获取有关信息和线索，提高发现监管场所被监管人死亡的能力。检察机关刑事执行检察部门可以采取多种监督方法获取监管场所被监管人死亡线索，主要有：一是派驻检察室接受监管单位有关事故的报告。看守所条例第 27 条和监狱法第 55 条规定，被监管人员死亡，监管单位应当立即通知人民检察院。二是受理被监管人及其家属的控告、举报，自行调查主动发现被监管人死亡线索。三是在日常检察时，与被监管人、监管干警交谈，注意发现蛛丝马迹，多方调查确认死亡信息。

（二）对被监管人死亡的报告

现行法律法规规定，报告既包括监管场所向检察机关的报告，也包括基层检察机关逐级向上级检察机关的报告。根据监狱法第 55 条和看守所条例第 27 条的规定，监狱、看守所等监管场所发生被监管人死亡的，监管场所应当立即向承担监管场所检察任务的检察机关报告。这里的报告主要是指监管场所对检察机关的报告，而不包括检察机关内部对被监管人死亡情况的系统上报。

《关于监管场所被监管人死亡检察程序的规定（试行）》第 8 条、第 9 条、第 10 条和第 11 条规定了检察机关系统内部上报被监管人死亡的程序、期限和报告方法。监管场所发生被监管人死亡事件的，担负派出、派驻或者巡回检察任务的人民检察院应当立即口头报告上一级人民检察院，并在报告后的 24 小时内填报被监管人死亡情况登记表。上一级人民检察院收到被监管人死亡情况登记表后，应当在 12 小时内进行审查并填写审查意见后呈报省级人民检察院。辖区内被监管人非正常死亡的，省级人民检察院应当在接到下级人民检察院报告后的 24 小时内，在被监管人死亡情况登记表上填写审查意见后呈报最高人民检察院。遇有法定节假日，应当在 24 小时内口头报告，再书面补充报告。被监管人死亡原因一时难以确定的，应当按照非正常死亡报告程序报告，死因查明后再补充报告。省级人民检察院应当在每月 10 日前将上月本辖区监管场所被监管人正常死亡人员名单列表呈报最高人民检察院。

五、对被监管人死亡的审查和调查

（一）对被监管人死亡的审查

担负派驻或者巡回检察任务的人民检察院接到监管场所发生被监管人死亡报告后，派驻检察人员应当立即赶赴现场。地市级人民检察院接到县级人民检察院关于被监管人死亡的报告后，应当派员在 24 小时内到达现场，开展工作；交通十分不便的，应当派员在 48 小时内到达现场。刑事执行检察人员到达被监管人死亡现场后，应深入现场，了解被监管人死亡前后的有关情况，并立即进行下列工作：（1）询问了解事故有关情况；（2）监督监管场所妥善保护现场，或者根据需要自行对现场进行拍照、录像；（3）协同有关部门调取或者固定原始监控录像，封存死者遗物；（4）收集值班民警值班记录；（5）调取死亡被监管人档案；（6）参与有关部门组织的调查工作，了解调查情况；（7）根据需要对有关材料进行复印、复制；（8）收集其他有关材料。

对监管机关提供的调查材料和调查结论进行审查，审查的内容包括：（1）现场勘验资料；（2）原始监控录像、死亡被监管人档案、值班民警值班记录；（3）监管机关提供的讯问笔录、谈话记录等有关材料；（4）死亡证明书、尸表检验报告、法医鉴定书以及损害物品物价鉴定书；（5）其他与事故有关的情况和材料。

（二）对被监管人死亡的调查

人民检察院经过审查，或者受理死者家属提出异议，认为监管机关作出的调查结论和死亡原因有异议的，应当进行调查，并将调查结果通知监管机关；无异议的，不再进行调查。调查应当进行下列工作：（1）要求监管机关对事故现场进行复验、复查，或者对现场自行进行勘验，并制作勘验笔录；（2）查验尸表，对尸体拍照或者录像，制作尸表查验笔录；（3）检查已封存的死亡的被监管人遗物，对有关物品和文件进行拍照、录像或者复印；（4）向监管民警和狱医调查了解死者生前情况，制作调查笔录；（5）向其他被监管人及知情人调查死者情况；（6）向医院调取抢救记录，向参加抢救的医生调查了解死亡情况；（7）调查和收集其他与事故有关情况和材料。

安排人员调取并封存死亡的被监管人档案、值班民警值班记录、死亡诊断书等相关文书；调取并封存死亡前 15 天监控录像；检查并封存死者的遗物。询问监管场所管教人员、值班人员、同监室人员，并制作笔录。

六、对被监管人死亡的处理

（一）形成调查结论

审查和调查工作结束后，人民检察院应当对事故原因、过程以及危害结果作出综合分析，依法认定监管执法责任，形成调查结论。根据调查结论，分别作出如下处理：（1）认为监管机关处理意见不当的，提出检察建议并监督整改。（2）对监管执法存在违法问题，提出纠正意见并监督整改。（3）对被监管人涉嫌犯罪而监管单位未立案的，提出立案监督意见。（4）对监管人员渎职侵权尚未够成犯罪的，建议有关部门给予组织处理；涉嫌犯罪的，依法立案侦查。（5）检察人员负有责任的，应当依法依纪作出处理。

根据最高人民检察院《关于监管场所被监管人死亡检察程序的规定（试行）》第31条的规定，审查和调查处理工作结束后，担负派出、派驻或者巡回检察任务的人民检察院及担负审查和调查任务的人民检察院应当建立死亡人员档案。死亡人员档案的主要内容包括：（1）被监管人死亡情况登记表；（2）调查笔录、勘验笔录、监控录像材料；（3）死亡证明书、文证审查意见、尸表检验报告或者法医鉴定书等相关资料的复印件；（4）被监管人死亡情况审查报告和调查报告；（5）相关责任人员处理情况及被追究刑事责任人员立案决定书、起诉书、判决书等相关文书的复印件；（6）纠正违法通知书、检察建议书及监管场所相关回复材料；（7）复议、复核情况材料；（8）调查处理情况综合报告；（9）其他需要归档的材料。

（二）协助监管场所处置死亡事件

最高人民检察院《关于监管场所被监管人死亡检察程序的规定（试行）》第1条开宗明义，该规定的首要任务是：为了加强和规范监管场所被监管人死亡检察工作，维护被监管人合法权益。这充分体现了死亡检察最核心的任务是维护被监管人员合法权益。在处理事故过程中，检察人员要耐心听取死者亲属的诉求，真诚回答死者亲属提出的质疑，满足死者亲属的知情权，保护被监管人及其家属等弱势群体的合法利益。经检察被监管人属于正常死亡的，应建议监管场所做好通知、接待死者家属，尸体保管、火化，死亡被监管人的衣物、财产、个人物品和被监管人遗嘱的交接工作，同时也要协助被监管人家属开好死亡证明等文件。对于无理取闹或煽风点火扩大事态的，也要配合监管场所做好防范和化解工作，在与死者家属沟通的过程中，针对死者家属提出的问题，尊重事实，客观公正，开诚布公，释疑解惑，依照法律规定做好各项处置工作，切忌强出头、打头阵，将死者家属的情绪和怨气转移到检察机关上来。

（三）依法履行查办职务犯罪职能

被监管人死亡检察的后续结果往往是：查办监管场所职务犯罪、纠正违法、检察建议。从对监管场所的影响力和震撼度来说，这三类处理后果的效果呈递减趋势。司法实践中，要防止监管干警为推卸失职渎职的责任、逃避承担责任，有意无意地掩盖事实真相，阻挠检察机关深入调查，或将非正常死亡掩饰成正常死亡，以便逃避刑事责任追究。这就要求检察人员排除障碍，去伪存真，通过细致全面的检察工作，查明被监管人死亡原因，分清监管人员的所负责任，以保障检察机关依法查办监管场所的职务犯罪。

被监管人在监管场所发生死亡的，本身就是一件不正常的事件，或多或少与监管执法或管理活动不规范、不文明有一定的关系。被监管人非正常死亡的，其背后往往存在监管干警玩忽职守、滥用职权等失职渎职行为。这就需要刑事执行检察人员与检察技术人员一道，做好相关的初查工作。根据最高人民检察院有关职务犯罪案件初查的规定，在司法实践中，初查的措施包括：接谈，立案前的询问，调取与查阅账目资料等证据材料，查询银行账户及存款、汇款，拍照，录像，复印和复制，核实，商请调查，介入调查，协查，防范，控制等。初查的专门方法包括：化装调查，耳目内线，秘录，调动布控，证据补强等。最高人民检察院《关于监管场所被监管人死亡检察程序的规定（试行）》对被监管人死亡检察工作的程序和方法进行了详尽规定，这些程序方法既是被监管人死亡检察的方法措施，也是对可能存在渎职犯罪案件初查的方法措施，主要包括：现场勘验和尸表检验，调取封存监控录像和值班登记等相关资料和文书，询问监管人员、狱医、同监室被监管人和死者家属等有关人员，进行司法鉴定，对监管场所的调查工作和法医学鉴定审查判断，综合分析现场勘验、案情调查情况和司法鉴定等情况，在确定被监管人死亡原因、死亡方式和死亡性质的基础上，对涉嫌职务犯罪需要追究刑事责任的，依法进行立案侦查。

第二节　监管场所重大事故检察

监管场所重大事故检察，是指检察机关对发生在监狱和看守所的被监管人脱逃、严重破坏监管秩序、群体病疫、伤残、非正常死亡及其他可能造成人员伤害、财产损失或对监管安全、社会秩序造成严重影响的事件进行检察监督的法律活动。

一、监管场所重大事故的界定

根据《人民检察院监狱检察办法》、《人民检察院看守所检察办法》的规定，结合对事故概念和含义的分析，监管场所重大事故应当包括但不限于以下情形：

1. 被监管人脱逃。如被监管人暴力脱逃、强行冲监脱逃、越狱脱逃、劳动中脱逃、住院治疗中脱逃、有组织脱逃等。

2. 被监管人破坏监管秩序，情节严重的。例如：殴打监管人员；组织其他被监管人破坏监管秩序；聚众闹事，集体绝食，扰乱正常监管秩序；殴打、体罚或者指使他人殴打、体罚其他被监管人等。

3. 被监管人群体病疫。如监狱、看守所出现被监管人传染病疫情或群体性不明原因疾病，被监管人集体性食物中毒等。

4. 被监管人伤残。如监管人员殴打、体罚、虐待被监管人，刑讯逼供，对被监管人违法使用械具，监管人员拖延被监管人伤病的治疗等。

5. 被监管人非正常死亡。

6. 其他事故。如监管场所遭恐怖袭击、聚众劫狱、劫持监管人员或外来人员冲击监管场所的，监管机关发生重大安全生产事故造成被监管人伤亡或较大经济损失等。

二、监管场所重大事故的受理

所谓监管场所重大事故的受理，是指检察机关刑事执行检察部门在接到监管机关关于监管场所发生重大事故的报告或者通过其他方式获知监管场所发生重大事故后，立即派员赶赴现场了解情况，并将有关情况及时向本院领导汇报的活动。

根据《人民检察院监狱检察办法》、《人民检察院看守所检察办法》的规定，检察机关刑事执行检察部门接到监狱或者看守所关于被监管人脱逃、破坏监管秩序、群体病疫、伤残、死亡等事故报告后，应当立即派员赶赴现场了解情况，并及时报告本院检察长。由于现有监狱法、看守所条例仅规定了在发生被监管人死亡这一种情况时才要求监管机关立即告知人民检察院，如监狱法第55条规定，罪犯在服刑期间死亡的，监狱应当立即通知罪犯家属和人民检察院、人民法院。看守所条例第27条规定，人犯在羁押期间死亡的，应当立即报告人民检察院和办案机关。因此司法实践中，如果监管场所发生其他类型的重大事故，监管机关并无向检察机关报告或通知的法律义务，但检察机关刑事执行检察部门一旦通过其他方式获知监管场所发生重大事故，仍应立即赶赴现场，了解情况，查找问题。这表明，检察机关刑事执行检察部门对监管场所重大事故的检察监督是具有主动性的，有别于检察机关其他部门介入其他各类重大事故的方式。究其原因，这是由检察机关派驻检察的工作性质决定的，监狱法第6条规定"人民检察院对监狱执行刑罚的活动是否合法，依法实行监督"，看守所条例第8条规定"看守所的监管活动受人民检察院的法律监督"。由此可以看出，检察机关刑事执行检察部门对监狱、看守所的法律监督是全面的，并不因监管机关是否履行报告义务而受到限制。

三、监管场所重大事故的报告

（一）监管场所重大事故的报告内容

根据《人民检察院监狱检察办法》、《人民检察院看守所检察办法》的规定，对于监管场所发生的重大事故，人民检察院刑事执行检察部门除了要向本院检察长报告外，还应当及时填写《重大事故登记表》，报送上一级人民检察院。向上一级人民检察院报告的内容应当包括：（1）事故发生单位的名称、地址等基本情况；（2）事故发生的时间、地点以及事故现场情况；（3）事故的简要经过；（4）事故已经造成或者可能造成的伤亡人数和初步估计的直接经济损失；（5）监管机关已经采取的措施；（6）人民检察院刑事执行检察部门已经开展的工作；（7）其他应当报告的情况。

事故具体情况暂时不清楚的，负责事故报告的人民检察院刑事执行检察部门可以先报告事故概况，随后补报事故全面情况。

（二）应当进行重大事故报告的情形

根据2006年颁布的《关于报告监管场所发生重大事件的规定》，发生下列情况，应当进行报告：（1）监管民警殴打、体罚、虐待被监管人造成死亡的。（2）监管民警玩忽职守，造成被监管人集体（3人以上）脱逃，或者造成可能判处或已经被判处无期徒刑、死刑（含死刑缓期二年执行）、犯有危害国家安全罪、从事非法宗教、非法组织和非法刊物活动，外国籍、无国籍、华侨、港澳台籍、原省部级被监管人脱逃的。（3）监管民警徇私枉法、私放在押人员的。（4）监管场所发生安全生产事故，造成1人以上死亡、3人以上重伤或者直接经济损失50万元以上的。（5）监管场所发生重大疫情、食物中毒、交通事故及其他原因，造成1人以上死亡或者3人以上重伤的。（6）监管场所与周围群众发生纠纷处理不当，造成严重经济损失、人员伤亡或重大政治、社会影响的。（7）被监管人暴狱（所）、骚乱的。（8）被监管人聚众闹事、斗殴，造成1人以上死亡或者3人以上重伤的。（9）被监管人行凶，造成被监管人1人以上死亡或者3人以上重伤的。（10）被监管人行凶，杀害警察、武警、职工、群众的。（11）可能判处或已经被判处无期徒刑、死刑（含死刑缓期二年执行）、犯有危害国家安全罪、从事非法宗教、非法组织和非法刊物活动，外国籍、无国籍、华侨、港澳台籍、原省部级被监管人自杀的。（12）违反规定使用武器、警械具，造成严重后果的。（13）其他重大事件，造成人员伤亡、经济损失和恶劣影响的。

四、监管场所重大事故的调查

（一）组织力量开展工作

对于监管场所发生的重大事故，一般应组织专门力量开展检察监督。具体方式要根据事故的具体情况以及顺利开展检察监督工作的需要而定，既可以是检察机关独立组织力量开展检察监督，也可以是检察机关受邀派员参与公安司法行政机关的联合调查组。

检察机关独立组织力量开展检察监督的，对监管场所发生的一般事故可以由基层人民检察院独立开展工作；对监管场所发生的重大事故一般应由分、州、市级人民检察院为主组织力量开展工作；对监管场所发生的重大事故，在辖区内已经造成重大影响的，应由省级人民检察院为主组织力量开展工作。

根据《人民检察院监狱检察办法》、《人民检察院看守所检察办法》的规定，辖区内监狱发生重大事故的，省级人民检察院应当检察派驻检察机构是否存在不履行或者不认真履行监督职责的问题；看守所发生重大事故的，上一级人民检察院应当检察驻所检察室是否存在不履行或者不认真履行监督职责的问题。

（二）封存、提取证据

由于监管场所重大事故往往具有较强的时效性，很多证据一旦错过时间就难以获取，加之事故的潜在责任人因为害怕受到刑事追究和其他处理，有可能毁灭相关原始证据材料，以种种手段逃避事故调查。检察机关动作稍微迟缓，就有可能导致原始证据材料的毁灭流失，给检察监督工作带来被动。因此，第一时间封存、提取证据就显得尤为关键。可以从以下七个方面入手：（1）第一时间赶赴现场，进行有关的勘查工作，固定相关证据；（2）全面调取、封存事故现场的监控录像；（3）全面调取有关部门已经收集到的证据材料；（4）全面调取监管机关有关安全监管或安全生产的规章制度、职责分工、会议记录等；（5）全面调取事故发生前后监管机关的值班、考勤记录；（6）在被监管人伤残、死亡等事故检察中，要及时对相关被监管人进行法医鉴定，获取第一手鉴定意见；（7）封存、调取其他与事故调查有关的证据材料。

（三）调查核实

1. 询问有关人员。检察机关刑事执行检察部门应及时对相关人员进行询问，制作调查笔录，调查笔录应当经被调查人确认无误，并签名或者盖章。条件允许的情况下，以录音、录像等视听资料的方式获取、固定有关证据。对于受邀参与公安司法行政机关调查组的，询问相关人员应由检察机关派员独立进行。

2. 审查相关材料。对于前期获取的与事故有关的材料，应当认真审查，摸清事故发生的原因、事故性质的认定、事故责任的划分以及潜在责任人的基本情况，这是开展监管场所重大事故检察监督的重要环节。因此，检察机关刑事执行检察部门在审查相关材料时必须做到全面、细致，同时，要重点审查以下几个方面的内容：

（1）对司法鉴定意见的审查。尤其是在被监管人群体性病疫、伤残、死亡类事故中，司法鉴定意见对于事故责任的认定和事故的处理起着至关重要的作用。在审查司法鉴定意见时，要进行形式和内容两个方面的审查。形式审查，要审查司法鉴定的委托和受理是否合法、司法鉴定机构与鉴定人员是否适格，各种检验检查是否完备、所采取方法是否科学。内容审查，要注意将鉴定意见与案件的调查情况、现场勘验结果以及其他证据相互印证，经查证属实才能作为定案的证据。检察人员在审查司法鉴定时不仅要看最后的鉴定意见，更要综观全文，重点审查其鉴定内容是否全面、检验结果是否客观、分析论证是否符合科学原理和经验常识。

（2）对事故现场监控录像的审查。当前，监管场所一般都会在监室、劳动场所等重点部位加装监控设施，其中多数监控设施除了能够实时监控外，还能实现自动录制保存，很多地方的派驻检察机构也配备了相应的设备加强监督，这就为我们查清监管场所事故发生的原因，还原事实真相提供了有力的手段。监管场所重大事故发生后，检察机关刑事执行检察部门要认真观看、分析事故发生前后事故现场的监控录像，从中获取有价值的线索。

（3）对监管机关有关规章制度、职责分工、值班记录的审查。监管机关有关安全监管或安全生产的规章制度、职责分工、会议记录以及事故发生前后监管机关的值班、考勤记录，是查找事故发生原因、确定事故责任的重要依据。对于监管机关有关规章制度、职责分工，检察机关刑事执行检察部门要做到清楚、明确；对于监管机关的值班、考勤记录，要重点审查是否完整、准确，有无缺页或者涂改情况，并结合对相关人员的询问加以核实。

（四）调查过程中应重点注意的问题

检察机关介入事故调查要立足于法律监督的范围，要通过审阅材料和询问相关人员，发现事故背后可能存在的违法违规问题。根据司法实践，在监管场所重大事故检察监督中，除了要调查了解常见的贪污、贿赂、挪用公款等行为外，还应注意以下几类问题：

1. 在被监管人脱逃事故中，要注意是否存在监管人员私放被监管人的行为、监管人员失职致使被监管人脱逃的行为、监管人员滥用职权以及玩忽职守的行为。

2. 在被监管人破坏监管秩序所造成的事故中，要注意是否存在监管人员玩忽职守的行为。

3. 在被监管人群体病疫事故中，要注意是否存在监管人员玩忽职守的行为以及监管人员虐待被监管人的行为。

4. 在被监管人伤残事故中，要注意是否存在监管人员体罚、虐待被监管人的行为、监管人员刑讯逼供的行为、监管人员滥用职或者玩忽职守的行为，还要注意是否存在其他被监管人破坏监管秩序或者故意伤害的行为。

5. 在被监管人非正常死亡事故中，同样要注意是否存在监管人员体罚、虐待被监管人的行为、监管人员刑讯逼供的行为、监管人员滥用职权或者玩忽职守的行为，以及其他被监管人破坏监管秩序或者故意伤害的行为。

6. 其他事故，如监管机关发生的重大安全生产事故中，要注意是否存在监管人员滥用职权或者玩忽职守的行为，还要注意是否存在监管场所负责生产经营活动的工作人员的渎职行为。

五、监管场所重大事故的检察处理

（一）处理意见的形成

检察机关刑事执行检察部门经过审查相关材料、询问有关人员，对符合下列条件的，可以形成处理意见：（1）事故发生的原因及过程已经查清，并有相关证据支持；（2）根据现有证据，事故的性质已经可以作出认定；（3）对于责任事故，责任认定及责任划分已经明确；（4）有明确的事故处理意见。

负责开展检察监督的刑事执行检察部门负责人应召集有关人员听取关于监管场所重大事故检察监督工作的情况汇报。承办人员应当根据调查情况及所收集证据进行全面、真实的汇报，最后提出处理意见。集体讨论应制作《讨论笔录》，全面记录参与讨论人员的意见。一般来说，处理意见应报主管检察长。

（二）处理意见的报告

无论是检察机关自行组织力量开展检察监督得出的处理意见，还是检察机关受邀参与调查形成的事故调查报告，均应及时报告上级检察机关。上级检察机关认为调查结果或处理意见存在问题的，可以要求下级检察机关补充调查，或自行组织力量调查。

（三）处理意见的执行

1. 经审查，认定监管场所发生的事故属于重大责任事故，依法应当追究相关人员刑事责任的，由检察机关刑事执行检察部门按照管辖的规定立案侦查。关于何种情况应当追究刑事责任，刑法、最高人民检察院《关于渎职侵权犯罪案件立案标准的规定》以及最高人民法院、最高人民检察院《关于办理渎职刑事案件适用法律若干问题的解释（一）》等法律、司法解释已经作出了明确的规定。

2. 经审查，认定监管场所发生的事故属于责任事故，相关人员对于事故的发生存在过错责任，但因其责任程度或事故所造成的后果没有达到刑事追究的标准，依法不需要追究其刑事责任。对于其中需要作党纪政纪处理的，或者需要给予行政处罚的，检察机关刑事执行检察部门应当将相关材料及处理意见书面移送有关主管机关进行处理。

3. 经审查，认定监管场所发生的事故不属于责任事故的，检察机关刑事执行检察部门应当会同监管机关共同剖析事故原因、研究对策、完善监管措施。

在事故调查、处理过程中，检察机关刑事执行检察部门如果发现监管场所的监管活动及生产活动存在可能导致重大事故等苗头性、倾向性问题，应当报经本院检察长批准，向有关单位提出检察建议。

第三节　禁闭和警械具检察

一、禁闭和警械具检察的概念

（一）禁闭和警械具的概念

禁闭是监狱对严重破坏监管秩序的罪犯采取的一种处罚措施，也是在特定条件下采取的防范措施。受到禁闭处分的罪犯单独关押在禁闭室内，禁闭期限为 7～15 天。

警械具是指用以预防和制止罪犯某些危险行为发生的专门器械。监狱通常使用的警械具主要有手铐、脚镣、警绳和警棍四种。使用警械具的作用有二：一是防范作用，即通过警械具的正确使用，有效限制罪犯的活动自由，使其丧失进行某些危险行为的条件，确保监狱安全；二是警戒作用，即通过警械具的使用，警告那些预谋或正在从事某些危险行为的罪犯必须立即停止危险活动。

（二）禁闭和警械具检察的概念

禁闭和警械具检察，是指人民检察院对监狱禁闭和警械具使用、审批、管理工作是否合法进行监督，人民检察院监督的客体是监狱的禁闭和警械具管理工作。在《人民检察院监狱检察办法》第四章第一节、第三节对禁闭和警械具检察的内容、方法、纠正违法的情形作出了规定。

禁闭和警械具使用是监狱工作中容易发生问题的环节，也是监狱检察工作中需要重点关注、加强监督的重要环节。

二、禁闭检察

（一）禁闭检察的内容

根据《人民检察院监狱检察办法》的规定，禁闭检察的内容主要包括以下几个方面：

1. 适用禁闭是否符合规定条件。对在押罪犯适用禁闭，必须严格按照法律规定的条件适用，只有符合条件的，才能适用禁闭。监狱法第58条规定："罪犯有下列破坏监管秩序情形之一的，监狱可以给予警告、记过或者禁闭：（一）聚众哄闹监狱，扰乱正常秩序的；（二）辱骂或者殴打人民警察的；（三）欺压其他罪犯的；（四）偷窃、赌博、打架斗殴、寻衅滋事的；（五）有劳动能力拒不参加劳动或者消极怠工，经教育不改的；（六）以自伤、自残手段逃避劳动的；（七）在生产劳动中故意违反操作规程，或者有意损坏生产工具的；（八）有违反监规纪律的其他行为的。"因此，对罪犯适用禁闭是否符合规定条件应重点检察以下几个方面：（1）罪犯是否实施了破坏监管秩序的行为；（2）罪犯实施破坏监管秩序的行为是否达到适用禁闭的严重程度；（3）罪犯是否属于依法可以适用禁闭的人员。

2. 适用禁闭的程序是否符合有关规定。对罪犯适用禁闭，应当由罪犯所在分监区集体研究后填写禁闭审批表，经监区和监狱狱政部门审核同意后，报监狱主管领导批准。因此，对罪犯适用禁闭的程序是否符合法律规定应重点检察以下几个方面：（1）监狱对罪犯适用禁闭是否进行了审批；（2）对罪犯适用禁闭的审批手续是否完备；（3）对罪犯适用禁闭的审批手续是否按照规定程序作出。

3. 执行禁闭是否符合有关规定。根据有关规定，对罪犯适用禁闭，期限应当为7~15天，禁闭室应当防潮保暖、通风透光、清洁卫生。被禁闭罪犯的伙食、饮水应当得到保障，每日放风2次，每次半小时至1小时，禁闭期间监狱民警应对其加强教育。因此，对罪犯执行禁闭是否符合有关规定应重点检察以下几个方面：（1）执行禁闭的期限是否符合有关规定，是否存在超期限禁闭或连续审批变相延长禁闭期限的现象；（2）禁闭室是否符合防潮保暖、通风透光、清洁卫生的条件；（3）禁闭罪犯的伙食、饮水是否得到保障；（4）禁闭罪犯每日放风时间是否得到保障；（5）监狱民警是否对禁闭罪犯加强教育。

（二）禁闭检察的方法

根据《人民检察院监狱检察办法》的规定，禁闭检察的方法主要有以下几种：

1. 对禁闭室进行现场检察。对禁闭室现场检察是禁闭检察的重要环节。在现场检察时，检察人员应当检察以下几个方面：（1）对禁闭罪犯进行检察，重点检察其身体和精神状态是否良好；（2）对禁闭室进行检察，重点检察禁闭室的环境条件和安全警戒设施是否完善；（3）对监狱民警是否执法进行检察，重点检察是否在岗敬业、是否民警直接管理、是否存在体罚虐待现象。

2. 查阅禁闭登记和审批手续。在查阅禁闭登记和审批手续时，要检察禁闭的审批手续是否按照规定程序作出、手续是否齐备；检察民警值班记录、罪犯放风记录是否及时记录，有无异常；检察民警对禁闭罪犯的谈话笔录，了解掌握禁闭罪犯思想动态。

3. 听取被禁闭人和有关人员的意见。对被禁闭罪犯，派驻检察人员应当对其进行谈话教育，一方面了解其被禁闭的原因经过，了解罪犯对禁闭处罚的意见和认识；另一方面对罪犯加强思想教育，促使其认识错误，及时悔过。同时，检察人员还应当向监狱民警了解情况，掌握禁闭罪犯思想动态和禁闭表现。

（三）纠正违法的情形

发现监狱在适用禁闭活动中有下列情形的，应当及时提出纠正意见：（1）对罪犯适用禁闭不符合规定条件的；（2）禁闭的审批手续不完备的；（3）超期限禁闭的；（4）使用械具不符合有关规定的；（5）其他违反禁闭规定的。

三、警械具检察

（一）警械具检察的内容

对警械具使用的检察，重点应注意以下几个方面：

1. 警械具的使用是否符合法定条件。对警械具的使用，有关的法律、规定都有较为明确的规定。监狱法第 45 条规定："监狱遇有下列情形之一的，可以使用戒具：（一）罪犯有脱逃行为的；（二）罪犯有使用暴力行为的；（三）罪犯正在押解途中的；（四）罪犯有其他危险行为需要采取防范措施的。前款所列情形消失后，应当停止使用戒具。"

在检察中，应当严格按照规定对使用警械具的条件进行审查，具体如下：（1）对使用手铐、脚镣的，重点检察罪犯是否属于有脱逃行为、暴力行为、在押解途中（含外出就医）、有其他危险行为需要采取防范措施的。同时，还需检察罪犯是否属于依法不应使用警械具的人员。（2）对使用警绳的，重点检察罪犯是否属于在追捕逃犯和押解时使用。（3）对使用电警棍的，重点检察是否属于民警依法执行公务，遭到抗拒时；或处理罪犯行凶、聚众哄闹、结伙斗殴和暴动骚乱事件，警告无效时；或遭到罪犯袭击需要正当防卫的。

2. 使用警械具的程序是否符合规定。对警械具的使用，必须填写申请使用戒具审批表，报经监狱主管领导批准。遇有罪犯行凶制止无效等特殊情况时，应当先使用，然后再补报审批手续。在检察时，应重点检察警械具的使用是否经过了审批、审批手续是否依照程序作出、警械具使用的审批是否超过了必要的限度。

3. 警械具的使用是否符合法律规定。对警械具的使用，必须严格依照法律规定，使用制式警械具，在适当有限度的范围内使用，在危险情形消失后，应当立即停止使用。检察时，应当重点检察是否使用的是制式警械具、是否监狱民警直接使用、使用手铐脚镣是否不超过 15 天，是否存在背铐、双铐双镣等违法情形，警绳是否仅在追捕时使用，电警棍是否被违法用作惩罚的工具，警械具的使用是否会危及罪犯生命，是否对不应当使用警械具的老弱病残等人使用，违法和危险情形消除后是否立即停止使用。

（二）警械具检察的方法

1. 审查罪犯使用警械具的审批手续，现场监控录像、民警教育谈话笔录等相关材料，对警械具使用的合法性进行审查。

2. 到警械具使用的现场，对罪犯的人身进行检察，检察警械具的使用是否合法，是否存在背铐、非制式警械具等违法使用情形，警械具的使用是否对罪犯人身造成不必要的伤害，是否会危及罪犯人身安全。发现不当和危险情形，应当要求监狱停止使用。

3. 与被使用警械具的罪犯进行谈话，了解掌握事发经过和罪犯本人对使用警械具的意见和认识，对其进行思想教育，同时也要向有关监狱民警了解情况。

（三）纠正违法的情形

在警械具检察中发现以下问题，应当提出书面纠正意见：（1）监狱使用警械具没有审批手续或审批手续不完善的；（2）对不符合条件的罪犯使用警械具的；（3）使用非制式警械具的；（4）使用警械具超过规定期限和必要限度的；（5）警械具的使用方法违反规定的；（6）违规使用警械具造成罪犯人身伤害的。

第四节　被监管人权利保护

一、被监管人的界定

被监管人，顾名思义，即被监督和管理的人，是人类社会中独特的社会群体。被监管人有广义和狭义之分。广义上的被监管人是指所有被关押在特定场所的人，其范围包括：因涉嫌犯罪被刑事拘留或者逮捕而关押于看守所中的犯罪嫌疑人、被告人，因涉嫌犯罪被监视居住或指定居所监视居住的犯罪嫌疑人、被告人，执行法院判决裁定而关押于监狱、看守所、未成年犯管教所的罪犯，执行法院决定而强制医疗的人员，因实施违法行为而被关押于戒毒所、行政拘留所的人员。狭义的被监管人专指因涉嫌犯罪被刑事拘留或者逮捕而关押于看守所中的犯罪嫌疑人、被告人，因涉嫌犯罪被监视居住或指定居所监视居住的犯罪嫌疑人、被告人，执行法院判决裁定而关押于监狱、看守所、未成年犯管教所的罪犯，执行法院决定而强制医疗的人员，这也是刑事执行检察日常工作所指称的专属对象。

二、被监管人权利的特点

作为被监管人，由于法律身份的特殊性，其权利当然不会等同于一般社会成员，他们无法拥有一般社会成员那种人身自由和政治权利，而且在一些权利（如合法财产权）的行使上也可能会受到客观上的一些限制。但他们依然享有作为人的一般人权和未被法律剥夺和限制的公民权利以及法律专门赋予被监管人的特殊权利。被监管人作为社会的特殊主体，其法定权利的内容和范围也具有其特殊性，主要表现为：

（一）被监管人的权利内容具有不完整性

被监管人无法像普通公民一样享有宪法和法律赋予的全部权利，而只能享有其中的一部分权利，而另一部分权利则被依法剥夺。比如被监管人享有的人身自由权利被依法剥夺；被附加剥夺政治权利的罪犯，在服刑期间和刑满释放后的一段时间内不享有政治权利。

（二）被监管人特殊权利的保护具有一定的期限性

被监管人权利内容包括未被法律剥夺和限制的公民权利以及法律专门赋予被监管人的特殊权利。其未被法律剥夺和限制的公民权利无论其是否被监管，都能够充分享有，该权利是终身制的。但是对于法律赋予被监管人的一些特殊权利却是有一定期限的。比如根据我国相关法律的规定，罪犯有定期接见家属的权利，享有依法获得减刑、假释的权利，患有重病的罪犯有获得依法保外就医的权利等。对这些特殊权利保护的起止时间一般都是从对被监管人员定罪量刑的判决生效之日起算，到其刑罚执行完毕为止。因此，就绝大多数罪犯来说，他们的权利相对于其他与生俱来的权利来说是具有一定期限性的。

（三）被监管人权利的行使受到一定的限制

被监管人的某些权利虽然没有被剥夺，但在服刑期间将会停止或限制其行使。比如，未附加剥夺政治权利的罪犯在服刑期间就无法行使集会、结社、游行、示威等项权利，这些权利就受到一定程度的限制。

三、被监管人权利的范围

被监管人的权利可划分为三种：一是基本权利，是指作为人之为人都需要的最基本的权利。任何人都需要这种基本权利，对于被监管人来说也不例外。这种基本权利不能因为国家和政治形势的需要而变更或者废除，任何个人、国家和立法机关都不能对之进行侵犯，即使是为了适应形势的需要——这就意味着国家无论在什么样的情况下，都不能随意予以变更或废除。主要包括生命权、人格权、人身安全权和身体健康权，是其他权利赖以存在的基础和前提。二是普通权利，是指未被国家法律剥夺或限制的公民权利，作为一个公民即可以享受。这种权利通常都受国家和社会的保护，但立法机关可能会因应形势需要而通过新的立法改变或废除。主要包括选举权、财产权、继承权、婚姻家庭权、劳动权、休息娱乐权、宗教信仰自由权、文化教育权。三是特殊权利，是指国家法律和政策专门赋予被监管人的特殊权利。这种权利虽由法律创设，却可以由国家执法机关根据被监管人的表现予以剥夺或一定的限制。主要包括通信会见权、申诉举报控告权、辩护权与获得律师会见帮助权、获得国家赔偿权、被告知指控罪名与理由权、获得依法减刑假释权、获得依法保外就医权。此外，还有一些权利如被监管人的生育权利、请假权利也开始受到一定程度的关注，有些地方的劳动和社会保障部门能够及时为刑满释放人员提供相关就业指导服务和就业岗位信息，等等。

（一）被监管人的基本权利

1. 生命权。生命权是公民维持生存的权利，它是一切公民权利的基础，是人权中最核心的内容。人只有自己的生命在法律上得到充分的保护，才能充分享受其他权利。如果一个人连自己的生命权都得不到保护或保障，其他的诸如健康权、人身安全权、政治权利与自由、劳动权、受教育权等权利就根本无从谈起。每一个人都只有一次生命，每一个人的生命权都是平等的，都一样尊贵，都一样神圣不可侵犯。只有生命权得到充分保障，才有享受生活的资格和基础，才有享有其他权利的前提。被监管人也是人，他们的生命权受到法律平等的保护，任何机关、任何人不得以任何方式予以剥夺或侵害（依法被判处死刑的罪犯除外）。

2. 人格权。人格是人的尊严和价值的总和，罪犯是否具有人格权反映一个国家人权状况的基本水平。被监管人的人格不受侮辱，依然享有人格权所包含的身份权、姓名权、肖像权、名誉权等。尊重被监管人的人权，并与其他人平等看待，是被监管人人格权应有的含义和要求。即使是被判处死刑的罪犯，其人格权仍然依法受到尊重，我国监狱法明确规定，不得侮辱罪犯的人格，凡是打骂体罚罪犯、侮辱罪犯人格的任何做法都被严加禁止，并将受到严肃处理。

3. 人身安全权。人的生命安全是其他一切权利得以实现的前提和基础，是人权中最重要的一项内容，被监管人的人身安全不受侵犯。除了国家审判机关依法判处死刑立即执行之外，其他任何机关、单位和个人都不得用任何手段剥夺他人生命，也不得用诸如体罚、虐待、刑讯逼供、殴打或者纵容他人殴打被监管人等任何形式、任何手段造成他人的肉体痛苦、致人伤残或者损害他人身体健康。

4. 身体健康权。国家保障被监管人吃、住、穿、用、卫生保健等必要的物质生活条件，对被监管人定期进行体检，生病得到及时诊治，患有严重疾病的罪犯，有依法获得保外就医的权利。怀孕或正在哺乳自己婴儿的女性罪犯，享受监外执行的待遇。对于患有疑难病症的罪犯，监狱均可以请社会上的医学专家会诊或送社会医院诊治。监管场所必须依法保障被监管人在监禁条件下的正常生活和身体健康，对被监管人的饮食营养、实物量、服装被褥配发、生活习惯、居住条件以及医疗卫生保健等生活标准作出明确的规定，使其能够维持正常人应有的生活待遇，享受人道主义待遇的权利。

（二）被监管人的普通权利

1. 选举权。未被剥夺政治权利的被监管人依法行使选举权。国家制定的法律法规不仅明确规定："被判处有期徒刑、拘役、管制而没有附加剥夺政治权利的，可以行使选举权。"而且对罪犯行使选举权的地点和方式作出了详细的规定。

2. 财产权。除被依法剥夺财产的被监管人，其在监管期间的个人财产受法律保护，其可以委托他人代为管理其财产，所取得收益归其个人所有，其合法财产不受侵犯。主要包括：储蓄、房屋、家具等监管前合法财产，监管时所携带的财产和生活资料，监管期间所获得的劳动报酬、奖金等，还包括因继承所取得的财产。

3. 继承权。继承权作为公民民事权利的一种，属于国家法律保护的范围，并不因继承人的人身自由被限制而改变，因此被监管人监管期间仍然依法享有继承权，除非涉及依法被剥夺和限制继承权，任何人的继承权不得被随意剥夺和限制。

4. 劳动权。这主要是针对罪犯而言，包括劳动选择的权利、获得劳动报酬的权利、劳动保护的权利、劳动休息的权利、从事高危劳动获得保险的权利、接受职业技能培训的权利等。劳动的强度、时间必须科学合理，不能超越正常人劳动所能承受的程度范围。应当注意的是，被监管人还享有获得劳动报酬、享受劳动保护和劳动保险的权利。

5. 休息娱乐权。被监管人的起居、学习和娱乐活动的时间必须合理安排，必须保证其有足够的睡眠时间和休息时间。参加劳动的被监管人有在法定节假日和休息日休息的权利。被监管人有权利享受社会上绝大多数人正在享受的科技成果，可以阅读报刊书籍，可以看电视、听广播、上网，参加有益于身心健康的文化娱乐体育活动。

6. 婚姻家庭权。被监管人监管期间的婚姻家庭权依然受到法律保护。被监管人依法享有结婚和离婚自由的权利，享有婚姻家庭完整且不受非法破坏的权利。当然这些权利必须在不影响监管的情况下方允实现。如当被监管人面临提出离婚时，监管部门应当及时转告被监管人，除查明确定不知该被监管人下落的，法律不得作出缺席判决。罪犯服刑期间，如果家庭中的直系亲属死亡、病危或者家庭中发生其他重大事故的，确实需要罪犯回家予以处理的，允许符合条件的罪犯回家料理。

7. 宗教信仰自由权。被监管人在监管期间同样享有宗教信仰自由，不因身份的改变而改变其合法的宗教信仰。即允许信教的被监管人保持原来的宗教信仰，并在生活上照顾少数民族被监管人的生活习惯。

8. 文化教育的权利。被监管人的文化教育权利是指被监管人在服刑期间，有获得思想政治教育、文化知识教育和生产技术教育的权利。罪犯服刑期间可以根据自己的文化程度，接受正规的小学、初中教育，有条件的可以上函大、电大，同时还可以接受职业技术培训。

（三）被监管人的特殊权利

1. 通信与会见权利。被监管人有权享有一定的通信与会见权利，在监管期间可以和其亲属或其他人通信与会见。当然这些权利必须受到一定限制，应以不妨碍刑事诉讼活动和监管活动的正常进行为前提。各地监管场所一般都设立专门场所供罪犯会见其亲属，一般是每月一或二次，每次不超过 1 小时。

2. 申诉、举报、控告权。被监管人对于其人格权、财产权以及法律规定的其他权利受到他人侵害的情况下，可以向检察机关进行控告、检举。被监管人可以对生效判决提出申诉，也可以对监管机关对其作出的纪律处分提出申诉。监管部门应当对被监管人的控告、申诉、揭发、检举材料及时地处理或者转送有关机关处理，不得阻挠、扣留和报复。

3. 辩护权、获得律师帮助权。被监管人在监管期间享有辩护权，对被指控的罪名，既可以自己辩护，也可以委托律师或者其他代理人进行代理辩护；享有与其律师、辩护人通信、会见的权利，被监管人可以会见律师，也可以通过相关途径获得法律援助；也可以就有关法律问题请求律师帮助或获得法律援助，依法维护其人权、财产及其他合法权益。

4. 获得国家赔偿的权利。因刑事错案或者由于国家机关工作人员侵犯公民权利而使被监管人受到损失的，有依照法律规定获得赔偿的权利。被监管人在被监管期间，其财产受到国家司法机关或者其工作人员的侵害，他有权就其遭受的全部直接财产损失取得赔偿。在执行羁押过程中，违法使用武器和警械具造成公民身体伤害或死亡的，国家应负相应的损害赔偿责任。

5. 被告知理由和指控罪名的权利。公民的人身自由是受宪法保护的，公民因涉嫌违法犯罪被限制人身自由，司法机关应当将限制人身自由的理由和指控的罪名及时告知被监管人及其家属。被监管人及其家属或者辩护律师也有权向有关机关了解被监管人所涉嫌的罪名及其理由，有关机关不得随意加以阻拦和隐瞒。

6. 获得依法减刑、假释的权利。罪犯在经过一段时间改造后，如果符合减刑、假释的法定条件，有关执行机关应当按照法定程序予以报请，人民法院应当依法予以裁定减刑、假释。检察机关发现罪犯减刑、假释不当的，应当提出纠正；发现罪犯应当减刑、假释而没有被提请的，应当建议执行机关予以提请，以确保那些服刑期间表现好的罪犯能够依法获得减刑、假释。

7. 获得依法保外就医的权利。保外就医制度是保障被监管人健康权的重要措施。对判处有期徒刑、拘役，生活不能自理，适用暂予监外执行不致危害社会的罪犯，可以暂予监外执行，进行保外就医。

四、被监管人权利保护的方法

在我国，被监管人权利的保障与检察机关联系之紧密，已成为中国法制的一大特色。检察机关根据法律的规定形成了对监管场所羁押管理、刑罚执行的监督与被监督关系，具体由各级人民检察院向所在地的看守所、监狱派驻检察室，将社区矫正纳入检察监督范围，依法监督刑事执行，保护被监管人的合法权益。刑事执行检察制度是我国法律监督工作中长期以来形成的一项具有典型中国特色的检察制度，是已经被我国司法实践证明了的正确且富有成效的被监管人权利保护制度。从总体上来看，被监管人权利保护的方法涉及多个层面，如强化监管机关及其监管人员的人权意识和依法管理水平、强化被监管人的自我保护意识和自我维权水平、强化检察监督效能等。

（一）提高保护被监管人权利意识

强调刑事诉讼法保护人权的重要性，并非忽视其惩罚犯罪的价值和意义。惩罚犯罪与保护人权是两种不同的价值取向，是一对矛盾的两个方面，两者既相互区别，又相互联系、相互转化，当两者处于并重的平衡关系时，就能更好地实现法律效果和社会效果的统一；当两者偏重偏轻时，就会引发某种社会矛盾和问题，不利于社会的安定和国家的长治久安。因此，刑事执行检察部门在牢固树立和践行"三个维护"有机统一的工作理念中，应当明确保护被监管人的权利是保护人权的重心所在，应当以正当法律程序保护人权，保障司法公正的实现，而不是仅停留在上层建筑中的法制层面，明确尊重和保障人权不仅仅是一项基本原则，而是要贯穿于刑事执行检察的始终。

（二）加强派驻检察工作

目前，派驻检察室是刑事执行检察工作的重要载体，刑事执行检察部门对侵犯被监管人合法权益的日常检察和监督纠正主要通过派驻检察和巡回检察的方式来完成。

1. 监督依法收押和释放的情况，防止当事人被非法羁押和超期羁押，保障公民不受任意拘留和逮捕。一是检察看守所、指定居所监视居住执行场所、监狱、强制医疗机构收押犯罪嫌疑人、被告人、罪犯、强制医疗人员的程序是否合法，检察收押、收治凭证等手续是否合法、齐备。二是开展羁押必要性审查，检察是否有不应逮捕或者拘留的被监管人。三是检察释放犯罪嫌疑人、被告人、罪犯、强制医疗人员的行为是否合法。对不应逮捕拘留的、撤案的、不起诉的、判决无罪、免予刑事处罚的和变更强制措施的，监管机关是否及时按规定予以释放。四是对看守所羁押犯罪嫌疑人、被告人、罪犯、强制医疗人员的期限是否合法进行检察。发现存在违法羁押或者未及时释放被监管人等情况时，应当立即向监管机关提出纠正意见，发现犯罪嫌疑人、被告人、罪犯、强制医疗人员被超期羁押的，应当及时向办案机关提出纠正意见。

2. 监督看守所、指定居所监视居住执行场所、监狱、强制医疗机构依法执法，科学、文明监管，依法保障被监管人享有的合法权益。具体包括：检察被监管人是否受到刑讯逼供、体罚虐待；检察监管场所的卫生、医疗条件是否符合法律和有关政策的规定，被监管人有病时能否得到及时有效的治疗；检察监管场所组织的生产劳动有无超时、超强度，是否有劳动安全防护措施；检察监管场所对被监管人使用武器、械具、禁闭措施是否合法；检察被监管人会见亲属、探亲和通信的权利是否得到应有的保障。一旦发现监管人员存在侵犯被监管人权利行为，及时提出检察纠正意见。

3. 做好监所安全防范检察和事故检察工作。监督监管场所严禁使用被监管人管理被监管人，依法严厉打击被监管人特别是"牢头狱霸"在监管场所的违法犯罪活动，坚持对"牢头狱霸"露头就打，绝不姑息。只要发现有"牢头狱霸"苗头和迹象，就要采取果断措施予以制止和查处。突出做好被监管人非正常死亡等监管突发事件的检察和防范工作，提高应对突发事件的能力和水平，一旦出现被监管人死亡等突发事件，派驻检察人员要行动迅速，积极妥善处理。应当督促监管场所改善监管设施和装备建设，安装全方位、无死角的监控录像设备，严格落实定时巡视监室、24 小时监控等制度。

4. 加强羁押必要性审查。认真行使刑事诉讼法赋予检察机关的羁押必要性审查权，要以逮捕要件中的社会危险性为核心，以逮捕类型中的一般应当逮捕案件（即具有社会危险性的一般案件）为重点，以特殊应当逮捕（即重刑犯、有故意犯罪前科及身份不明）与可以逮捕案件（即严重违反取保候审、监视居住规定）为补充，来开展羁押必要性审查并判断有无继续羁押必要，防止和纠正适用羁押措施和延长羁押期限的随意性，严格控制羁押措施的适用。同时要建立羁押必要性审查的救济机制。一方面，赋予被监管人对羁押必要性审查结果不服的，允许其申请救济的权利，救济的方式为可以向决定机关提请复议、向决定机关的上级机关提请复核；另一方面，建立被害人对变更强制措施的异议救济制度，降低适用羁押替代措施的社会风险。开展羁押必要性审查必须结合一系列信息平台的搭建，如对被监管人的告知、羁押必要性评估、羁押表现的通报、案情进展的通报以及全流程的诉讼环节变更动态监督。

（三）强化刑罚变更执行的法律监督

监督人民法院和监狱等刑罚执行机关的减刑、假释、暂予监外执行等刑罚变更活动是否依法进行，保障罪犯依法获得公平减刑、假释和暂予监外执行的权利。发现法院和监狱等刑罚执行机关违反法定条件和法定程序办理减刑、假释、保外就医的，依法提出纠正意见；发现罪犯应当减刑、假释、暂予监外执行而没有被提请的，特别是对一些符合条件的老弱病残罪犯，及时建议执行机关予以提请，以确保那些服刑期间表现好的罪犯能够获得减刑、假释，确需保外就医的罪犯得到暂予监外执行。

（四）查处与侵犯被监管人权利相关的职务犯罪

这是检察机关刑事执行检察部门的一项重要任务，是检察监督中最严厉的一种方式，同时也是保护被监管人合法权益的最有效的手段之一。重点查处监管人员利用职权，索贿受贿、徇私舞弊减刑、假释、暂予监外执行的犯罪，非法羁押、体罚虐待、刑讯逼供被监管人的犯罪，贪污挪用被监管人的生活卫生费用的犯罪和监管事故背后隐藏的一些渎职犯罪。

（五）畅通被监管人及其亲属的权利救济渠道

一方面，深化检务公开，告知被监管人的权利和义务，促使他们增强自我保护意识，在权利受到侵犯时知道找谁、怎么找，及时主动向检察官反映，以便及时调查处理。另一方面，严格落实约见检察官、与被监管人谈话、检察官信箱制度，及时受理和依法处理被监管人及其亲属反映的问题。对直接向监管民警提出的控告、举报和申诉，监管民警不认真处理的，要及时提出纠正意见。注重对被监管人中弱势群体的保护。当前，社会各界对被监管人权利保护的关注日益上升，也为畅通被监管人及其亲属诉求和救济渠道提供了一个强大的社会基础。有的地方聘任一些社会人士作为廉政监督员、执法监督员或人民监督员、特约检察员，并将该做法制度化、经常化，向上述人员提出申诉已经成为被监管人及其亲属实现权利诉求和救济的另一条渠道。

（六）适时开展专项检察活动

通过专项检察，集中一段时间、集中多方力量监督纠正侵犯被监管人合法权益的一些突出问题。近几年，检察机关先后单独或者会同有关部门联合开展了清理和纠正超期羁押专项活动、减刑假释保外就医专项检查、全国看守所监管执法专项检查等专项活动，发现和纠正了一大批侵犯被监管人权利的问题，促进了监管执法的规范，依法保障了被监管人的合法权利。

五、保护被监管人权利应注意把握的几个问题

（一）正确把握人权保护与惩治犯罪的关系

人权保护与惩治犯罪二者并不矛盾，一方面，正确地惩治犯罪离不开对被监管人权利保护，若滥用司法权力、不尊重被监管人人格，甚至刑讯逼供、诱供等，往往造成冤假错案，因此，正确惩治犯罪，就不能忽视被监管人权利保护；另一方面，被监管人权利保护也离不开正确惩治犯罪，如果不去查明案件事实、惩治犯罪，不仅被害人的实体权利得不到维护，国家法律得不到正确实施，被监管人的实体权利受到侵犯也得不到保护。同时，从另外一个角度来说，惩治犯罪是针对已经过去的罪行的追究和责罚，而保护被监管人权利则是当下现时存在和即将发生的，对该权利的保护更具有及时性和现实意义。

（二）注重对被监管人中的弱势群体的特殊保护

保护弱势群体权利是人权保障普遍关注的重点。被监管人当中的妇女、未成年人、老弱病残人员构成了被监管人的弱势群体，必须注重监督监管机关对于这些被监管人充分照顾其生理和心理特点，不能混管混押，必须实行分开关

押、分类管理，而且针对他们的特殊情况，要求管理人员必须具备专业的素质与能力，制定个别化、特殊化的矫正方案措施；提供更加优化的物质环境和住宿条件，并在教育、劳动、休息、通信、会见、探亲、医疗伙食等方面给予不同处遇。同时，对少数民族、外国籍被监管人也应当充分尊重其宗教信仰，充分考虑其民族风俗习惯，予以特殊生活照顾。

（三）注重加强与本院相关业务部门之间的联动

由于派驻检察室直接派驻监管场所，对于公安机关和法院执法行为的监督具有本院其他部门所不具备的优势。比如，公安机关或法院办案人员在提审过程中发生刑讯逼供等侵犯被监管人权利情形，派驻检察室往往能够最早发现。即使派驻检察人员没有主动发现，被监管人或监管民警也可以及时将有关情况报告派驻检察人员。派驻检察室可以在调查的基础上将情况通知本院自侦部门、侦查监督部门和公诉部门，协助这些部门对案件证据进行全面审查，进而维护被监管人合法权利。同时，也正是由于派驻检察室远离机关，平时若不注重与本院其他部门的沟通联系，对于一些本院其他部门掌握的有利于刑事执行检察业务开展的相关信息和线索也无法及时掌握，鉴于此，派驻检察室可以通过与本院自侦部门、侦查监督部门、公诉部门、控申部门和检察技术部门加强沟通联系，从中发现侵犯被监管人权利相关的职务犯罪线索，更好地维护被监管人合法权益。

（四）正确把握与监管机关之间的关系

刑事执行检察工作的性质决定了其与作为监督对象的监管机关不能是简单的监督与被监督的关系，检察监督意见往往需要得到监管机关的认可采纳并配合整改才能发挥效果，因此刑事执行检察部门与监管机关之间是监督与配合的关系，必须做到"监督要到位，配合不越位"。同时，派驻检察人员要注重提高组织协调能力，要讲究监督方式与方法，敢于监督，善于监督，规范监督。在监督过程中，可以通过定期对监管机关的监管情况、刑罚执行情况、被监管人权利保护状况进行评估，将评估报告提交党委、人大，并上网公布，争取党委、人大以及社会舆论的支持，进一步突出监督效果，更好地维护被监管人合法权利。

思考题

　　1. 如何进行被监管人死亡检察？

　　2. 如何进行监管场所事故检察？

　　3. 如何进行禁闭和警械具检察？

　　4. 如何保护被监管人的合法权利？

第三部分

常用文书制作与范例

第六章 刑事执行检察文书概述

第一节 刑事执行检察文书的概念和特征

一、刑事执行检察文书的概念

刑事执行检察文书，是指人民检察院在刑事执行检察工作中，为了实现和履行刑事执行检察法律职能，依法制作的具有法律效力的文书。

刑事执行检察部门素有"小检察院"之称，检察机关的各种法律文书都有可能会用到。比如查办职务犯罪案件时，会用到立案文书和侦查文书，办理罪犯又犯罪案件时，会用到侦查文书和公诉文书。刑事执行检察部门的文书有工作文书和法律文书之分，其中常用的法律文书主要有11种：2种是通用法律文书，包括：纠正违法通知书、检察建议；9种是专门执行监督法律文书，包括：停止执行死刑建议书，撤销停止执行死刑建议通知书，减刑提请检察意见书，假释提请检察意见书，暂予监外执行提请检察意见书，纠正不当假释裁定意见书，纠正不当减刑裁定意见书，纠正不当暂予监外执行决定意见书，减刑、假释案件出庭意见书。工作文书主要是刑事执行检察部门用于人民检察院内部审批、不对外产生法律效力的各类刑事执行检察文书，限于篇幅所限，本部分重点阐述刑事执行检察部门常用的法律文书制作及示例。

二、刑事执行检察文书的特征

刑事执行检察文书是人民检察院履行刑事执行检察权的书面载体和具体表现形式，具有合法性、规范性和时效性特征。

（一）合法性

刑事执行检察文书，是依据法定的刑事执行检察职能而产生的文书，必须依法制作。其合法性主要体现在：（1）刑事执行检察文书的制作主体是各级人民检察院，任何其他主体不得制作刑事执行检察文书。（2）刑事执行检察文书的制作必须有相应的法律依据。（3）刑事执行检察文书的制作必须符合法定程序。刑事执行检察文书从拟稿、审核、签发、盖章、送达以及备案等都有相应的程序要求。

（二）规范性

刑事执行检察文书的规范性主要体现在：（1）格式统一化。最高人民检察院制定的《人民检察院刑事诉讼法律文书格式样本（2013版）》，是制定刑事执行检察法律文书的规范文本。（2）结构固定化。叙述式刑事执行检察文书，其总体结构一般分为首部、正文和尾部三个部分，每一部分的结构也比较固定。（3）用语规范化。刑事执行检察文书用语不同于其他刑事文书，有自身的规范化要求。

（三）时效性

刑事执行检察文书的时效性主要体现在：（1）有些文书明确规定了制作时限。制作文书时，必须严格遵守规定的时限。（2）有些文书虽没有明确规定制作时限，但由于客观上要求及时处理，因而同样需要注意时效问题。

第二节　刑事执行检察文书的制作程序和要求

一、刑事执行检察文书的制作程序

（一）分级办理

人民检察院可以向同一级单位发出刑事执行检察文书，若需要向比自身高的层级单位提出，则承办部门应当及时报上级院相关业务部门，由上级院决定并发出检察文书。

（二）三级审批

对于必须以人民检察院的名义制作的刑事执行检察文书，由检察长（包括副检察长）签发。所以审批程序一般是由案件承办人提出初步意见，部门负责人审核，最后经检察长签署后制发，重大问题还可能提交检察委员会讨论决定。

（三）抄送备案

刑事执行检察文书，如纠正违法通知书和检察建议书，除送达发往单位外，有的还应当抄送发往单位的上一级主管机关，并报上级检察机关备案。《人民检察院检察建议工作规定（试行）》（高检发〔2009〕24号）第7条第2款规定，检察建议书应当报上一级人民检察院备案，同时抄送被建议单位的上级主管机关。《刑诉规则》也规定，向看守所发出纠正违法通知书，应同时将纠正违法通知书副本抄报上一级人民检察院并抄送看守所所属公安机关的上一级公安机关。

（四）异议处置

发往单位对刑事执行检察文书有异议的，可以要求复议或复核。例如，最高人民法院、最高人民检察院、公安部、国家安全部、司法部《关于对司法工作人员在诉讼活动中的渎职行为加强法律监督的若干规定（试行）》（高检会〔2010〕4号）第13条第2款规定，有关机关对人民检察院提出的纠正违法意见有异议的，应当在收到纠正违法通知书后5日内将不同意见书面回复人民检察院。人民检察院应当在7日内进行复查。《人民检察院监狱检察办法》第49条规定，被监督单位对人民检察院的纠正违法意见书面提出异议的，人民检察院应当复议。被监督单位对于复议结论仍然提出异议的，由上一级人民检察院复核。《人民检察院监外执行检察办法》第24条和《人民检察院看守所检察办法》第43条也规定了被监督者对人民检察院的纠正违法意见书面提出异议的同级复议和上级复核程序。

（五）跟踪落实

监所检察"四个办法"规定，人民检察院发出《纠正违法通知书》后15日内，被监督单位仍未纠正或者回复意见的，应当及时向上一级人民检察院报告。《刑诉规则》也规定，人民检察院发出纠正违法通知书15日后，看守所仍未纠正或者回复意见的，应当及时向上一级人民检察院报告。上一级人民检察院应当通报同级公安机关并建议督促看守所予以纠正。

二、刑事执行检察文书的制作要求

（一）表意精确，解释单一

刑事执行检察文书体现和承载检察机关对刑罚执行和监管活动法律监督的意见，需要发往单位能够正确理解和落实。因此，它的文字必须做到表意精确、解释单一，以避免给理解和落实带来任何问题。

（二）文字精炼，言简意赅

刑事执行检察文书的语言文字必须精炼简洁，不能事无巨细、冗长拉杂，但是必须说明的情况和事实、必须阐述的理由和法律依据，又不能讲得过于简略或粗疏，所以必须做到文意赅备。

（三）文风朴实，格调庄重

刑事执行检察文书的语体风格属于公文语体，朴实无华、严谨庄重是为其严肃的法律内容所制约的。不适宜堆砌华丽的辞藻或修辞，更不适宜散文、诗歌等文体。

（四）语言规范，语句规整

刑事执行检察文书的语言为规范化的书面语言。它力求合乎语法规则，句子规整，力求避免错别字的使用。使用法言法语，禁忌使用方言方语、网络语言等不规范语言。

第七章　常用刑事执行检察文书制作与范例

第一节　刑罚执行检察文书

一、停止执行死刑建议书

停止执行死刑建议书，是人民检察院依据刑事诉讼法第 251 条、第 252 条的规定，在对人民法院执行死刑的案件进行临场监督过程中，依法提出停止执行死刑建议时使用的文书。

（一）文书格式

××××人民检察院
停止执行死刑建议书

××检停执建〔20××〕×号

_____ 人民法院：

你院执行死刑的罪犯 _____ 因有下列情形：

……（写明应停止执行死刑的具体情形）

依据《中华人民共和国刑事诉讼法》第二百五十一条、第二百五十二条的规定，建议你院暂停对罪犯 _____ 执行死刑。

××年×月×日

（院印）

（二）制作说明

停止执行死刑建议书为叙述式检察文书，内容包括首部、正文和尾部三个部分。具体如下：

1. 首部。包括制作文书的人民检察院名称、文书名称（即"停止执行死刑建议书"）、文书编号（即"××检停执建〔20××〕×号"）三项内容，其中"检"前填写发文的人民检察院（即执行死刑的中级人民法院对应的分、州、市人民检察院）的简称，在"〔20××〕"内填写文书的制作年度，在"号"前填写文书在该年度的序号。

2. 正文。包括以下三项内容：（1）发往单位名称。即执行死刑的人民法院名称，要写全称。（2）应当停止执行死刑的具体情形。该部分为本文书的重点，叙写时应当写明准备被执行死刑的罪犯出现了（或者具有）法定的停止执行死刑情况，如在执行前罪犯检举揭发重大犯罪事实或者有其他重大立功表现，可能需要改判的。（3）法律依据及建议事项。该部分要写明停止执行死刑建议所依据的法律和建议的有关事项，可以表述为："依据《中华人民共和国刑事诉讼法》第二百五十一条、第二百五十二条的规定，建议你院暂停对罪犯×××执行死刑。"

3. 尾部。写明文书的制作日期，并加盖院印。

停止执行死刑建议书应制作六份。送达四份：执行死刑的人民法院、上一级人民法院各一份，上一级人民检察院一份，派驻看守所检察室一份；归卷二份：检察卷一份，检察内卷一份。

二、撤销停止执行死刑建议通知书

撤销停止执行死刑建议通知书，是人民检察院依据刑事诉讼法第251条、第252条的规定，依法通知人民法院撤销本院对罪犯停止执行死刑建议时使用的文书。

（一）文书格式

×××× 人民检察院
撤销停止执行死刑建议通知书

×× 检撤停执〔20××〕×号

_____人民法院：

　　因停止执行的原因消失，依据《中华人民共和国刑事诉讼法》第二百五十一条、第二百五十二条的规定，本院决定撤销对罪犯_____暂停执行死刑建议，我院_____号停止执行死刑建议书作废。

　　特此通知

×× 年 × 月 × 日
（院印）

（二）制作说明

　　撤销停止执行死刑建议通知书为叙述式检察文书，内容包括首部、正文和尾部三个部分。具体如下：

　　1. 首部。包括制作文书的人民检察院名称、文书名称（即"撤销停止执行死刑建议通知书"）、文书编号（即"×× 检撤停执〔20××〕×号"）三项内容，其中"检"前填写发文的人民检察院的简称，在"〔20××〕"内填写文书的制作年度，在"号"前填写文书在该年度的序号。

　　2. 正文。包括以下三项内容：（1）发往单位名称。即主送的人民法院名称，要写全称。（2）撤销停止死刑建议原因、法律依据及决定的有关事项。该部分为本文书的重点，应当依次写明上述各项内容。可表述为："因停止执行的原因消失，依据《中华人民共和国刑事诉讼法》第二百五十一条、第二百五十二条的规定，本院决定撤销对罪犯 ××× 暂停执行死刑建议，我院 ×× 号停止执行死刑建议书作废。"（3）注明"特此通知"字样。

3. 尾部。写明文书制作的日期，并加盖院印。

撤销停止执行死刑建议通知书应制作五份。送达三份：执行死刑的人民法院、上一级人民法院、上一级人民检察院各一份；归卷二份：检察卷一份，检察内卷一份。

三、暂予监外执行提请检察意见书

暂予监外执行提请检察意见书，是人民检察院依据刑事诉讼法第255条、第265条的规定，对执行机关提请的暂予监外执行案件，经依法审查后认为需要提出检察意见时使用的文书。

（一）文书格式

××××人民检察院
暂予监外执行提请检察意见书

××检暂意〔20××〕×号

一、发往单位。

二、罪犯基本情况。包括罪犯姓名，性别，出生年月，原判罪名，原判刑罚，已执行刑期，所在监管场所等。

三、执行机关提请暂予监外执行情况。包括提请暂予监外执行时间、提请暂予监外执行理由等。

四、检察意见。写明是否同意执行机关提请暂予监外执行的意见，并说明法律依据、事实和理由等。

五、具体要求。依据法律规定，针对该案提出具体要求。

××年×月×日

（院印）

（二）制作说明

暂予监外执行提请检察意见书为叙述式检察文书，内容包括首部、正文和尾部三个部分。具体如下：

1. 首部。包括制作文书的人民检察院名称、文书名称（即"暂予监外执行提请检察意见书"）、文书编号（即"××检暂意〔20××〕×号"）三项内容。其中"检"前填写发文的人民检察院的简称，在"〔20××〕"内填写文书的制作年度，在"号"前填写文书在该年度的序号。

2. 正文。包括以下五项内容：（1）发往单位名称，要写全称。（2）罪犯基本情况。包括罪犯姓名，性别，出生年月，原判罪名，原判刑罚，已执行刑期，所在监管场所等。（3）执行机关提请暂予监外执行情况。包括提请暂予监外执行时间、提请暂予监外执行理由等。（4）检察意见。写明是否同意执行机关提请暂予监外执行的意见，并说明法律依据、事实和理由等。（5）具体要求。依据法律规定，针对该案提出具体要求。

3. 尾部。写明文书的制作日期，并加盖院印。

暂予监外执行提请检察意见书一式三份。送达发文单位一份，本院一份，派驻监管场所检察室一份。

四、减刑提请检察意见书

减刑提请检察意见书，是人民检察院依据刑事诉讼法第 262 条、第 265 条等规定，对执行机关提请的减刑案件，经依法审查后认为需要提出检察意见时使用的文书。

（一）文书格式

××××人民检察院
减刑提请检察意见书

××检减意〔20××〕×号

一、发往单位。

二、罪犯基本情况。包括罪犯姓名，性别，出生年月，原判罪名，原判刑罚，已执行刑期，所在监管场所等。

三、执行机关提请减刑情况。包括提请减刑时间、提请减刑理由和提请减刑幅度等。

四、检察意见。写明是否同意执行机关提请减刑的意见，并说明法律依据、事实和理由等。

　　五、具体要求。依据法律规定，针对该案提出具体要求。

　　　　　　　　　　　　　　　　　××年×月×日

　　　　　　　　　　　　　　　　　　（院印）

　　（二）制作说明

　　减刑提请检察意见书为叙述式检察文书，内容包括首部、正文和尾部三个部分。具体如下：

　　1. 首部。包括制作文书的人民检察院名称、文书名称（即"减刑提请检察意见书"）、文书编号（即"××检减意〔20××〕×号"）三项内容。其中"检"前填写发文的人民检察院的简称，在"〔20××〕"内填写文书的制作年度，在"号"前填写文书在该年度的序号。

　　2. 正文。包括以下五项内容：（1）发往单位，要写全称。（2）罪犯基本情况。包括罪犯姓名，性别，出生年月，原判罪名，原判刑罚，已执行刑期，所在监管场所等。（3）执行机关提请减刑情况。包括提请减刑时间、提请减刑理由和提请减刑幅度等。（4）检察意见。写明是否同意执行机关提请减刑的意见，并说明法律依据、事实和理由等。（5）具体要求。依据法律规定，针对该案提出具体要求。

　　3. 尾部。写明文书的制作日期，并加盖院印。

　　减刑提请检察意见书一式三份。送达发文单位一份，本院一份，派驻监管场所检察室一份。

　　五、假释提请检察意见书

　　假释提请检察意见书，是人民检察院依据刑事诉讼法第 262 条、第 265 条等规定，对执行机关提请的假释案件，经依法审查后认为需要提出检察意见时使用的文书。

（一）文书格式

××××人民检察院
假释提请检察意见书

××检假意〔20××〕×号

一、发往单位。

二、罪犯基本情况。包括罪犯姓名，性别，出生年月，原判罪名，原判刑罚，已执行刑期，所在监管场所等。

三、执行机关提请假释情况。包括提请假释时间、提请假释理由等。

四、检察意见。写明是否同意执行机关提请假释的意见，并说明法律依据、事实和理由等。

五、具体要求。依据法律规定，针对该案提出具体要求。

××年×月×日
（院印）

（二）制作说明

假释提请检察意见书为叙述式检察文书，内容包括首部、正文和尾部三个部分。具体如下：

1. 首部。包括制作文书的人民检察院名称、文书名称（即"假释提请检察意见书"）、文书编号（即"××检假意〔20××〕×号"）三项内容。其中"检"前填写发文的人民检察院的简称，在"〔20××〕"内填写文书的制作年度，在"号"前填写文书在该年度的序号。

2. 正文。包括以下五项内容：（1）发往单位，要写全称。（2）罪犯基本情况。包括罪犯姓名，性别，出生年月，原判罪名，原判刑罚，已执行刑期，所在监管场所等。（3）执行机关提请假释情况。包括提请假释时间、提请假释理由等。（4）检察意见。写明是否同意执行机关提请假释的意见，并说明法律依据、事实和理由等。(5)具体要求。依据法律规定，针对该案提出具体要求。

3.尾部。写明文书的制作日期，并加盖院印。

假释提请检察意见书一式三份。送达发文单位一份，本院一份，派驻监管场所检察室一份。

六、纠正不当暂予监外执行决定意见书

纠正不当暂予监外执行决定意见书，是人民检察院依据刑事诉讼法第256条的规定，认为暂予监外执行决定不当，向决定或者批准暂予监外执行的机关提出书面纠正意见时使用的文书。

(一)文书格式

××××人民检察院
纠正不当暂予监外执行决定意见书

×× 检纠暂〔20××〕×号

一、发往单位。

二、罪犯基本情况，包括罪犯姓名、性别、年龄、罪犯所在监管场所。

三、原判决、裁定情况和执行刑期情况，包括原判决、裁定认定的罪名、刑期，已执行刑期，剩余刑期。

四、决定或者批准暂予监外执行情况，包括决定或者批准暂予监外执行的理由和暂予监外执行的期限等。

五、认定暂予监外执行决定不当的理由和法律依据。可表述为：经审查，本院认为……。

六、纠正意见。可表述为：依据《中华人民共和国刑事诉讼法》第二百五十六条的规定，特向你院（局、处）提出纠正意见，请依法对该决定进行重新核查，予以纠正，并将重新核查以及是否纠正情况反馈我院。

××年×月×日

（院印）

（二）制作说明

纠正不当暂予监外执行决定意见书为叙述式检察文书，内容包括首部、正文和尾部三个部分。具体如下：

1. 首部。包括制作文书的人民检察院名称、文书名称（即"纠正不当暂予监外执行决定意见书"）、文书编号（即"××检纠暂〔20××〕×号"）三项内容。其中"检"前填写发文的人民检察院的简称，在"〔20××〕"内填写文书的制作年度，在"号"前填写文书在该年度的序号。

2. 正文。包括以下六项内容：（1）发往单位名称。即决定或者批准暂予监外执行的人民法院、省级以上监狱管理机关或者地市级以上公安机关的名称，要写全称。（2）罪犯基本情况。包括罪犯姓名、性别、年龄、罪犯所在监管场所。（3）原判决、裁定情况和执行刑期情况。包括原判决、裁定认定的罪名、刑期，已执行刑期，剩余刑期。（4）决定或者批准暂予监外执行情况。包括决定或者批准暂予监外执行的理由和暂予监外执行的期限等。（5）认定暂予监外执行决定不当的理由和法律依据。应依次写明：①被决定暂予监外执行罪犯不符合暂予监外执行条件的具体情况，如罪犯的病情、改造表现不符合法律、法规等规定的情形等；②暂予监外执行决定的不当之处，即不符合法律、法规等规定的哪些条款等。可表述为：经审查，本院认为……。（6）提出纠正意见并写明法律依据。可表述为：依据《中华人民共和国刑事诉讼法》第二百五十六条的规定，特向你院（局、处）提出纠正意见，请依法对该决定进行重新核查，予以纠正，并将重新核查以及是否纠正情况反馈我院。

3. 尾部。写明文书的制作日期，并加盖院印。

纠正不当暂予监外执行决定意见书一式四份。送达决定或者批准暂予监外执行的人民法院、省级以上监狱管理机关或者地市级以上公安机关一份，罪犯所在的监管机关一份，罪犯居住地的社区矫正机构一份，附卷一份。

（三）范例

××市××区人民检察院
纠正不当暂予监外执行决定意见书

××检纠暂〔20××〕×号

××市××区人民法院：

　　××市××区看守所罪犯肖×，男，23 岁（1984 年 10 月 6 日生），因犯盗窃罪于 2007 年 5 月 10 日被你院判处有期徒刑六年。2007 年 6 月 24 日，你院××号暂予监外执行决定书以罪犯肖×有严重疾病需要保外就医为由，决定对其暂予监外执行一年。

　　经本院审查，罪犯肖×所受伤情系其在押解途中自伤所致，且其在关押期间基本能生活自理，对其适用监外执行可能有社会危险性。所以，罪犯肖×不符合《中华人民共和国刑事诉讼法》第二百五十四条规定的暂予监外执行条件，你院××号决定显属不当。

　　根据《中华人民共和国刑事诉讼法》第二百五十六条之规定，特向你院提出纠正意见，请依法对该决定进行重新核查，予以纠正。

　　　　　　　　　　　　　　　　　　　　　　××年×月×日
　　　　　　　　　　　　　　　　　　　　　　　　（院印）

七、纠正不当减刑裁定意见书

　　纠正不当减刑裁定意见书，是人民检察院依据刑事诉讼法第 263 条的规定，认为人民法院的减刑裁定不当，向人民法院提出书面纠正意见时使用的文书。

（一）文书格式

××××人民检察院
纠正不当减刑裁定意见书

××检纠减〔20××〕×号

一、发往单位。

二、罪犯基本情况，包括罪犯姓名、性别、年龄、罪犯所在监管场所。

三、原判决、裁定情况和执行刑期情况，包括原判决、裁定认定的罪名、刑期，已执行刑期，剩余刑期。

四、裁定减刑情况，包括减刑理由，减刑时间。

五、认定裁定不当的理由和法律依据。可表述为：经审查，本院认为……。

六、纠正意见。可表述为：依据《中华人民共和国刑事诉讼法》第二百六十三条的规定，特向你院提出纠正意见。请你院在收到本纠正意见后一个月以内依法重新组成合议庭进行审理，并重新作出裁定。

××年×月×日
（院印）

（二）制作说明

纠正不当减刑裁定意见书为叙述式检察文书，内容包括首部、正文和尾部三个部分。具体如下：

1. 首部。包括制作文书的人民检察院名称、文书名称（即"纠正不当减刑裁定意见书"）、文书编号（即"××检纠减〔20××〕×号"）三项内容。其中"检"前填写发文的人民检察院的简称，在"〔20××〕"内填写文书的制作年度，在"号"前填写文书在该年度的序号。

2. 正文。包括以下六项内容：（1）发往单位名称。即裁定减刑的人民法院，要写全称。（2）罪犯基本情况。包括罪犯姓名、性别、年龄、罪犯所在监管场所。（3）原判决、裁定情况和执行刑期情况。包括原判决、裁定认定的罪名、刑期，已执行刑期，剩余刑期。（4）裁定减刑情况。包括减刑理由、减刑时间。（5）认定裁定不当的理由和法律依据。应依次写明：①被裁定减刑罪犯不符合减刑条件的具体情况，如罪犯刑期执行时间，罪犯曾被减刑的间隔期，罪犯改造表现不符合有关法律、法规规定的情形等；②减刑裁定的不当之处，即不符合法律、法规的哪些条款规定等。可表述为：经审查，本院认为……。（6）提出纠正意见并写明法律依据。可表述为：依据《中华人民共和国刑事诉讼法》第二百六十三条的规定，特向你院提出纠正意见。请你院在收到本纠正意见后一个月以内依法重新组成合议庭进行审理，并重新作出裁定。

3. 尾部。写明文书的制作日期，并加盖院印。

纠正不当减刑裁定意见书一式三份。送达作出裁定的人民法院一份，罪犯所在的监管机关一份，附卷一份。

（三）范例

××市人民检察院
纠正不当减刑裁定意见书

××检纠减〔20××〕×号

××市中级人民法院：

　　××省××监狱罪犯颜××，男，35岁（1970年11月4日生），因犯故意伤害罪于2000年3月20日被××省××县人民法院判处有期徒刑十二年，现已执行刑期五年，剩余刑期七年。2005年3月11日，你院根据××监狱××号提请减刑建议书，认定罪犯颜××在执行期间，认真遵守监规，接受教育改造，确有悔改表现，以××号裁定书对其作出减刑一年的裁定。

　　经本院审查，罪犯颜××在服刑期间经常不服从管教，随意殴打同监舍罪犯，并曾致两人轻微伤。所以，该罪犯没有悔改表现，不符合《中华人民共和国刑法》第七十八条规定的减刑条件，你院××号裁定显属不当。

根据《中华人民共和国刑事诉讼法》第二百六十三条之规定，特向你院提出纠正意见，请依法重新组成合议庭进行审理，予以纠正。

××年×月×日

（院印）

八、纠正不当假释裁定意见书

纠正不当假释裁定意见书，是人民检察院依据刑事诉讼法第263条的规定，认为人民法院的假释裁定不当，向人民法院提出书面纠正意见时使用的文书。

（一）文书格式

××××人民检察院
纠正不当假释裁定意见书

××检纠假〔20××〕×号

一、发往单位。

二、罪犯基本情况，包括罪犯姓名、性别、年龄、罪犯所在的监管场所。

三、原判决、裁定情况和执行刑期情况，包括原判决、裁定认定的罪名、刑期，已执行刑期及减刑情况，剩余刑期。

四、裁定假释情况，包括假释理由，可表述为：你院以……为由，裁定假释。

五、认定裁定假释不当的理由及法律依据，可表述为：经审查，本院认为……。

六、纠正意见，可表述为：依据《中华人民共和国刑事诉讼法》第二百六十三条的规定，特向你院提出纠正意见。请你院在收到本纠正意见后一个月以内依法重新组成合议庭进行审理，并重新作出裁定。

×× 年 × 月 × 日

（院印）

（二）制作说明

纠正不当假释裁定意见书为叙述式检察文书，内容包括首部、正文和尾部三个部分。具体如下：

1. 首部。包括制作文书的人民检察院名称、文书名称（即"纠正不当假释裁定意见书"）、文书编号（即"×× 检纠假〔20××〕× 号"）三项内容。其中"检"前填写发文的人民检察院的简称，在"〔20××〕"内填写文书的制作年度，在"号"前填写文书在该年度的序号。

2. 正文。包括以下六项内容：（1）发往单位。即裁定假释的人民法院，要写全称。（2）罪犯基本情况。包括罪犯姓名、性别、年龄、罪犯所在的监管场所。（3）原判决、裁定情况和执行刑期情况。包括原判决、裁定认定的罪名、刑期，已执行刑期及减刑情况，剩余刑期。（4）裁定假释情况。包括假释理由，可表为：你院以……为由，裁定假释。（5）认定裁定假释不当的理由及法律依据。应依次写明：①被裁定假释罪犯不符合假释条件的具体情况，如罪犯实际执行刑期、罪犯改造表现等不符合有关法律、法规规定的情形；②假释裁定的不当之处，即罪犯被裁定假释不符合法律、法规的哪些条款规定等。可表述为：经审查，本院认为……。（6）提出纠正意见并写明法律依据。可表述为：依据《中华人民共和国刑事诉讼法》第二百六十三条的规定，特向你院提出纠正意见。请你院在收到本纠正意见后一个月以内依法重新组成合议庭进行审理，并重新作出裁定。

3. 尾部。写明文书的制作日期，并加盖院印。

纠正不当假释裁定意见书一式四份。送达作出裁定的人民法院一份，罪犯所在的监管机关一份，罪犯所在的社区矫正机构一份，附卷一份。

九、减刑、假释案件出庭意见书

减刑、假释案件出庭意见书，是人民检察院依据刑事诉讼法第 262 条、第 265 条等规定，派员出席法庭，就减刑、假释案件当庭发表检察意见时使用的文书。

(一) 文书格式

××××人民检察院
减刑、假释案件出庭意见书

××检减 (假) 庭意〔20××〕×号

审判长、审判员 (人民陪审员):

根据《中华人民共和国刑事诉讼法》的相关规定,我 (们) 受＿＿＿人民检察院的指派出席法庭,参加罪犯＿＿＿减刑 (假释) 一案的审理,依法履行法律监督职责。现就该案发表如下意见,请法庭注意。

一、对庭审的检察意见。结合案情,概括法庭调查的情况。

二、对案件的检察意见。阐明罪犯是否符合减刑、假释法定条件,提请减刑、假释的程序是否符合法律规定,提请减刑的幅度是否适当等,以及法律依据、事实和理由等。

三、提出具体意见和要求。综上所述,我 (们) 同意执行机关提请减刑、假释;或者不同意执行机关提请减刑、假释,并建议人民法院不予裁定减刑、假释或者调整减刑幅度等。

四、其他需要发表的意见。

检察员:

××年×月×日

(二) 制作说明

减刑、假释案件出庭意见书为叙述式检察文书,内容包括首部、正文和尾部三个部分。具体如下:

1. 首部。包括制作文书的人民检察院名称、文书名称 (即"减刑、假释案件出庭意见书")、文书编号 (即"××检减 (假) 庭意〔20××〕×号")

三项内容。其中"检"前填写发文的人民检察院的简称，在"〔20××〕"内填写文书的制作年度，在"号"前填写文书在该年度的序号。

2. 正文。包括以下三项内容：（1）抬头。即审判长、审判员（人民陪审员）。（2）出庭任务及其法律依据。可表述为：根据《中华人民共和国刑事诉讼法》的相关规定，我（们）受××人民检察院的指派出席法庭，参加罪犯×××减刑（假释）一案的审理，依法履行法律监督职责。现就该案发表如下意见，请法庭注意。对于人民法院同时对多名提请减刑、假释的罪犯开庭审理的，出庭检察人员可以在一份出庭意见书中对多名罪犯分别发表检察意见。（3）具体检察意见。该部分为本文书的重点，可从以下四个方面阐述：①对庭审的检察意见。结合案情，概括法庭调查的情况。②对案件的检察意见。阐明罪犯是否符合减刑、假释法定条件，提请减刑、假释的程序是否符合法律规定，提请减刑的幅度是否适当等，以及法律依据、事实和理由等。③提出具体意见和要求。可表述为：综上所述，我（们）同意执行机关提请减刑、假释；或者不同意执行机关提请减刑、假释，并建议人民法院不予裁定减刑、假释或者调整减刑幅度等。④其他需要发表的意见，可视情况决定是否制作。

3. 尾部。包括检察员的姓名，文书的制作日期。

减刑、假释案件出庭意见书一式二份。本院一份，派驻监管场所检察室一份。

第二节　其他常用刑事执行检察文书

一、检察建议书

检察建议书，是人民检察院在履行刑事执行检察职责过程中，督促有关单位解决制度建设、工作机制、管理方法等方面的问题，或者认为应当追究有关当事人的党纪、政纪责任，向有关单位正式提出建议时使用的文书。

（一）文书格式

××××人民检察院
检察建议书

××检××建〔20××〕×号

一、写明主送单位的全称

二、问题的来源或提出建议的起因

写明本院在办理案件过程中发现该单位在管理等方面存在的漏洞以及需要提出有关检察建议的问题。

三、应当消除的隐患及违法现象

写明本院在办理案件过程中发现的犯罪隐患、执法不规范、需要加强改进或者建章立制的地方。

四、提出检察建议所依据的事实和法律、法规及有关规定

对事实的叙述要求客观、准确、概括性强，要归纳成几条反映问题实质的事实要件，然后加以叙述。检察建议引用依据有两种情况，一种情况是检察机关提出建议的行为所依据的有关规定；另一种情况是该单位存在的问题不符合哪项法律规定和有关规章制度的规定。

五、治理防范的具体意见

意见的内容应当具体明确，切实可行。要与以上列举的事实紧密联系。

六、要求事项

即为实现检察建议内容或督促检察建议落实而向受文单位提出的具体要求。可包括：

1. 研究解决或督促整改；

2. 回复落实情况，可提出具体时间要求。

××年×月×日

（院印）

（二）制作说明

检察建议书为叙述式检察文书，内容包括首部、正文和尾部三个部分。具体如下：

1. 首部。包括制作文书的人民检察院名称、文书名称（即"检察建议书"）、文书编号（即"××检××建〔20××〕×号"）三项内容，其中"检"前填写发文的人民检察院的简称，在"〔20××〕"内填写文书的制作年度，在"号"前填写文书在该年度的序号。

2. 正文。包括以下六项内容：（1）发往单位。即主送单位名称，要写全称。（2）问题的来源或提出建议的起因。写明本院在履行刑事执行检察职责过程中发现该单位在制度建设、工作机制、管理方法等方面的问题以及其他需要提出有关建议的问题。（3）应当消除的隐患及违法现象。写明本院在办理案件过程中发现的犯罪隐患、执法不规范、需加强改进或建章立制的地方。（4）提出建议所依据的事实和法律法规及有关规定。叙述事实时要客观、准确，概要叙述事实的实质要件。写明建议书引用的具体法律依据。（5）治理防范的具体意见。建议内容应当具体明确，切实可行。（6）要求事项。写明督促建议落实或为实现建议内容而向发往单位提出的具体要求。

3. 尾部。写明文书的制作日期，并加盖院印。

检察建议书一式四份。送达发往单位一份，发往单位的上级主管部门一份，本院预防部门一份，附卷一份。各地根据工作实际或根据承办部门提出的具体需要，可以增加印制份数。

（三）范例

××市人民检察院
检察建议书

××检××建〔20××〕×号

××监狱：

2013年6月25日，我院在开展监狱检察工作中发现，你监狱存在以下监管安全问题：二监区干警张×在执勤期间不在岗位，擅自外出办理个人私事；三监区干警刘××、李×二人在值班室睡觉，没有认真履行监内巡视检查职责；监狱生产区的工具随意乱放，缺乏认真清点和管理；部分监区未配备必需的灭火器。以上问题尽管尚未发生安全事故，但已存在明显的严重安全隐患，不容忽视。

为了避免监管安全事故的发生，切实维护监管秩序的安全与稳定，根据《中华人民共和国刑事诉讼法》第八条、《中华人民共和国监狱法》第六条之规定，特向你监狱提出如下建议：

一、加强干警业务培训和责任意识教育，切实履行好监管职能，确保措施到位、人员到位、责任到位。

二、加强生产区的工具管理，认真清点，逐件登记，对危险工具加锁链固定。

三、清查各监区消防器材数量及使用状况，增配必需的消防器材，定期进行消防演练。

以上建议请你狱认真研究落实，并将落实情况书面回复我院。

×× 年 × 月 × 日
（院印）

二、纠正违法通知书

纠正违法通知书，是人民检察院在履行刑事执行检察职责过程中，发现有关单位的执行活动有严重违法情形，依法向有关单位提出纠正违法意见时使用的文书。

（一）文书格式

××××人民检察院
纠正违法通知书

×× 检 ×× 纠违〔20××〕× 号

一、发往单位。

二、发现的违法情况。包括违法人员的姓名、单位、职务、违法事实等，如果是单位违法，要写明违法单位的名称。违法事实，要写明违法时间、地点、经过、手段、目的和后果等。可表述为：经检察，发现……。

三、认定违法的理由和法律依据。包括违法行为触犯的法律、法规和规范性文件的具体条款，违法行为的性质等。可表述为：本院认为……。

四、纠正意见。可表述为：根据……（法律依据）的规定，特通知你单位予以纠正，请将纠正结果告知我院。

××年×月×日
（院印）

（二）制作说明

纠正违法通知书为叙述式检察文书，内容包括首部、正文和尾部三个部分，具体如下：

1. 首部。包括制作文书的人民检察院名称、文书名称（即"纠正违法通知书"）、文书编号（即"××检刑执纠违〔20××〕×号"）三项内容，其中"检"前填写发文的人民检察院的简称，在"〔20××〕"内填写文书的制作年度，在"号"前填写文书在该年度的序号。

2. 正文。包括以下四项内容：（1）发往单位。即主送单位名称，要写全称。（2）发现的违法情况。写明发现违法情况的具体单位和人员，违法人员要写明姓名、所在单位、职务；违法事实，要写明违法时间、地点、经过、手段、目的和后果等。可表述为：经检察，发现……。（3）认定违法的理由和法律根据。写明违法行为触犯的法律、违法行为的性质等。可表述为：本院认为……。（4）纠正意见。可表述为：根据××（法律依据）的规定，特通知你单位予以纠正，请将纠正结果告知我院。

3. 尾部。写明文书的制作日期，并加盖院印。

纠正违法通知书一式二份。送达发生违法行为的单位一份，附卷一份。

（三）范例

××市××区人民检察院
纠正违法通知书

××检××纠违〔20××〕×号

××市公安局××区分局：

近日，我院驻区看守所检察室收到在押人员王××控告，称2012年6月13日上午在六警区管教谈话室，被管教民警按倒在地进行殴打，并用辣椒水喷射脸部。经查，上述控告属实。

2012年6月13日上午8时许，区看守所328室在押人员王××（男，25岁，因涉嫌强奸罪于2010年5月9日被刑事拘留），因背不出监规先后遭到同监室人员胡××、刘××的指责和踢打，王××先后两次按报警器报警。当日值班民警郑××认为王××无理取闹，将王××带至谈话室，与六警区警长吴××一起，对王××进行教育。王××坚持认为自己没错，情绪较为激动。郑××就将王××右手反拗按倒在地，吴××用脚踢打，后郑××将王××拖至外面走廊，用警用辣椒水向王××脸部喷射，对王××上脚镣和约束带后，叫来四名在押人员将王××抬回监室。

我院认为，看守所管教民警对在押人员谈话时，采取暴力方法，体罚殴打在押人员，其行为已严重侵犯在押人员的合法权益，违反了《中华人民共和国看守所条例》第四条之规定。根据《中华人民共和国刑事诉讼法》第八条、《中华人民共和国看守所条例》第八条、第四十二条之规定，特通知你局予以纠正，并请于十五日内将纠正情况告知我院。

××年×月×日

（院印）

第四部分

刑事执行检察精品案例

一、刘某某受贿、徇私舞弊暂予监外执行、巨额财产来源不明案*

【基本案情】

被告人刘某某，男，汉族，1954 年 2 月 22 日出生，湖南省常德市人，硕士文化，中共党员，正厅级，原系湖南省委政法委巡视员，曾任湖南省司法厅副厅长兼省监狱管理局局长、党委书记、政治委员，湖南万安达集团有限责任公司（负责湖南全省监狱企业经营管理）董事长等职务。

2000 年 1 月至 2009 年 3 月，被告人刘某某在先后担任湖南省监狱管理局局长、湖南省万安达集团有限责任公司董事长、湖南省司法厅副厅长、湖南省委政法委巡视员等职务期间，利用职务上的便利，为他人在建筑工程、职务提拔任命、决定保外就医等方面谋取非法利益，非法收受邓某某等人以单位和个人名义所送财物，共计折合人民币 6778405.56 元。此外，被告人刘某某的家庭财产中，尚有共计折合人民币 11414929.34 元的巨额财产不能说明来源。

2005 年下半年至 2006 年 8 月期间，被告人刘某某接受他人请托，在明知罪犯卢某某、廖某某不符合保外就医条件的情况下，主动授意相关人员向其呈报罪犯卢某某、廖某某保外就医的申请，并违法批准了该两名罪犯的保外就医。

【诉讼过程及处理结果】

2009 年 9 月 23 日，湖南省人民检察院以涉嫌受贿罪和徇私舞弊暂予监外执行罪对刘某某立案侦查，并指定由长沙市星城地区人民检察院办理。2010 年 2 月 28 日该案移送长沙市人民检察院审查起诉，经两次退回补充侦查，2010 年 9 月 2 日，长沙市星城地区人民检察院再次将该案起诉至长沙市中级人民法院。2011 年 12 月 13 日，长沙市中级人民法院对刘某某受贿、徇私舞弊暂予监外执行、巨额财产来源不明案作出一审判决：被告人刘某某犯受贿罪，判处无期徒刑，剥夺政治权利终身，并处没收个人全部财产；犯巨额财产来源不明罪，判处有期徒刑 5 年；犯徇私舞弊暂予监外执行罪，判处有期徒刑 1 年；数罪并罚，决定执行无期徒刑，剥夺政治权利终身，并处没收个人全部财产，其受贿犯罪所得及其他违法所得的财物折合人民币共计 17638405.39 元，予以没收，上缴国库。

【案例点评】

刘某某系列案的成功查办，是建国以来全国检察机关查处的监所系统级别

---

* 本案例由湖南省长沙市星城地区人民检察院提供。

最高、影响最大、牵涉面最广、行业特点最突出、涉案金额最多的特大要案。由于涉案人为湖南政法系统的重要领导干部，同时牵涉到湖南监狱管理系统数量众多的政法干部，整个案件查办工作克服了巨大的阻力，同时也有效探索了科学办案方式方法，取得了良好的政治效果、法律效果和社会效果。该案查办工作的主要亮点特色在于以下四个方面：

一、在执法策略上正确适用宽严相济刑事政策

刘某某一案属于"拔出萝卜带出泥"的典型窝案、串案，不仅涉及其本人与社会面的行贿人，而且牵涉向刘某某行贿的湖南省监狱管理系统 100 多名干部，涉及面广、社会震动大。如何把握好执法策略与执法艺术，在严厉打击职务犯罪的同时又合理运用好"宽"的手段，是检察机关整个查办工作所面临的重要考验。为此检察机关根据不同犯罪的具体情况，实行区别对待、分类处理，切实做到当严则严、该宽则宽、宽严相济、罚当其罪。

二、在查办工作中坚持"证供结合"的取证工作模式

在刘某某系列案侦查过程中，检察机关坚持贯彻落实 2010 年最高人民法院、最高人民检察院、公安部、国家安全部、司法部联合发布的《关于办理死刑案件审查判断证据若干问题的规定》和《关于办理刑事案件排除非法证据若干问题的规定》，没有单纯依赖刘某某本人的口供来确立侦查方向，而是积极强化初查阶段和侦查阶段对实物证据的收集取证工作，积极探索与坚持了"证供结合"、"由证到供"的取证模式，从而有效拓宽了深挖窝案、串案的工作渠道。

三、在侦防一体化工作中探索构筑"双查双建"的预防工作模式

在刘某某系列案件的查办工作中，办案部门坚持贯彻侦防一体工作原则，坚持将预防工作贯穿于整体查办工作始终。办案人员把查办案件与查找漏洞结合起来，在查办案件的同时发现和揭露导致案件产生的管理漏洞和制度原因，把查找漏洞摆在与查办案件同等重要的位置，实现检察执法的惩罚与防范功能。把向发案单位提出检察建议与向主管部门提出决策建言结合起来，有效探索了"双查双建"的执法延伸机制，取得了良好的侦防工作效果。

四、该案的办理对于刑事执行检察部门开展案件查办工作提供了一些突出的有益经验

一是牢固树立服务大局工作意识；二是高度重视办案组织管理工作；三是积极树立深挖窝案、串案的主动意识；四是注重加强检察机关侦查工作中的预防手段创新。

二、翁某某受贿案*

【基本案情】

被告人翁某某，男，汉族，1966 年 1 月 5 日出生，广东省汕头市人，大学文化程度，中共党员，正处级，原系上海市青浦监狱党委副书记、政委。

2002 年 8 月，上海山海企业（集团）有限公司（以下简称山海公司）原董事长堵某某因犯受贿罪、职务侵占罪被判处有期徒刑 12 年，2003 年 1 月被移送青浦监狱服刑后，山海公司新任董事长杨某某、总经理朱某某通过他人介绍认识翁某某，请翁某某对堵某某予以照顾，之后，翁某某利用担任青浦监狱副监狱长、政委的职务便利，多次授意刑务处主任毛某某（另案处理，因犯受贿罪被判处有期徒刑 3 年，缓刑 3 年）等在安排服刑岗位、会见、离监探亲、减刑、假释等方面为罪犯堵某某谋取利益。

2003 年 3 月至 2005 年 4 月，翁某某先后以其父母、妹妹的名义，通过杨某某、朱某某以明显低于市场价的价格购买 5 套商品房，该 5 套商品房当时的市场价格总计 463 万余元，翁某某实际支付 286 万余元，受贿差价 176 万余元。

【诉讼过程及处理结果】

2009 年 5 月 14 日，上海市司法局纪委向上海市检察院移送翁某某涉嫌违法犯罪线索，经市院指定上海市青东农场区检察院（以下简称青东院）开展初查。2009 年 5 月 21 日，青东院对翁某某以涉嫌受贿罪立案侦查，同日将翁某某传唤到案，次日刑事拘留，同年 6 月 4 日依法逮捕。2010 年 1 月 15 日，上海市检察院第二分院向上海市第二中级人民法院提起公诉。

被告人翁某某对公诉机关指控的事实没有异议，其辩护人认为翁某某系案发前主动向监狱管理局党委有关领导交代了问题，具有自首情节，且已退出违法所得 170 万元，依法可以减轻处罚。

2010 年 4 月 2 日，上海市第二中级人民法院一审认为，被告人翁某某接受他人请托，利用担任青浦监狱副监狱长、政委的职务便利，多次指示下属人员为服刑罪犯谋取利益，并以明显低于市场价的价格向请托人购买 5 套商品房，获取差价共计人民币 176 万余元，其行为构成受贿罪，公诉机关指控罪名成立。被告人翁某某在上海市司法局纪委找其谈话前主动向相关领导交代自己的罪行。此后，在市纪委找其谈话时，亦供认了自己的犯罪事实，具有自首情

---

* 本案例由上海市人民检察院监所检察处提供。

节，依法可以从轻处罚。翁某某退出了 170 万元违法所得，可对其酌情从轻处罚。被告人翁某某虽有自首情节，但考虑其犯罪情节、受贿数额，不宜对其减轻处罚，故对辩护人请求对被告人翁某某减轻处罚的辩护意见不予采纳。法院依法认定被告人翁某某犯受贿罪，判处有期徒刑 10 年，剥夺政治权利 2 年，并处没收财产人民币 10 万元，违法所得予以追缴。

一审判决后，被告人翁某某在法定期限内未提出上诉，检察机关亦未提出抗诉。

【案例点评】

一、查案工作的难点

1. 案件影响较大。翁某某本人在上海监狱系统被公认为"能写、能说、能办事、能力强"的青年领导干部，此次案发系翁某某在提任上海市监狱管理局副局长（副厅级）公示期间被举报，是发生在上海监管场所涉案职级最高、涉案数额最大的职务犯罪案件，影响较大。

2. 查案阻力较大。2007 年，上海市司法局曾就翁某某购房问题调查无果。此次翁某某在被"双规"期间，虽然如实交代了低价购房的事实，但对接受服刑人员堵某某请托，帮助其在会见、安排劳役、减刑、假释、离监探亲、计分考核等方面谋利的情况只字不提。青东院对翁某某立案侦查后，翁某某在提审中仍回避主要问题不作有罪供述，且种种迹象表明翁某某在案发前已与监狱相关人员串供，其他民警也因担心受牵连不配合调查。此外，由于罪犯堵某某尚在监狱服刑，请托人顾虑重重，亦不予以配合，调查取证工作一度遭遇较大阻力。

3. 案情重大复杂。一是翁某某受贿主要是以其父母、妹妹名义，通过明显低于市场价格购房形式交易型受贿，犯罪隐蔽性较强，鉴于商品房价格的特殊性，对翁某某受贿的具体数额认定较为困难；二是翁某某购买商品房套数多，时间跨度长，调查取证工作困难，部分书证因事过境迁无法调取，如翁购房时杨某某、朱某某提供的优惠批条等；三是翁某某利用职务之便为堵某某谋取的利益，涉及会见、安排劳役、减刑、假释、离监探亲、计分考核等刑罚执行活动的各个环节，钻法律法规和内部制度的空子，"善打擦边球"，故对翁某某部分犯罪行为的定性较为困难；四是涉案监狱民警人数众多，而绝大部分是奉命行事，与案件本身没有牵连。同时，由于翁某某身份和社会关系特殊，很多民警不愿意或者不敢讲真话，证人证言真伪甄别困难。

二、犯罪行为的特点

1. 违法犯罪涉及刑罚执行各个环节。山海公司杨某某、朱某某在堵某某入青浦监狱服刑的第二天，即通过关系人联络并宴请翁某某，请求其在堵某某服刑期间帮助谋取利益。在会见方面，翁某某假以帮教为名，在不办理相关手续的情况下，频繁违规安排杨某某、朱某某会见堵某某。在安排劳役方面，多次授意下属违规将堵某某安排至任务轻松且计分高的劳役岗位，2003年至2005年间，堵某某被调整劳役岗位7次，为使其尽快达到减刑、假释积分标准创造条件。在减刑方面，堵某某入监服刑后的两次减刑均不符合法定条件和程序规定，其中一次减刑的监区讨论、监区审核申报、监狱合议三级审批手续在一天内完成。在假释方面，在堵某某刑期未过半的情况下，违法启动假释程序，后因驻监检察室提出不同意见和上级部门对翁某某进行内部调查而搁置。在离监探亲方面，违反法定条件，在不到一年内两次批准堵某某离监探亲。在计分考核方面，从堵某某整个计分考核过程看，存在明显按照启动减刑、假释的积分标准，采取一事多奖、重复奖分的方式，倒设项目计分考核的痕迹。

2. 利用职务便利，手段隐蔽。翁某某为堵某某谋取利益，极少采取直截了当下命令、打招呼的方式，而多是以表示关心的言辞加以暗示。例如在为堵某某安排劳役岗位时，翁某某先是关照相关监区长堵某某身体不太好，后又询问某些劳役岗位的具体情况，并不明确表示要将堵某某调整至安排某一特定岗位；又如在为堵某某提前启动假释程序时，翁某某专门打电话到监区或以巡监为名，询问堵某某是否符合假释条件，监区民警理解到翁某某的暗示，便心领神会迎合其意图。

3. 交易型受贿特点突出。翁某某通过罪犯关系以低于市价170余万元的价格购房，其交易型受贿案件的特点突出。首先，从表面看翁某某购房虽与其职务没有关系，但翁某某购置的商品房均是山海公司开发建设的，公司董事长杨某某、总经理朱某某因有求于翁某某，故都为其购房开过优惠批条；其次，翁某某购置的5套商品房均登记在其亲属名下，从形式上看与其本人没直接关系；再则，170余万元是翁某某购买5套商品房差价的总和，平均到每套商品房的差价数额不是特别大。但正是因为翁某某利用职务便利，授意、暗示下属对服刑期间的堵某某予以照顾，杨某某、朱某某才会同意翁某某用其家属名义以明显低于市场价的价格购买商品房。

三、法律适用的要点

1. 司法解释适用问题。本案在能否适用最高人民法院、最高人民检察院《关于办理受贿刑事案件适用法律若干问题的意见》（2007年7月8日颁布，以下简称《意见》）上存在争议。对于本案系典型的交易型受贿均无异议，但因犯罪行为发生在《意见》颁布之前，有的认为根据刑法不溯及既往原则，本案不适用《意见》规定。我们认为，刑事司法解释不同于刑事立法本身，刑事立法必须严格遵循刑法不得溯及既往原则，但刑事司法解释仅仅是将刑事立法当中的具体问题作进一步明确或作提示性与注意性规定，不涉及刑法溯及力的问题。根据最高人民法院、最高人民检察院《关于适用刑事司法解释时间效力问题的规定》（2001 年 12 月 17 日颁布）第 1 条 "司法解释是最高人民法院对审判工作中具体应用法律问题和最高人民检察院对检察工作中具体应用法律问题所作的具有法律效力的解释，自发布或者规定之日起施行，效力适用于法律的施行期间" 和第 2 条 "对于司法解释实施前发生的行为，行为时没有相关司法解释，司法解释施行后尚未处理或者正在处理的案件，依照司法解释的规定办理" 的规定，本案适用《意见》规定。

2. 受贿数额认定问题。根据《意见》规定，"受贿数额按照交易时当地市场价格与实际支付价格的差额计算。前款所列市场价格包括商品经营者事先设定的不针对特定人的最低优惠价格。根据商品经营者事先设定的各种优惠交易条件，以优惠价格购买商品的，不属于受贿。" 本案争议的关键是翁某某受贿数额是以翁某某所购商品房当时的市场价格与实际支付价格差额为准，还是以杨某某、朱某某为翁某某出具的优惠批条上所载优惠数额为准。我们认为，应当以市场价格与实际支付价格差额为准。因为根据《意见》规定商品经营者不针对特定人的优惠价格不能计入数额，根据有利于被告人的原则，以市场价格与实际支付价格差额计算受贿数额较妥。法院判决认定也是以市场价格与实际支付价格差额计算受贿数额。

三、董某某受贿案*

【基本案情】

被告人董某某，男，1956年1月30日出生，汉族，江西省婺源县人，大学文化，中共党员，原系贵州省普安监狱党委书记、监狱长，正县级。

被告人董某某1997年12月至2009年2月担任贵州省普安监狱党委书记、监狱长，主持普安监狱监管改造、生产经营等全面工作。普安监狱所在地罐子窑镇小山坡村老树榜组村民杨某，一无探矿、采矿资格，二无工商登记手续，三无税务登记，2007年8月以自然人身份与普安监狱二监区签订合作协议，对普安监狱201#矿井60至90年度铅锌老矿渣进行回收利用。犯罪嫌疑人董某某利用职务上的便利，为杨某谋取利益，于2005年下半年、2006年春节、2006年秋、2007年4、5月份、2008年10月，分四次收受杨某人民币67万元。

【诉讼过程及处理结果】

本案由普安监狱广大群众向中纪委、高检院举报，举报主要反映董某某将普安监狱价值2000万元至3000万元含锌矿渣无偿送给个体老板杨某，另将普安监狱一矿洞以18万元低价承包给杨某，杨某又以180万元高价转包他人等问题。中纪委所获举报被逐级交办至贵州省司法厅纪委，省司法厅纪委抽调全省7个监狱的纪委书记、监察室主任组成联合调查组于2008年4月对举报事实进行了调查，并与董某某、杨某等主要对象进行了接触，董某某对照举报问题写过一份19页的辩解材料。

高检院将举报材料交办至贵州省检察院监所检察处。省院监所处指派专人对举报材料进行了认真审查，提出了详细的初查方案，并带领黔西南州检察院相关部门做了大量前期工作。随后，贵州省检察院决定将该线索逐级交由筑城地区检察院（以下简称筑城院）查处。

筑城院于2009年1月13日收到线索，2009年1月14日决定初查。在省、市院监所处直接指挥和参与下，成立"1·13"专案组，多次召开专题会议，全面分析研究了案情，制定了详细的前期调查方案。专案组通过到普安监狱找举报人进行详细了解，调取相应财务资料；普安县国税局对杨某涉嫌偷税与虚开增值税发票案进行调查；联系协调省司法厅纪委，司法厅纪委于2009年2月2日书面决定董某某停职检查并到指定地点接受调查。经过政策攻心和突

＊　本案例由贵州省贵阳市筑城地区人民检察院干警苟雨楼、张勇提供。

审，董某某于 2009 年 2 月 14 日至 18 日陆续供认其收受杨某 67.3 万元贿赂并为杨某谋取利益的犯罪事实。2009 年 2 月 18 日传唤杨某到贵阳市人民检察院接受讯问，2009 年 2 月 19 日决定对董某某和杨某立案侦查及刑事拘留，2009 年 2 月 23 日至 25 日，杨某在被关押至看守所后陆续交代其为谋取不正当利益，向董某某行贿 67.3 万元的犯罪事实。董某某案于 2009 年 6 月 12 日侦查终结并移送审查起诉，贵阳市人民检察院向贵州市中级人民法院提起公诉，指控被告人董某某构成受贿罪。

2010 年 1 月 13 日，贵阳市中级人民法院判处被告人董某某构成受贿罪，以董某某的交代时间先于杨某交代的时间为由认定董某某具有自首情节，减轻判处董某某有期徒刑 7 年，受贿赃款 67.3 万元依法没收，上缴国库。

贵阳市人民检察院根据筑城院意见，依法提起抗诉。抗诉的主要理由及出庭的意见是：一审判决认定董某某自首有误，适用法律错误，量刑畸轻。贵州省高级人民法院公开开庭审理认为，2010 年 2 月 2 日贵州省司法厅纪委指令董某某到指定地点接受调查，并非董某某自动投案，在接受调查时并未主动如实交代自己的全部犯罪事实。贵州省高级人民法院于 2010 年 7 月 10 日判决撤销一审判决，直接改判董某某有期徒刑 11 年。案件事实部分，二审认定董某某伯父去世时在殡仪馆收受杨某所送礼金人民币 3000 元属正常人情往来，不应认定为受贿性质，故受贿金额应为人民币 67 万元。

【案例点评】

一、本案的焦点之一是董某某是否具有自首情节

董某某于 2009 年 2 月 2 日被中共贵州省司法厅纪委停职检查，并到指定地点接受调查，2009 年 2 月 14 日承认两次收受杨某的礼金 6 万元，2 月 18 日交代四次收受杨某 66 万元，但没有交代具体请托事由。杨某 2009 年 2 月 18 日到案，2 月 25 日交代。一审法院认为董某某的交代在杨某到案之前，于是认定董某某具有自首情节。

笔者认为，董某某不构成自首，理由是：董某某没有自动投案。在本案中，首先，董某某的案件事实已经被司法机关了解、掌握，并且案件事实具体。中共贵州省司法厅纪委、贵州省人民检察院监所检察处及筑城院掌握的举报材料写明："董某某将普安监狱的矿山转让个体老板，董某某收受当地个体老板杨某贿赂 60 万元。"该举报内容、指向、行受贿双方姓名、贿赂金额 60 万元、因矿山事项等情况均清晰、具体。而且，在对董某某采取强制措施之前，检察机关成立了专案组，对有关问题进行了前期调查和初查，已经掌握了一定的线索和证据。其次，董某某被贵州省司法厅纪委书面决定停职检查并到指定地点接受调查之前并未投案。董某某于 2009 年 2 月 2 日被省司法厅纪委

书面决定停职检查并到指定地点接受调查，2009 年 2 月 14 日至 2 月 18 日才承认两次收受杨某的礼金 6 万元，四次收受杨某 66 万元。综上所述，从时间上来看，董某某在接到省司法厅停职检查并到指定地点接受调查的书面决定，以及被采取调查措施之前，并没有向有关部门投案。对于接受调查，其主观上并非自愿，且在接受调查之初也没有如实交代自己的罪行。因此，董某某的行为不构成自首。贵阳市检察院对一审法院的判决依法提起抗诉，贵州省高院二审也没有认定其有自首的情节。

二、本案的焦点之二是对董某某应如何量刑

《刑法》第 386 条规定，对于受贿罪应当根据受贿数额及情节，依照本法第 383 条的规定处罚，索贿的从重处罚。从受贿数额上看，董某某受贿人民币 67 万元，符合《刑法》第 383 条第 1 款第（一）项的规定，应判处 10 年以上有期徒刑、无期徒刑，可以并处没收财产；情节特别严重的，处死刑，并处没收财产。

如前文所述，董某某不构成自首情节，也没有其他减轻处罚情节，只能在 10 年有期徒刑以上确定刑期，所以一审判决量刑畸轻，是毫无争议的。董某某没有索贿情节，也没有其他从重情节。董某某受贿后，为杨某与普安监狱签订 201# 矿井 60 至 90 年度铅锌老矿渣回收利用协议，给国家造成了较大损失，应认为社会危害性较为严重。在侦查机关对董某某及杨某进行调查时，董某某在杨某交代及侦查机关还未完全掌握其犯罪事实之前，交代了自己的受贿事实，应当认为认罪态度较好。审判机关作出判决前，董某某积极退清全部赃款，应当认为悔罪态度较好。综合考量，可在 10 年以上有期徒刑范围内判处较短的刑期，可不并处没收财产。贵州省高级人民法院二审撤销原贵阳市人民法院一审刑事判决，对董某某判处 11 年有期徒刑，并处将受贿赃款人民币 67 万元依法没收，上缴国库，量刑幅度是比较合理的。

四、张某某玩忽职守案*

【基本案情】

被告人张某某，男，原系内蒙古呼和浩特第二监狱党委书记、监狱长。

2007 年以来，张某某对监狱存在的民警单人带工、罪犯掌管钥匙、私藏手机、现金、银行卡等诸多管理漏洞和安全隐患，没有采取有效措施予以清除。2008 年至 2009 年间，张某某本人多次接到反映三监区存在私自截留生产收入、领导班子不团结、管理混乱等问题的举报，监狱党委会多次研究，监狱纪委对举报的问题进行调查后也向监狱党委提出调整主要负责人的建议，但张某某一直未进行调整，也未对三监区进行整顿，造成三监区诸多安全隐患和监管漏洞长期存在而未予解决。2008 年至 2009 年 10 月，三监区 4 名罪犯在监内预谋越狱，积极准备刀具、手机等越狱工具长达一年半之久未予发现。防暴队作为监狱的正式编制机构，承担着狱内巡逻、处置突发事件、追逃等重要职责，2006 年 9 月，张某某未经监狱党委批准，擅自决定将防暴队并入警卫队，成立防暴小分队，2009 年 7 月，张某某又将防暴小分队队员全部调整到其他岗位，也未及时补充警力，使防暴小分队名存实亡，以致在 2009 年 10 月 17 日上午 9 时至下午 14 时 30 分左右，三监区 4 名罪犯在生产车间实施捆绑、杀害民警，以及从三监区生产车间徒步逃往监狱大门的过程中，没有防暴队员巡查。2009 年 9 月，第二监狱对监狱大门门禁系统进行改造，张某某在虹膜门禁系统改造未验收的情况下，于 9 月 20 日指示监狱政治处下发了《关于出入监狱大门的通知》，要求从 9 月 21 日正式启用虹膜门禁系统。因虹膜门禁防尾随系统未起到应有的技防作用，致使该 4 名罪犯尾随民警顺利通过了虹膜门禁防尾随门。以上长期存在的监管隐患和诸多的管理漏洞，最终导致了 2009 年 10 月 17 日监狱发生 4 名重刑犯绑架、杀害民警后集体越狱脱逃的重大监管安全事故。张某某在接到 4 名罪犯越狱脱逃电话报告后，未按照监狱处置狱内突发事件应急预案的规定，及时报警和组织监狱民警进行追捕，致使 4 名罪犯越狱后未能及时进行抓捕。4 名罪犯逃窜中又实施抢劫、绑架人质等多起犯罪。经公安武警全力追捕，在越狱脱逃 3 天后才被抓获。

【诉讼过程及处理结果】

2009 年 10 月 22 日，检察机关以涉嫌玩忽职守罪对张某某等七人立案侦查。2010 年 4 月 23 日侦查终结，移送审查起诉。2010 年 8 月 10 日，检察机

---

* 本案例由内蒙古自治区小黑河地区人民检察院刑事检察室提供。

关向人民法院提起公诉，指控被告人张某某构成玩忽职守罪且属情节特别严重。被告人张某某及其辩护人对公诉机关指控的犯罪事实没有异议。张某某辩称：自己没有严重不负责任和不履行责任，对指控的没有及时排查安全隐患和漏洞，不属于自己的责任范围，是相关民警的责任问题；对于未撤销三监区监区长的问题，是党委集体决定的，关于防暴队撤销的问题，是上级决定的，纪委、党委批准决定后实施的，并不是自己所能决定的；关于门禁问题，其在技术上是成熟的，出现问题是人为操作违规造成的，并不是设备出了问题，应对违规操作人员追究责任；关于追逃问题，自己是按领导安排进行追逃的。其辩护人辩称：对被告人张某某构成玩忽职守罪客观方面的指控，属于扩张性的错误指控，不符合相关司法解释的规定；指控被告人张某某"严重不负责任"，与事实严重不符；对被告人张某某的指控与监狱发生4名重刑犯绑架、杀害民警后集体越狱脱逃的重大监管安全事故的发生，不存在直接的、必然的法律因果关系。

法院审理后认定，被告人张某某系监狱监狱长，监管改造第一责任人，对工作严重不负责任，不认真和不正确履行监狱长职责，对监狱长期存在的诸多管理漏洞和安全隐患，没有发现或发现后没有采取有效措施予以清除。在此重大监管安全事故中，被告人张某某工作中存在诸多玩忽职守行为，且造成1名民警被杀害、4名重刑犯越狱脱逃，社会影响极为恶劣，其玩忽职守情节特别严重。对被告人张某某依照《中华人民共和国刑法》第397条第1款之规定，以被告人张某某犯玩忽职守罪，判处有期徒刑3年。

被告人张某某不服一审判决提出上诉，二审法院裁定驳回上诉，维持原判。

【案例点评】

本案争议的焦点有两个：一是张某某的行为是否属于严重不负责任；二是张某某的失职行为与损害结果之间是否存在因果关系。综合本案的事实和证据情况，我们认为，张某某的行为构成玩忽职守罪，且属于情节特别严重。主要理由如下：

一、张某某符合国家机关工作人员的主体身份

监狱是执行刑罚的国家机关，监狱长及监狱民警均属于国家机关工作人员，张某某作为监狱长，自然具有国家机关工作人员的身份。

二、张某某在客观方面具有严重不负责任，不履行或不正确履行职责的行为

1. 有不履行职责的行为，主要表现在：按照监狱有关规定，监狱长必须参加每月一次的狱情分析会，但张某某作为监狱长却在2007年至2009年10

月只参加了四次狱情分析会,没有执行有关规定;2007 年以来,该监狱就存在民警单人带工,罪犯掌管钥匙和藏手机、现金、银行卡等诸多问题。对此,张某某虽然也进行过清理、部署和强调,但是清理的真正效果如何、隐患是否真正清除,张某某作为监狱长并没有认真地监督、检查、落实过;2009 年,张某某多次接到反映三监区存在管理混乱等问题,该监狱纪委调查后向党委提出调整主要负责人的建议,张某某未予采纳(有该监狱班子成员的证实),也未决定对三监区进行整顿;张某某在接到 4 名罪犯越狱脱逃的电话报告后,没有按照应急预案的规定,及时报警和组织监狱民警进行追捕。

2. 有不正确履行职责的行为,主要表现在:2006 年 9 月,未按规定、未经批准,擅自合并、调整防暴队;在该监狱虹膜门禁系统改造未验收的情况下,擅自决定正式启用等。

3. 张某某的行为属于严重不负责任。作为监狱领导,担负着管理监狱和看押罪犯的责任,任何一项工作出现问题都有可能给国家、人民的生命财产和公共利益造成损失,而他却没有认真对待其职责和义务,草率行事,擅自撤并防暴队、未经验收启用虹膜门禁系统,对于监管工作中存在的隐患、漏洞,麻痹大意、马马虎虎,没有采取切实有效的措施予以清除,这显然属于严重不负责任。

三、关于本案中因果关系的认定

这也是本案庭审中论辩的焦点。具体来看:

1. 张某某擅自合并、调整防暴队和未经验收启用虹膜门禁系统虽然做法不当,但并不能直接或必然引起 4 名罪犯杀警越狱既遂,之所以发生这种损害结果,还是因为相关民警的玩忽职守,因此,张某某的行为与 4 名罪犯杀警越狱之间不属于直接和必然的因果关系。但是,张某某的行为也是造成罪犯杀警越狱不可缺少的原因之一,且有间接的、偶然的联系,属于刑法上的间接因果关系、偶然因果关系,此种因果关系,也仍然属于构成玩忽职守罪所要求的因果关系。

2. 张某某"不按规定参加每月一次的狱请分析会、不调整三监区主要负责人以及不采取有效措施清除监管隐患"的不履行职责行为,如何认定与罪犯杀警越狱的危害后果之间有刑法上的因果关系,这涉及不作为犯罪的因果关系问题。本案中,张某某作为监狱长,对监管安全负有监督管理职责,特别是在监狱出现安全隐患、三监区出现管理混乱等问题后,张某某就负有特定的作为义务,即消除、解决问题。但是,张某某并未履行这一特定作为职务。这种不作为行为,虽然本身不会造成罪犯杀警越狱,但是它与客观上已经存在的"安全隐患、三监区管理混乱"可能引起罪犯杀警越狱结果的因果关系相交接，使本来可以避免的危害结果未能避免。因此，张某某不履行职责的不作为与危害结果之间具有刑法上的因果关系，且应属于间接的、偶然的因果关系。

3. 张某某在案发后没有下达报警和追逃命令，丧失最佳追捕时机的行为，虽然与杀警越狱没有直接联系，但是与4名罪犯越狱后得以逃出市区有直接的联系。据相关证据证实，4名罪犯越狱后因不熟悉路线，曾一度又回到监狱附近，如果张某某及时下达报警和追逃命令，警方就能在第一时间启动网格化追逃方案，4名罪犯也不可能逃出包围圈，警方也没必要动用上万警力追逃。因此，张某某没有报警和追逃的行为与罪犯得以逃出市区之间有刑法上的直接因果关系。4名罪犯逃出后又实施了抢劫、绑架人质等行为，给人民的生命财产安全造成极大的损害。

综合以上观点，我们认为，张某某在本案中不履行和不正确履行职责的行为与本案的整体损害后果之间既有间接因果关系，也有直接因果关系，已构成玩忽职守罪，本案后果严重，1名民警被杀害，4名罪犯越狱脱逃后又实施了抢劫、杀人等严重暴力犯罪，造成严重社会恐慌，各监管环节数名民警玩忽职守、失职，为抓捕逃犯，警方动用警力上万人，投入经费百万元，国内外各大媒体报道，造成恶劣的社会影响等，属于情节特别严重，一审、二审法院的判决、裁定定性准确，量刑适当。

五、王某某帮助犯罪分子逃避处罚案*

【基本案情】

被告人王某某，男，原系山西省岚县看守所管教。

自 2003 年 7 月 2 日始，王某某受聘在山西省岚县看守所从事管教工作。2004 年 1 月，原任该县自来水公司经理邸某因涉嫌贪污罪被人民检察院逮捕后，王某某接受邸某及其家属的送礼，为邸某及其家属传递与邸某案件有关的字条 4 次，其中将邸某写好的字条带出传给其弟 2 次，将其弟写好的字条带入传给邸某 2 次。2004 年 3 月 10 日上午，王某某以管教身份在搜查监号时，搜到邸某随身携带的小灵通一部，考虑到自己得到邸某及其家属的好处，又将小灵通于当天下午送给邸某，致使邸某与外界通话 23 次，时间长达 76 分钟。3 月 11 日，在检察院提走邸某时，王某某便将小灵通带出监室藏在邸某的包内。

【诉讼过程及处理结果】

2004 年 4 月 4 日，检察机关以帮助犯罪分子逃避处罚罪对王某某立案侦查，同年 7 月 21 日，检察机关以被告人王某某犯帮助犯罪分子逃避处罚罪向人民法院提起公诉，指控：2004 年 1 月，犯罪嫌疑人邸某因涉嫌贪污罪被逮捕后，被告人王某某利用其管教之职，收受邸某及其家属的好处，为其传递纸条共 4 次。同年 3 月 10 日上午，被告人王某某利用管教身份搜查监号时，搜出邸某随身携带的小灵通后，于当天下午又将小灵通送给邸某，致使其与外界通话 23 次，时间长达 76 分钟，直至 3 月 11 日，检察院提走邸某时，被告人王某某再次将小灵通带出放在邸某的包内。被告人王某某的行为已构成了帮助犯罪分子逃避处罚罪，建议适用《刑法》第 417 条之规定，定罪量刑。被告人王某某对公诉机关指控的犯罪事实没有异议。

法院审理后认定，被告人王某某作为负有监管职责的看守所管教，利用职务便利，向犯罪分子传递与案件有关的纸条和提供通讯设备，为其逃避处罚提供便利条件，帮助犯罪分子逃避处罚，其行为确已触犯《中华人民共和国刑法》第 417 条之规定，构成了帮助犯罪分子逃避处罚罪，判处王某某有期徒刑 2 年。

被告人王某某不服判决，于 2004 年 8 月 30 日提出上诉。其上诉理由是：其虽有接受邸某及其家属的送礼行为，但没有将小灵通传递给邸某使用，该小灵通何时进入邸某的监室，如何进入的，其一概不知，直至 3 月 11 日检察人

---

*　本案例由山西省吕梁市岚县人民检察院监所检察科科长张永红提供。

员提审邸某时将该小灵通搜出。在提审时，王某某提到 3 月 10 日并没有和其他民警一起搜查犯人及监室，小灵通不可能在当天被发现，更不存在将小灵通还给邸某的行为，原判认定事实有误，请求撤销原判，减轻或免除处罚。二审法院裁定驳回上诉，维持原判。

【案例点评】

本案认定王某某构成帮助犯罪分子逃避处罚罪，存在争议的焦点有三个方面：一是王某某作为不占编制的受聘从事管教人员是否具有司法机关工作人员的资格，是否可以成为帮助犯罪分子逃避处罚罪的主体；二是王某某是否负有查禁犯罪活动的工作职责；三是王某某为了帮助犯罪分子逃避处罚利用监管犯人的职务便利实施了传递纸条和提供通讯设备的行为，客观上给检察机关查处邸某涉嫌贪污一案制造了障碍和困难，妨害了司法机关正常活动，但从后果看，王某某帮助犯罪分子逃避处罚的行为并未对案件的查处进程和结果造成影响，被帮助的对象邸某最终被法院认定有罪并判处有期徒刑 12 年。因此，王某某帮助犯罪分子逃避处罚罪的指控不符合客观要件。

综观全案，我们认为，王某某的行为构成帮助犯罪分子逃避处罚罪。主要理由如下：

一、王某某的身份符合帮助犯罪分子逃避处罚罪的主体要件

根据 2002 年 12 月 28 日第九届全国人民代表大会常务委员会第三十一次会议通过的《关于〈中华人民共和国刑法〉第九章渎职罪主体适用问题的解释》规定，虽未列入国家机关人员编制但在国家机关中从事公务的人员，在代表国家机关行使职权时，有渎职行为，构成犯罪的，依照刑法有关渎职罪的规定追究刑事责任。结合本案，王某某虽未列入国家机关人员编制，但其被县看守所聘用在监管场所从事监管工作，代表监管机关行使监管职权，便具有了国家机关工作人员的法律资格。王某某从事的管教工作，通过履行监管职责防止进入司法程序的犯罪分子串供、伪造、隐匿、毁灭证据或脱逃、自杀，确保刑事诉讼活动顺利进行，因此，他所从事的监管工作是查禁犯罪活动的重要组成部分。

二、王某某主观方面具有帮助犯罪分子逃避处罚的故意

从本案情况分析，王某某身为看守所监管人员，明知为犯罪分子提供手机和传递与案件有关的纸条违反国家有关监管法规和公安部的禁止性规定，明知将手机提供给检察机关侦查的涉嫌贪污的犯罪分子使用会给其实施串供、伪造、毁灭、隐匿证据等逃避处罚提供便利条件，会造成妨害司法活动正常进行的后果，但其为徇私情，仍然不顾后果，为邸某先后 4 次传递与案件有关的纸条，将从监室搜出的小灵通提供给犯罪分子邸某使用。因此，从主观上看，王

某某具有帮助犯罪分子邸某逃避处罚的故意,而且明知自己为犯罪分子邸某提供便利条件的行为会产生妨害司法活动正常进行的后果,并且放任这种结果的发生,应当是间接故意。

三、帮助犯罪分子逃避处罚罪是行为犯

本案中,王某某多次收受邸某及其家属的好处后,为徇私情,利用行使监管职权的便利条件,为邸某逃避制裁,利用王某某为其提供的可以与外界联系和沟通的便利条件多次指使证人作伪证或串供、翻供、毁灭证据,给案件的侦查和起诉工作制造了障碍和困难,严重妨害刑事诉讼活动的顺利进行和司法机关的威信。虽然邸某最终没有逃避法律的制裁,但王某某的行为与邸某实施的逃避处罚的行为及妨害司法活动正常进行的后果有直接的因果关系。按照《刑法》第417条之规定,只要行为人利用查禁犯罪活动职责的便利条件,实施了向犯罪分子提供便利,帮助犯罪分子逃避处罚的行为,即构成帮助犯罪分子逃避处罚罪。

四、犯罪情节轻重的界定标准

根据《刑法》第417条之规定,有查禁犯罪活动职责的国家机关工作人员,向犯罪分子通风报信、提供便利条件,帮助犯罪分子逃避处罚,处3年以下有期徒刑或拘役;情节严重的,处3年以上10年以下有期徒刑。帮助犯罪分子逃避处罚罪不是结果犯,却是情节加重犯。"情节严重"通常是指:多次为犯罪分子通风报信、提供便利条件;因通风报信、提供便利条件而使逃避惩罚的犯罪分子再犯罪的;造成人身财产损失的;在社会上产生恶劣影响的。结合本案,王某某到案后能主动供述犯罪事实,认罪态度好,配合司法机关积极退赃,也未造成严重后果,综合犯罪事实、情节、手段、后果及认罪态度,审判机关认定其犯罪行为不属"情节严重"是正确的。

六、韩某某私放在押人员案[*]

【基本案情】

被告人韩某某，男，汉族，1962 年 5 月 13 日出生，大专文化，干部身份，1977 年 7 月在黑龙江省凤凰山监狱参加工作，1990 年工人转干后担任过凤凰山监狱公安分局民警、禁闭室民警、后勤监区副中队长，2005 年 3 月至被捕前任凤凰山监狱看守大队副中队长。

2006 年 7 月 7 日下午，凤凰山监狱服刑人员汪某某找到民警韩某某，让其想办法雇车把他带到距凤凰山监狱 20 余公里的北安市，到那里的某水疗馆去洗澡、找小姐。韩说：我值班不能陪你去，出了事咋办，汪说：你放心，以前咱们监狱也有人带犯人到北安找小姐，再说我还有两个多月就刑满释放了，你找个和你关系不错的人陪我出去，出不了事的，并许诺事后给韩某某 5000 元好处费。韩某某答应了此事，当天晚上韩某某回到北安，找到他家楼下开出租车的邻居宋某某，谈好以 200 元的价格包车，让其第二天早晨开车到凤凰山监狱，然后接个人去北安市某水疗馆洗澡，中午 11 点前再把他拉回监狱。第二天早晨韩某某坐着所包的出租车来到凤凰山监狱后，让出租车停在监狱南大门等候，然后去监区找到汪某某并将其带到东厂区，告诉汪某某车已准备好了，在这儿等着，一会车来接，汪某某给了韩某某 500 元钱说打车用，其余的事后再补上。上午 8 点多时韩某某见监狱院里没什么人了，就来到监狱南大门上了在那儿等候的出租车，韩某某向南大门值班的民警李某某，摆了摆手，李某某没经任何检查就打开了监狱南大门将出租车放行，韩某某带着出租车一直开到东厂区大门，大门的值班民警赵某某见韩某某在出租车上就没管，汪某某和另一名站哨的犯人将东厂区大门打开，韩某某将车带到东厂区老食堂门前停下（据韩某某交代，该地带是岗哨监控的死角），然后下车到东厂区大门口告诉汪某某车在食堂门口等他，并将另一名站哨的犯人支开。随后汪某某来到出租车前让司机宋某某打开后备厢，脱下囚服扔了进去，在要上车时发现车窗没有贴膜，怕被人看到自己也钻进了后备厢，宋某某将车开到东厂区大门，向韩某某示意人在后备厢里。韩某某一人打开大门（另一名值班民警察赵某某当时不在值班岗位）。宋某某驾车出了东厂区，然后由通往家属区的北大门驶出凤凰山监狱。车行驶出一段时间后，宋某某将车停下，从后备厢中放出汪某某让其坐到车里继续行驶，途中汪某某用手机打了个电话联系了上次在监狱会见

＊　本案例由黑龙江省黑河市黑北地区人民检察院干警侯明思提供。

的"小姐"，然后让司机宋某某将车开到北安的某歌厅，到达后汪某某下车让宋某某 11 点前来接他，不用等了。宋某某驾车离开后，服刑罪犯汪某某逃脱。当韩某某得知汪某某脱逃后，未向监狱报告，并乘机潜逃。出租车司机宋某某于当日下午 15 时许向检察机关自首，8 月 11 日韩某某在山东省莱芜市被警方抓获。

【诉讼过程及处理结果】

2006 年 10 月 12 日，黑龙江省黑河市黑北地区人民检察院以涉嫌私放在押人员罪对韩某某、宋某某立案侦查。侦查终结后移送本院刑事检察科审查起诉。刑检科经审查认为出租车司机宋某某的行为不构成私放在押人员罪，将韩某某列为被告人于 2006 年 11 月 2 日向五大连池人民法院提起公诉，指控被告人韩某某构成了私放在押人员罪。

在案件审理过程中，被告人韩某某对公诉机关指控的犯罪事实未提出异议，没有聘请辩护律师。但其辩称造成服刑罪犯汪某某脱逃这一结果的发生是由于相信了汪某某的谎言，为了一点私利为其提供帮助，没有想到他要逃跑，主观上没有放跑汪某某的故意。

2006 年 11 月 13 日，黑龙江省五大连池市人民法院一审判决被告人韩某某犯私放在押人员罪，判处有期徒刑 7 年。韩某某服从一审判决没有提出上诉。

【案例点评】

这是一起比较特殊的监管改造部门司法人员职务犯罪案件，我们从韩某某是否构成私放在押人员罪、出租车司机宋某某行为如何定性，以及该案带给我们的一些思考和启示这三个方面对本案进行评析，希望能明晰其中的法律关系，深化对此类案件的认识。

一、韩某某的行为构成私放在押人员罪

首先，本罪的主观方面必须是出于故意。韩某某辩称，其放走在监狱服刑的犯人汪某某，是为了贪图利益帮助汪某某出监嫖娼，认为汪某某按约定中午 11 点前就会回到监狱，没有想到其会逃跑，主观上不存在私放的故意。根据《刑法》第 14 条第 1 款的规定，主观故意就是明知自己的行为会发生危害社会的结果，并且希望和放任这种结果的发生。那么本罪的结果就是使在押的人员脱离或解除了在押的状态，至于已经被私放的在押人员是否在行为人的控制下或主动回到拘押场所，已不影响本罪的成立。韩某某将服刑人员汪某某放出监狱那一刻起已经形成了私放在押人员罪的既遂。其次，从私放在押人员罪的客观方面看，私放在押人员犯罪客观方面表现为司法工作人员利用职权或职务上的便利，私自将犯罪嫌疑人、被告人、罪犯予以释放的行为，韩某某利用任凤凰山监狱看守大队大队长的职务便利将在该监狱服刑的罪犯汪某某私自放出监狱，其行为完全符合私放在押人员罪的客观要件。

二、出租车司机宋某某的行为如何定性

本案中出租车司机宋某某受雇于监狱干警韩某某，用车从监狱里将在押罪犯汪某某拉到监狱外某歌厅的行为也间接导致了汪某某脱逃这一结果的发生。

宋某某在韩某某私放在押人员、汪某某脱逃犯罪过程中起到了一定的帮助作用，其能否被认定为韩某某私放在押人员或汪某某脱逃犯罪的共犯还要看他在该案中的行为是否符合共同犯罪特征。共同犯罪主观方面必须具有共同的犯罪故意，犯罪客观方面必须具有共同的犯罪行为，即各共同犯罪人的行为都是指向同一目标且彼此联系、互相配合，结合成一个有机的犯罪行为整体。宋某某在受雇开车去监狱接人这一过程中，虽然中途发现所要拉的乘客是一名在押的犯人，但并没有意识到会出现什么问题，只是按照雇主韩某某的要求，完成一单生意，没有监管汪某某的义务，对发生什么样的结果也不明知，与韩某某、汪某某都没有共同实行犯罪的意思联络，在该案中只是作为犯罪的工具被韩某某、汪某某二人所利用。这就是刑法理论中的间接实行犯，间接实行犯不构成共犯。因此认定宋某某的行为构成私放在押人员罪或脱逃罪的共同犯罪不能成立。

七、李某某等人失职致使在押人员脱逃案*

【基本案情】

被告人李某某，男，1946 年 2 月 20 日出生，汉族，辽宁省沈阳市人，大专文化，中共党员，原系辽宁省第二监狱医院主任医生。

被告人马某，男，1963 年 3 月 4 日出生，汉族，辽宁省沈阳市人，大专文化，原系辽宁省第二监狱内看守大队看守员。

被告人唐某，男，1971 年 9 月 12 日出生，汉族，辽宁省盘锦市人，大学文化，原系辽宁省第二监狱民警、管教干事。

被告人霍某，男，1959 年 5 月 21 日出生，汉族，辽宁省沈阳市人，大专文化，原系辽宁省第二监狱民警。

2003 年 7 月至 2004 年 4 月间，被告人李某某多次给罪犯齐某某（男，因抢劫、盗窃罪被判处死刑缓期二年执行，剥夺政治权利终身。服刑时用化名王某刚）往监内捎带手机、人民币等违禁品及食品等物资。2004 年 4 月 1 日，被告人李某某受罪犯齐某某的委托，到沈阳市东塔机场附近取齐某某的朋友田某某（已判刑）给齐某某的 3000 元人民币。2004 年 4 月 4 日（星期日）9 时许，老残监区罪犯侯某某找到当时在门卫值班的被告人马某，谎称其妹妹要来监狱送些食品，问马某是否放行，马某予以拒绝。侯某某又称让队长去取，马某默许。马某回到警卫室后，田某某用车将食品送至监狱大门处，食品中有事先藏匿于大米袋中的警服，田某某对马某谎称是侯某某的妹妹，来送点吃的，被告人马某未按规定检查，将田某某送来的违禁品留下，并收受一条"人民大会堂"牌香烟。同日 9 时，当天老残监区值班的被告人唐某违反监规，擅离职守，到生活监区打麻将，期间与被告人马某用电话沟通，将田某某送来的违禁品带入监内，并打电话委托在老残监区值班的被告人霍某到监狱门外将违禁品取回。同日 11 时许，被告人霍某带罪犯侯某某推车到监狱大门口，找到被告人马某，二被告人到监狱大门外一起将违禁品装上车，被告人霍某将车推入监内，并与罪犯侯某某一起推回监舍，被告人霍某未对物品做任何检查，便将其交给罪犯。2004 年 4 月 5 日 9 时许，被告人李某某到老残监区监舍找到罪犯齐某某，把从田某某处取得的 3000 元人民币交给齐某某并将其从监舍带出，导致罪犯齐某某脱管失控。当日 10 时 40 分许，罪犯齐某某身着藏匿于大米袋中的警服混出监狱大门脱逃。

---

* 本案例由辽宁省沈阳市城郊地区人民检察院干警鄂屏提供。

2002 年 7 月，被告人李某某在沈阳陆军总医院烧伤科医生值班室内，收受王某东为感谢被告人李某某对在沈阳第二监狱服刑的叔父王某昌的照顾所送的人民币 3000 元；1997 年 7 月至 2003 年 9 月间，先后三次收受沈阳第四监狱罪犯王某鑫之母王某兰为感谢被告人李某某对王某鑫的照顾所送的人民币 3100 元。

【诉讼过程及处理结果】

2004 年 4 月，辽宁省沈阳市城郊地区人民检察院以涉嫌失职致使在押人员脱逃犯罪对李某某立案侦查，对马某、唐某、霍某分别以涉嫌失职致使在押人员脱逃犯罪立案侦查。2005 年 6 月 27 日，辽宁省沈阳市城郊地区人民检察院向沈阳市于洪区人民法院提起公诉，指控被告人李某某身为监狱主任医生，严重不负责任，多次为罪犯齐某某捎带钱物，并于罪犯齐某某脱逃之日将其带出监舍，导致罪犯齐某某脱管失控；被告人马某、唐某、霍某三人身为监狱民警，严重不负责任，允许违禁品带入监内，并未对物品进行必要的检查，致使警服被带入监内，造成罪犯齐某某身着警服脱逃，并脱逃后抢劫犯罪，被判处无期徒刑的特别严重后果。四被告人的行为均已构成失职致使在押人员脱逃罪。

在法庭审理中，四名被告人拒不认罪，被告人的律师均为被告人作无罪辩护。2005 年 8 月 24 日，沈阳市于洪区人民法院作出刑事判决：被告人李某某犯失职致使在押人员脱逃罪，判处有期徒刑 1 年；马某、唐某、霍某的行为不构成犯罪，无罪释放。宣判后，李某某不服，上诉至沈阳市中级人民法院。沈阳市城郊地区人民检察院认为沈阳市于洪区人民法院判决错误，提出抗诉。2005 年 12 月 9 日，沈阳市中级人民法院认为原审判决认定被告人李某某犯失职致使在押人员脱逃罪的主要事实不清，裁定撤销沈阳市于洪区人民法院的判决，发回重审。

2006 年 2 月 17 日，沈阳市于洪区人民法院公开开庭审理本案。在案件审理中，沈阳市城郊地区人民检察院向法庭提供了新的证据，有力地证明了四名被告人的犯罪行为。

被告人李某某对公诉机关指控的事实没有异议，但辩称在 2004 年 5 日给罪犯王某刚（齐某某，以下不复述）送田某某转交的 3000 元钱及食品，但没有将罪犯王某刚带出监舍，是他自己跟出来的，其行为属于违纪，不构成犯罪。辩护人的辩护意见为：（1）李某某是不负有监管职责的狱医，其给罪犯王某刚捎带钱物是违纪行为，其行为与罪犯王某刚脱逃不具有因果关系。罪犯王某刚证实，李某某没有将其带出监舍，是王某刚自己跟出来的，因此，被告人李某某的行为不构成犯罪。（2）李某某的受贿行为没有达到"数额较大"，不构成受贿罪，应当认定李某某无罪。

被告人马某对公诉机关指控的事实没有异议，但辩称其是在接到唐某的电话后才同意将物品留下并放行的，其行为属于违纪，不构成犯罪。辩护人的辩护意见认为，指控被告人马某犯罪的事实不清，证据不足，指控的罪名不能成立。

被告人唐某对公诉机关指控的事实没有异议，但辩称其是接到马某电话后，才委托霍某将物品带入监区。霍某取东西是在犯人侯某某请托之后发生的。如果其不打电话，霍某也能去取物品，其打电话根本没起到任何作用。辩护人的辩护意见认为，唐某的电话没有导致霍某实施取东西的行为发生，真正实施取东西的行为是在犯人侯某某的请托之后发生的，唐某打电话所起的作用，根本无法导致罪犯王某刚的脱逃，不管米袋中是否藏有警服，唐某的行为都不构成犯罪。

被告人霍某辩称其是接到唐某的电话才去取的物品，其行为违反监规，但不构成犯罪。辩护人的辩护意见认为，指控被告人犯罪的事实不清、证据不充分，被告人的行为不构成犯罪。

2006 年 6 月 24 日，辽宁省沈阳市于洪区人民法院一审认为，被告人李某某身为司法工作人员，严重不负责任，多次为罪犯齐某某捎带钱物，并于齐犯脱逃当日将其从监舍带出，导致罪犯齐某某脱管失控。被告人马某、唐某、霍某身为司法工作人员，严重不负责任，允许违禁品被送入监内，又没能对物品进行必要的检查，致使藏匿于大米中的警服流入监内，造成罪犯齐某某着警服脱逃，并导致脱逃后又犯罪，被判处无期徒刑的特别严重后果，四被告人的行为均已构成失职致使在押人员脱逃罪，公诉机关指控的罪名成立。被告人李某某利用职务之便，收受他人财物，数额较大，其行为构成受贿罪，应数罪并罚。被告人李某某在被采取强制措施后，能主动交代司法机关尚未掌握的犯罪事实，系自首，应从轻处罚。以失职致使在押人员脱逃罪判处被告人李某某有期徒刑 5 年，受贿罪免除刑事处罚，决定执行有期徒刑 5 年；以失职致使在押人员脱逃罪分别判处被告人马某有期徒刑 3 年、判处被告人唐某有期徒刑 3 年、判处被告人霍某有期徒刑 3 年。

被告人李某某、马某、唐某、霍某不服一审判决，向辽宁省沈阳市中级人民法院提出上诉。沈阳市中级人民法院依法驳回上诉，维持原判。

【案例点评】

本案在处理过程中，对李某某、马某、唐某、霍某等四名被告人的行为如何定性，有三种不同意见。

第一种意见认为，对李某某、马某、唐某、霍某应以玩忽职守罪定罪处罚。理由是李某某、马某、唐某、霍某四人身为监狱工作人员，负有监管职责，但上述四人在工作中严重不负责任，疏于职守。李某某将罪犯齐某某带出监舍后放弃管理，致使罪犯齐某某脱管，获得换警服的时机，伺机脱逃；马某、唐某、霍某三人在罪犯齐某某蓄谋脱逃的准备过程中，违反监规，对监外带入的物品未尽检查职责，导致在大米中夹带的警服被罪犯齐某某获得，造成该重刑罪犯脱逃，并导致脱逃后又犯罪被判处无期徒刑的严重后果，不仅严重侵犯了国家司法机关的正常管理活动，也使司法机关的声誉受到重大影响，党和国家的利益也因此受到重大损失，其行为符合玩忽职守罪的特征。

第二种意见认为，李某某的行为构成滥用职权罪，马某、唐某、霍某三人的行为构成玩忽职守罪。理由是李某某身为监狱医生，不经批准没有提带罪犯出入监舍的职权。李某某擅自到监区提带罪犯齐某某的行为是滥用职权的具体表现。

第三种意见认为，李某某、马某、唐某、霍某的行为构成失职致使在押人员脱逃罪。理由是本案是"多因一果"的职务犯罪案件。在罪犯齐某某脱逃案件中，身为监狱民警的李某某、马某、唐某、霍某，严重违反监管法规，不正确履行监管职责，李某某多次为罪犯齐某某捎带现金和物品，并将其提带出监舍，使其逃避监管视线，为其脱逃创造了便利条件；马某、唐某、霍某则不履行工作职责，致使脱逃重要工具警服被带入监内，致使罪犯齐某某从监狱大门顺利脱逃，他们的行为符合失职致使在押人员脱逃罪的客观构成要件。

我们同意第三种意见。失职致使在押人员脱逃罪，是指司法工作人员由于严重不负责任，不履行或者不认真履行职责，致使在押的犯罪嫌疑人、被告人或者罪犯脱逃，造成严重后果的行为。本罪在客观方面表现为：一是严重不负责任；二是致使在押的犯罪嫌疑人、被告人或者罪犯脱逃，失职与脱逃有直接的因果关系；三是造成严重后果。李某某、马某、唐某、霍某的行为符合失职致使在押人员脱逃罪的构成要件：

一、四被告人的行为属严重不负责任

本案中，李某某、马某、唐某、霍某均为监狱工作人员，本应严格遵守监管法规，坚守岗位，认真履行职责，却均在工作中或是多次违反规定捎带现金等违禁品与罪犯界限不清，或是擅离职守、不尽职责，他们应当预见自己的行为可能发生危害监管安全的严重后果，但由于他们在各自岗位的严重失职，最终致使罪犯齐某某身着警服从监狱大门脱逃。

二、四被告人的行为与罪犯齐某某脱逃之间存在因果关系

本案中的因果关系表现形式为"多因一果"，即多个行为人的不法行为，导致一个犯罪结果。综观本案，李某某、马某、唐某、霍某的行为都是各自独立的行为，相互之间没有必然的联系。然而，正是这些看似相对独立的行为，

都成为罪犯齐某某脱逃的必要条件。犯罪齐某某的脱逃缺少李某某、马某、唐某、霍某任何一个环节，都不可能得逞。四人的失职行为环环相扣，形成一连串失职行为，最终导致重刑罪犯齐某某顺利脱逃。

三、四被告人的行为已造成严重后果

失职致使在押人员脱逃罪属结果犯，只有造成严重后果时才构成犯罪。本案中，罪犯齐某某因抢劫、盗窃罪被判处死刑缓期二年执行，剥夺政治权利终身投监服刑，且该犯在脱逃期间继续进行犯罪活动，又犯抢劫罪被判处无期徒刑，剥夺政治权利终身，其社会危害极为严重。因为李某某、马某、唐某、霍某的严重不负责任，不履行监管职责，失职致使罪犯齐某某脱逃，不仅危害了司法机关的正常活动，破坏了监管秩序和监管制度，而且造成罪犯齐某某脱逃后继续犯罪，危害社会的严重后果，因此，李某某、马某、唐某、霍某的行为已经造成严重后果，构成失职致使在押人员脱逃罪。

八、于某某等人故意伤害、虐待被监管人案*

【基本案情】

被告人于某某，男，1971年7月14日出生，大学文化，原系黑龙江省大兴安岭地区十八站林区看守所副所长，2008年4月23日因涉嫌虐待被监管人罪被刑事拘留。

被告人涂某某，男，1962年7月15日出生，大专文化，原系黑龙江省大兴安岭地区十八站林区看守所监管民警，2008年4月23日因涉嫌虐待被监管人罪被刑事拘留。

被告人张某某，男，1971年4月5日出生，大专文化，原系黑龙江省大兴安岭地区十八站林区看守所监管民警，2008年4月23日因涉嫌虐待被监管人罪被刑事拘留。

2008年4月22日7时许，十八站林区看守所留所服刑人员宋某某、栗某某在102监舍发生争吵，时任监管民警涂某某前去制止，见二犯不听管教，便先踢了栗某某两脚，扇了两个嘴巴子，后又踢了宋某某两脚。栗某某、宋某某仍在争吵，涂某某和接班的监管民警张某某便将二犯带到管教谈话室。涂某某、张某某轮番扇栗某某、宋某某嘴巴子。8时50分许，时任该所副所长于某某拿了一根黑色警棍，涂某某拿了一双拖鞋，张某某和涂某某将栗某某、宋某某提到监区走廊处，于某某让二犯用拖鞋相互打嘴巴子。因二犯不用力，于某某用警棍打栗某某的头部、背部数下，栗某某被打倒后，张某某和涂某某用脚踢栗某某。后于某某又用警棍打宋某某头部、背部数下，将宋某某打倒在地。在于某某打宋某某的过程中，张某某曾劝阻于某某，并用胳膊挡了一下警棍。宋某某倒地后，张某某踢宋某某两脚，涂某某用脚扒拉宋某某。于某某喊人端来水倒在宋某某的身上，见宋某某无反应，便将其抬到106号监舍请医生医治，后送往十八站林区医院抢救无效死亡。法医鉴定意见：宋某某尸体头部多处皮下出血，为生前所致，是导致蛛网膜下腔出血的诱发因素，由于死者生前脑部受外力作用时，因情绪激动，以及部分蛛网膜下腔及实质内小动脉退行性变等因素，造成大面积蛛网膜下腔出血死亡。栗某某所受伤为轻微伤。

【诉讼过程及处理结果】

2008年6月26日，黑龙江省阿木尔林区人民检察院向阿木尔林区人民法院提起公诉，指控：被告人于某某、涂某某、张某某身为十八站林区看守所监

---

*　本案例由黑龙江省人民检察院监所检察处干警张百聘提供。

管人员，违反监管法规，对被监管人实行殴打、体罚虐待，情节严重，其行为触犯了《中华人民共和国刑法》第 248 条第 1 款的规定，应当以虐待被监管人罪追究刑事责任。被告人于某某殴打被监管人致人死亡的行为，根据《中华人民共和国刑法》第 248 条第 1 款的规定，应依照本法第 234 条第 2 款的规定定罪从重处罚。本案系共同犯罪，被告人于某某系主犯，被告人涂某某、张某某系从犯。

被告人于某某辩称，对自己所犯罪行深感痛心，追悔莫及，向被害人家属道歉。辩护人认为，于某某不构成故意伤害（致死）罪。被害人宋某某无伤残的法医鉴定，不符合虐待被监管人罪转化为故意伤害（致死）罪的法定条件。法医鉴定死者生前脑部受外伤作用时，因情绪激动，以及部分蛛网膜下腔及实质内小动脉退行性等因素，造成大面积蛛网膜下腔出血死亡。于某某殴打只是引起宋某某死亡的诱因，宋某某原有疾病发作才是导致死亡的直接原因。于某某是看守所副所长，没有伤害宋某某的主观故意，只有殴打虐待的主观故意，构成虐待被监管人罪。于某某认罪态度好，真诚悔罪，具有从轻处罚的情节。

被告人涂某某辩称，对自己的犯罪行为很后悔，希望得到被害人家属的谅解，从轻判处。

被告人张某某辩称，对自己的行为很后悔，向被害人家属道歉。辩护人认为，对公诉机关的定性不持异议。认为张某某具有自首情节。张某某在被害人宋某某出事后，第一时间到所长办公室报告，单位领导得知此事后，向检察机关报案，属自动投案，如实供述自己犯罪，有逃跑可能却未逃跑而是等待接受审查和追诉。在于某某打宋某某时，张某某劝说于某某不要打了，别出事，并用胳膊挡了一下警棍。另外，张某某是从犯、初犯，认罪态度较好，事后主动采取急救措施，让人找大夫救治。所以具有法定的从轻、减轻或免除处罚情节，建议免除张某某的刑事处罚。

2008 年 8 月 27 日，黑龙江省阿木尔林区人民法院一审认为，被告人于某某非法故意伤害他人身体，造成被害人宋某某死亡的后果，其行为已经构成故意伤害（致死）罪，应追究其刑事责任。被告人涂某某、张某某违反监管法规，对被监管人实行殴打、体罚虐待，情节严重，应当以虐待被监管人罪追究刑事责任。本案涉嫌两个罪名，因此公诉机关认为本案是共同犯罪，于某某为主犯，涂某某、张某某为从犯的公诉意见不予采纳。被告人于某某非法故意伤害他人身体，造成被害人宋某某死亡的后果，因此于某某的辩护人认为于某某不构成故意伤害（致死）罪的辩护意见不予采纳。被告人张某某不符合自首的构成要件，因此张某某的辩护人认为张某某构成自首的辩护意见不予采纳。

三被告人是在履行监管职责时造成被害人宋某某的死亡。同时，根据《中华人民共和国国家赔偿法》的有关规定，十八站林区公安局作为赔偿主体应承担死亡赔偿义务。鉴于案发前被害人宋某某脑部患有"部分蛛网膜下腔及实质内小动脉退行性变"等疾病，且与栗某某发生争吵，违反监管法规，不听制止，存在一定过错。案发时，被告人张某某曾劝阻于某某殴打被害人，案发后张某某主动报案。三被告人主动采取急救措施，并如实供认犯罪事实，认罪态度好，有悔罪表现，被害人宋某某死亡后，十八站公安局已主动赔偿其家属50.44万元人民币，因此被告人及辩护人要求对被告人从轻处罚的辩护意见予以采纳。判决：被告人于某某犯故意伤害（致死）罪，判处有期徒刑 10 年；被告人涂某某犯虐待被监管人罪判处有期徒刑 1 年；被告人张某某犯虐待被监管人罪判处拘役 6 个月；被告人于某某、涂某某、张某某不承担民事赔偿责任。

被告人于某某、涂某某、张某某不服一审判决，向黑龙江省大兴安岭地区中级人民法院提出上诉。2008 年 11 月 28 日，大兴岭地区中级人民法院驳回上诉，维持原判。

【案例点评】

我们认为，此案事实清楚，证据充分，定罪准确，量刑适当。

虐待被监管人罪，是监管机构的监管人员违反国家监管法规，对被监管人实行体罚虐待，情节严重的行为。客观行为方式是对被监管人进行殴打或者体罚、虐待并且达到情节严重的程度。本罪的行为表现为三种方式：一是对被监管人进行殴打，击打被监管人的身体，造成肉体疼痛。二是体罚，致使被监管人的身体在一个较长的时间之内处于特定的运动或静止的状态，并因此造成被监管人承受强大的心理痛苦或身体极度疼痛。三是虐待，对被监管人采取殴打、体罚之外的残忍的、不人道的方法侵害其人身权利，使其遭受身体或精神痛苦。客观行为决定案件性质。本案中，被告人于某某、涂某某、张某某所实施的犯罪行为各异，法院对其定罪量刑不同。被告人涂某某、张某某违反监管法规，对不服从管教的被监管人宋某某、栗某某进行踢打，身为看守所副所长于某某手持警棍击打宋某某的头部、背部，造成宋某某死亡、栗某某轻微伤的严重后果。根据《中华人民共和国刑法》第 248 条的规定，致人伤残、死亡的，依照本法第 234 条、第 232 条的规定定罪从重处罚。被告人于某某的犯罪行为已由虐待被监管人罪转化为故意伤害（致死）罪。为此，黑龙江省阿木尔林区人民法院分别以故意伤害罪、虐待被监管人罪对被告人于某某、涂某某、张某某作出有罪判决。综上所述，我们同意法院对此案的判决。

九、监督纠正暂予监外执行罪犯脱管重新犯罪案例*

【基本案情】

罪犯石某某，男，1964 年 4 月 22 日出生，初中文化，农民，1997 年因犯诈骗罪被法院判处有期徒刑 15 年，剥夺政治权利 3 年，判决生效后被投送北京市延庆监狱服刑。2003 年 6 月 6 日因患心肌梗塞、心功能Ⅲ级，被批准保外就医。2004 年 6 月至 2008 年 6 月，又连续被批准保外就医。

石某某在保外就医执行期间，于 2009 年 3 月 17 日，因涉嫌合同诈骗罪被北京市公安局房山分局刑事拘留，经公安机关侦查，罪犯石某某于 2004 年 2 月至 2009 年 1 月勾结他人，诈骗作案 25 起，骗取事主现金共计人民币 210 余万元。经北京市房山区人民检察院审查批准逮捕、审查起诉，2010 年 12 月 17 日，北京市房山区人民法院以石某某犯诈骗罪，判处其有期徒刑 14 年 6 个月，剥夺政治权利 2 年，并处罚金人民币 1.5 万元；与其前犯诈骗罪尚未执行完毕的刑罚有期徒刑 2 年 2 个月零 12 天，剥夺政治权利 3 年并罚，决定执行有期徒刑 16 年，剥夺政治权利 5 年，并处罚金人民币 1.5 万元。

承担对罪犯石某某保外就医监管任务的北京市公安局房山分局周口店镇派出所，虽对石某某保外就医情况进行了例行检查，但缺乏严格的监控措施，对石某某违法犯罪情况不掌握，在历次的续保材料中出具证明称："石某某在暂予监外执行期间，能够遵守保外就医规定，遵守法纪，定期汇报思想，到指定医院看病，表现较好。"北京市延庆监狱根据周口店镇派出所等有关单位的证明材料一直对石某某办理保外就医续保手续。

【检察监督情况】

2009 年 2 月至 7 月，北京市人民检察院第一分院派驻延庆监狱检察室对延庆监狱办理的 34 名保外就医罪犯进行了全面检查，通过采取调阅卷宗、到保外就医罪犯居住地有关部门走访、与保外就医罪犯居住地所辖检察机关监所检察部门联系等方法，从中发现罪犯石某某脱管并重新犯罪情况。

通过调查，北京市检察院第一分院认为：罪犯石某某 2003 年被保外就医后，于 2004 年 2 月就开始在当地进行诈骗，一直到被抓获前作案 25 起，其重新违法犯罪，数额特别巨大，情节后果严重，在社会上造成恶劣影响。而负责监管暂予监外执行罪犯的房山区分局周口店镇派出所干警虽然能定期到石某某

---

  * 本案例由北京市检察院第一分院驻北京市延庆监狱检察室主任陈金良、北京市检察院第一分院监所检察处副处级检察员吴敏提供。

居住地对其进行监督和教育，但是在长达 5 年的时间里，未认真履行监管职责，监督管理工作不深入，对于石某某的违法犯罪活动一直未予发现，并造成严重脱管。根据中央社会治安综合治理委员会办公室、最高人民法院、最高人民检察院、公安部、司法部联合签发的《关于加强和规范监外执行工作的意见》的相关规定，北京市检察院第一分院于 2010 年 10 月 21 日，依法向北京市公安局发出纠正违法通知书，建议北京市公安局对房山区分局周口店镇派出所责任干警作出处理，并规范对暂予监外执行罪犯的监督管理工作，完善相关工作机制，强化监管措施。

【公安机关纠正情况】

北京市公安局接到北京市检察院第一分院的纠正意见后，立即责成房山区公安分局领导组成由纪检监察处、法制处及人口处参加的联合调查组进行调查；对发生罪犯脱管失控辖区派出所分管副所长停职审查，等候处理。2010 年 11 月 20 日，北京市公安局对纠正违法通知书予以回复：对房山分局依据《北京市公安局内部执法监督措施工作实施办法》规定，采取了执法通报监督措施，房山分局成立了专门调查组，并将该案移交分局纪委追究相关责任人监管过错责任。责成房山分局认真查摆问题，严格依法依规开展监督管理工作，坚决杜绝此类问题的发生。

附：

北京市人民检察院第一分院纠正违法通知书

（京检一分纠〔2010〕1 号）

北京市公安局：

今年 4 月份，我院驻延庆监狱检察室在对延庆监狱保外就医罪犯监管情况进行调研过程中，发现其中一名在房山区周口店镇某村居住的保外就医罪犯石某某在保外就医期间脱管失控并涉嫌重新犯罪的问题。

罪犯石某某，男，1964 年 4 月 22 日生，北京市房山区周口店镇某村人，初中文化，现住房山区良乡镇某小区。1997 年因犯诈骗罪被北京市房山区人民法院判处有期徒刑 15 年，2003 年 6 月石某犯因患心肌梗塞、心功能Ⅲ级，被北京市延庆监狱执行保外就医。2009 年 1 月石某某脱管失控下落不明，同年 3 月 17 日，因涉嫌合同诈骗罪被北京市公安局房山分局刑事拘留；同年 4

月 16 日被该局执行取保候审（缴纳保证金 10000 元）。2009 年 12 月 25 日房山分局侦查终结，并将该案移送房山区人民检察院审查起诉，2010 年 7 月 12 日，房山区人民检察院已将该案起诉至房山区人民法院，目前，案件正在法院审理期间。

经公安机关侦查，罪犯石某某于 2004 年 2 月至 2009 年 1 月间勾结他人，在北京市房山区石楼镇双孝村北京太康房地产开发有限公司，以开发住宅小区、装修办公楼等为诱饵，签订虚假合同，诈骗作案 25 起，骗取事主现金共计人民币 210 余万元。截至目前，210 余万元赃款仍未追回。

根据房山分局提供的起诉意见书证明，石某某 2003 年 6 月被保外就医后，于 2004 年 2 月就开始在当地进行诈骗，一直到被抓获前作案 25 起。你局周口店镇派出所出具的证明称：该人在暂予监外执行期间，能够遵守保外就医规定、遵守法纪，定期向我汇报思想，到指定医院看病，表现较好。

延庆监狱根据周口店镇派出所等有关单位的证明材料一直对石某某办理保外就医续保手续。

我们认为：罪犯石某某在保外就医期间重新违法犯罪，数额特别巨大，情节后果严重，在社会上造成恶劣影响。《中华人民共和国刑事诉讼法》第 214 条第 6 款规定：对于暂予监外执行的罪犯，由居住地公安机关执行，执行机关应当对其严格管理监督，基层组织或者罪犯的原所在单位协助进行监督。你局下属房山分局周口店镇派出所负责监管暂予监外执行罪犯的干警虽然能定期到石某某居住地对其进行监督和教育，但是在罪犯石某某保外就医长达 5 年的时间里，未认真履行监管职责，监督管理工作不深入，对于石某某的违法犯罪活动一直未予发现，并造成严重脱管，根据中央社会治安综合治理委员会办公室、最高人民法院、最高人民检察院、公安部、司法部联合签发的高检会〔2009〕3 号《关于加强和规范监外执行工作的意见》第 20、23 及 24 条第（11）项之规定，特向你局提出如下纠正建议：

1. 你局应对房山区分局周口店镇派出所责任干警依相关规定进行处理，并举一反三教育各有关单位和干警以此为鉴，进一步增强责任意识。

2. 应当进一步规范对暂予监外执行罪犯的监督管理工作，明确责任，完善相关工作机制，确保刑罚执行活动的顺利进行。

3. 应从维护首都稳定大局出发，进一步加强对暂予监外执行罪犯的监督管理工作，强化监管措施，确实把监管工作落到实处。

根据中央社会治安综合治理委员会办公室、最高人民法院、最高人民检察院、公安部、司法部联合签发的高检会〔2009〕3 号《关于加强和规范监外执行工作的意见》第 23 条之规定，请你局接到此通知后十五日内将纠正情况书面函告我院。如有异议请于接到我院纠正意见后七日内提出复议。

　　特此通知。

北京市人民检察院第一分院

二○一○年十月二十一日

十、犯罪嫌疑人郑某羁押必要性审查案例*

【基本案情】

犯罪嫌疑人郑某，男，汉族，52 岁，上海市奉贤区人，无犯罪前科。因涉嫌诈骗于 2012 年 11 月 11 日被上海市公安局奉贤分局刑事拘留，羁押于奉贤区看守所。同年 12 月 6 日经奉贤区人民检察院批准被执行逮捕。2013 年 2 月 4 日，犯罪嫌疑人郑某及其同案犯赵某（女）、陶某（赵、陶二人系情人关系）诈骗一案侦查终结移送奉贤区检察院审查起诉。3 月 18 日此案退回上海市公安局奉贤分局补充侦查，3 月 28 日重新移送审查起诉。

经上海市公安局奉贤分局侦查查实，2008 年 6 月至 7 月间，犯罪嫌疑人赵某得知被害人姚某某欲开办敬老院，遂对姚某某声称认识政府部门人员，能帮助办理敬老院执照，但需费用人民币 200 万元，前期启动资金 20 余万元。为骗取姚某某的信任，赵某指使郑某、陶某二人谎称系奉贤区南桥镇政府工作人员，带姚某某至海湾旅游区一荒地，指称系敬老院规划用地。姚某某信以为真，先后交给郑某人民币共 22 万元，郑某将骗得的钱款悉数交给了赵某。后姚某某发现被骗向公安机关报案。

【案件的启动、受理和审查处理情况】

2013 年 3 月 29 日，犯罪嫌疑人郑某的辩护律师书面申请奉贤区人民检察院对犯罪嫌疑人郑某进行羁押必要性审查，理由是：（1）犯罪嫌疑人郑某之父已 85 岁高龄，因郑某在押，其父生活无人照顾；（2）郑某亲属已全部退清赃款；（3）郑某系初犯，认罪悔罪态度较好，变更强制措施不致危害社会。

奉贤区人民检察院案件管理部门收到犯罪嫌疑人郑某辩护律师的羁押必要性审查申请后，根据上海市检察机关《关于羁押必要性审查工作的规定》以及奉贤区人民检察院《继续羁押必要性审查工作细则》关于羁押必要性审查由监所检察部门归口办理的要求，于当日向监所检察科移送案件。奉贤区人民检察院监所检察科羁押必要性审查专职办案人员经调阅案件相关材料，走访办案部门，了解郑某羁押表现情况，掌握了案件事实证据、批准逮捕的理由、犯罪嫌疑人悔罪表现等情形后认为，犯罪嫌疑人郑某虽已构成诈骗罪，但本案事实已经查清，证据已经固定，且郑某具有坦白和积极退赃情节，同案犯罪嫌疑人亦全部到案，能排除串供，加之其具有家庭特殊困难情形和取保候审条件，可考虑对其改变强制措施。鉴于犯罪嫌疑人郑某诈骗数额巨大，可能判处 3 年

---

* 本案例由上海市人民检察院监所检察处提供。

以上有期徒刑，为增强羁押必要性审查的司法属性，体现办案的严肃性和公正性，监所检察部门决定对郑某羁押必要性审查案件召开听证会，充分听取有关各方的意见，以便依法妥善处理。

2013年4月1日，犯罪嫌疑人郑某羁押必要性审查听证会在奉贤区人民检察院召开。在监所检察部门负责人的主持下，公安机关侦查人员，奉贤区人民检察院侦查监督部门、公诉部门案件承办人，看守所监管民警，本案被害人和郑某的辩护律师到场，就郑某有无继续羁押的必要，发表了各自的意见。经过听证，各方一致认为郑某认罪悔罪态度较好，并悉数退赃，另家有老人确需照顾，不羁押不致发生社会危险性，故可不再继续羁押。由于听证目的明确，程序公开透明，各方参与人充分发表意见，使羁押必要性审查的相关情况更为清晰明了，为依法作出审查意见奠定了坚实基础。

奉贤区人民检察院监所检察科通过对郑某羁押必要性的全面深入审查后，根据修改后《刑事诉讼法》第93条和《人民检察院刑事诉讼规则（试行）》第621条之规定，经报请分管检察长审批，于2013年4月2日依法向本院公诉科制发出对郑某变更强制措施的书面建议，同日公诉科采纳了该建议，对郑某变更强制措施为取保候审。

【案例点评】

一、归口办理羁押必要性审查案件符合立法本意

修改后《刑事诉讼法》新增了捕后继续羁押必要性审查的规定，体现了司法文明的进步。奉贤区人民检察院深刻领会立法精神，从全面、客观、公正开展羁押必要性审查的要求出发，考虑到监所检察部门因与案件办理无直接利害关联，处于相对中立的地位，又具备熟悉犯罪嫌疑人、被告人监管羁押表现等情况的便利，故按照市院检察委员会决议，将此项工作统一归口由监所检察部门办理，其他部门予以配合，并建立起相应的工作机制，从而为依法、公正、有效开展羁押必要性审查工作发挥了积极的引领作用。

二、明确羁押必要性审查的标准，确保案件依法处理

羁押必要性审查的关键，是犯罪嫌疑人、被告人被逮捕后，有无继续羁押的必要。我们认为，无继续羁押必要性的标准应为：一是系非严重刑事犯罪，且案件事实已经查清，证据已经固定，又无妨害侦查、审查起诉等诉讼活动进行和再次犯罪可能；二是犯罪嫌疑人、被告人能真诚悔罪，或因其身体、家庭状况不宜继续羁押；三是变更强制措施不致引发社会负面影响。经审查，本案犯罪嫌疑人郑某被逮捕后历经侦查和移送审查起诉，已具备上述条件，尤其是同案犯均已到案，被害人已接受退赃并表示谅解，批准逮捕时的情形已发生变化，故可依法建议办案部门变更羁押强制措施。

三、规范羁押必要性审查程序，形成审查工作合力

羁押必要性审查涉及多个部门和方面，需要相关部门积极参与配合和协调。奉贤区人民检察院明确规定，监所检察部门启动羁押必要性审查程序后，相关办案部门应予配合，在规定的时间节点内将有关案件材料移送监所检察部门，以供审查。监所检察部门提出变更羁押措施建议后，办案部门应及时作出处理，若有不同意见，应提交检察长或检察委员会决定，从而在程序上保证了此项工作的合力。本案中，监所检察部门发出书面的变更强制措施建议后，公诉部门即予采纳，对郑某变更了强制措施，并及时回复监所检察部门。

四、采取听证方式可增强羁押必要性审查的司法属性

在本案中，监所检察部门鉴于郑某诈骗犯罪数额巨大，对其变更羁押措施可能存在分歧，为体现办案的实体公正和程序公正，采取羁押必要性审查听证会的方式，为各方畅所欲言、发表意见提供了平台，不仅使案件审查更加公开透明，而且掌握了相关部门和人员的真实意见，凸显了羁押必要性审查的司法属性。

十一、对孙某开展羁押必要性审查案例*

【基本案情】

被告人孙某，男，1996年5月11日出生，汉族，初中文化，水电工。因涉嫌强奸罪，于2013年5月1日被泰兴市公安局刑事拘留，同年5月23日被逮捕。

被告人孙某于2013年4月30日下午，明知邻居孙某某（女，2006年6月23日出生）是不满14周岁的幼女，仍将其带至本村十三组余某某家油菜田内，采用手指抠、阴茎磨蹭等方式对孙某某实施奸淫1次。案发后，被告人孙某在其父亲陪同下主动至公安机关投案，并如实供述了上述犯罪事实。

【案件来源】

被告人孙某因涉嫌强奸罪，于2013年5月1日羁押于泰兴市看守所，同月23日被执行逮捕。此案由泰兴市人民检察院驻所检察人员在工作中自行发现（泰兴市人民检察院驻所检察人员于2013年8月多次找在押人员孙某教育谈话时，了解核实到其亲属已积极向被害人孙某某作出了经济赔偿，并得到了孙某某亲属的谅解。鉴于在押人员孙某犯罪时未满18周岁，有自首情节，且自愿认罪，其亲属积极向被害人作出了经济赔偿，并得到被害方亲属的谅解，我院驻所检察室随即启动羁押必要性审查机制）。

【羁押必要性审查工作情况】

被告人孙某于2013年5月23日被逮捕，驻所检察人员即在3日以内书面告知其被逮捕后有权利依法向办案机关申请变更强制措施，也可以申请人民检察院进行羁押必要性审查。本案于2013年7月18日向泰兴市人民法院提起公诉，承办人员先征求了公诉部门的一致意见，听取了被害人近亲属、被告人及其辩护律师的意见，通过与看守所监管民警谈话、巡视检察监室调查核实被告人孙某的身体健康状况和羁押表现，并审阅了全部案件材料，核实了案件事实与证据。泰兴市院监所检察科经审查认为，被告人孙某认真遵守监规和在押人员行为规范，劳动表现良好。其犯罪时未满18周岁，应当从轻或减轻处罚，有自首情节，可以从轻或减轻处罚，且自愿认罪，其亲属积极向被害人作出了经济赔偿，并得到被害方亲属的谅解。2013年8月26日，泰兴市人民检察院监所科报请检察长决定，建议法院变更强制措施。同年8月29日，泰兴市人民法院将被告人孙某变更为取保候审。

---

*　本案例由江苏省泰兴市人民检察院监所检察科提供。

【变更强制措施后的法律效果】

被告人孙某羁押必要性审查案件的成功办理，最大限度保护了未成年在押人员的合法权利；更好地落实了宽严相济的刑事司法政策；有利于降低诉讼成本，提升司法效率；更有利于缓解社会矛盾，促进社会和谐。

附：

泰兴市人民检察院羁押必要性审查建议书

泰检监羁审建〔2013〕9号

泰兴市人民法院：

我院依法对逮捕后羁押于泰兴市看守所的被告人孙某的羁押必要性进行了审查。经审查认为不需要继续羁押被告人孙某。理由是：被告人孙某犯罪时未满十八周岁，应当从轻或减轻处罚，有自首情节，可以从轻或减轻处罚，且自愿认罪，其亲属积极向被害人作出了经济赔偿，并得到被害方亲属的谅解，故无继续羁押的必要。

上述事实有以下证据予以证明：

1. 被告人孙某与被害人亲属达成的谅解书等书证。

2. 证人朱某某、何某某等的证言。

3. 被害人孙某某的陈述。

4. 被告人孙某的供述和辩解。

依据《中华人民共和国刑事诉讼法》第九十三条和《人民检察院刑事诉讼规则（试行）》第六百一十七条、第六百二十一条的规定，建议你院对被告人孙某变更强制措施。请你院在收到本建议函十日以内将处理情况通知我院，如果没有采纳本建议的，请说明理由和依据。

2013 年 8 月 26 日

泰兴市人民检察院（院印）

十二、原判有期徒刑罪犯被再审改判无期徒刑，应如何计算实际执行刑期案例[*]

【基本案情】

邵某某，男，1979年11月2日出生，汉族，宁县人，初中文化。因涉嫌聚众斗殴罪，1999年12月1日被甘肃省庆阳市西峰区公安局刑事拘留，2000年1月7日，经西峰区人民检察院批准逮捕，同年6月12日，因犯故意伤害罪、聚众斗殴罪被西峰区人民法院判处有期徒刑9年。邵某某不服提出上诉。2001年9月5日，庆阳市中级人民法院裁定维持原判，同年11月5日，邵某某被交付甘肃省平凉监狱服刑。2003年12月28日，邵某某被平凉市中级人民法院裁定减刑1年。

2003年1月16日，甘肃省高级人民法院认为该案适用程序违反法律规定，指令庆阳市中级人民法院另行组成合议庭再审，再审期间不停止原判决执行。同年4月30日，庆阳市中级人民法院裁定撤销一、二审判决，发回西峰区人民法院重审。同年5月15日，西峰区人民法院将该案移送西峰区人民检察院。经退回补充侦查一次后，西峰区人民检察院于2003年11月12日将该案移送庆阳市人民检察院审查起诉。2004年7月27日，庆阳市中级人民法院以邵某某犯故意伤害罪、聚众斗殴罪，判处无期徒刑、剥夺政治权利终身。邵某某不服提出上诉。同年12月15日，甘肃省高级人民法院裁定维持原判。2007年6月26日，邵某某被甘肃省高级人民法院裁定减为有期徒刑19年3个月。2009年8月25日，邵某某被平凉市中级人民法院裁定减刑1年。2011年4月28日，邵某某被平凉市中级人民法院裁定减刑9个月。

【分歧意见】

该案的核心问题有两个：一是邵某某2003年12月28日被平凉中级人民法院裁定减刑1年，该裁定应当如何处理？二是根据《刑法》第78条和第81条之规定，判处无期徒刑的，减刑以后实际执行的刑期不能少于13年；实际执行13年以上，符合条件的可以假释。那么，邵某某被再审改判无期徒刑后，其实际执行刑期应当如何计算？

关于第一个问题，意见基本一致。根据最高人民法院《关于办理减刑、假释案件具体应用法律若干问题的规定》（法释〔2012〕2号）第23条的规定，人民法院按照审判监督程序重新审理的案件，改变原判决、裁定的，应由

---

[*] 本案例由最高人民检察院监所检察厅监狱检察处副处长陈梦琪提供。

刑罚执行机关依照再审裁判情况和原减刑、假释情况，提请有管辖权的人民法院重新作出减刑、假释裁定。最高人民法院研究室《关于原判有期徒刑的罪犯被裁定减刑后又经再审改判为无期徒刑应如何确定执行刑期问题的答复》（1995年12月25日）第1条也规定：原判有期徒刑并已被裁定减刑的罪犯经再审改判为无期徒刑，再审法院应当将改判的判决书副本送达作出减刑裁定的人民法院，由该院依法裁定撤销原减刑裁定。如果罪犯在改判后符合无期徒刑减刑条件的，应当重新依法报请减刑。因此，罪犯邵某某于2003年12月28日被减刑1年的裁定应予撤销，并由平凉监狱依照再审情况和原减刑情况，提请平凉市中级人民法院重新作出减刑裁定。

关于第二个问题，分歧较大，主要有以下三种意见：

第一种意见认为，邵某某被再审改判无期徒刑后，其无期徒刑执行期间应当从无期徒刑判决确定之日起计算。对再审之前已经执行的刑期，以及原判有期徒刑判决以前先行羁押的期间，均不应当计算为实际执行的刑期。因此，邵某某实际执行刑期的起始时间，应当自再审无期徒刑判决确定之日（2004年12月15日）起计算。

第二种意见认为，邵某某被再审改判无期徒刑后，其无期徒刑执行期间应当从无期徒刑判决确定之日起计算。对再审之前已经执行的刑期，以及原判有期徒刑判决以前先行羁押的期间，均应当通过折抵计算为实际执行的刑期。因此，邵某某实际执行刑期的起始时间，应当自原判有期徒刑判决以前先行羁押之日（1999年12月1日）起计算。

第三种意见认为，邵某某被再审改判无期徒刑后，其无期徒刑执行期间应当从无期徒刑判决确定之日起计算。对再审之前已经执行的刑期，应当通过折抵计算为实际执行的刑期。但是，对原判有期徒刑判决以前先行羁押的期间，不应当通过折抵计算为实际执行的刑期。因此，邵某某实际执行刑期的起始时间，应当自原有期徒刑判决确定之日（2001年9月5日）起计算。

【案例点评】

我们同意第三种意见，理由如下：

一、对再审之前已经执行的刑期，应计入无期徒刑罪犯实际执行的刑期

1. 将再审之前已执行刑期计入实际执行刑期，符合有关司法解释规定。最高人民法院研究室《关于原判有期徒刑的罪犯被裁定减刑后又经再审改判为无期徒刑应如何确定执行刑期问题的答复》（1995年12月25日）第2条规定：再审改判无期徒刑的执行期间从再审判决确定之日起算。对改判前已执行的刑期，应在对无期徒刑裁定减刑时，折抵为无期徒刑已实际执行的刑期。虽然该司法解释是1995年出台的，但是后出台的有关法律法规并没有关于此类

问题的规定，最高人民法院既没有再出台类似的司法解释，也没有废止该司法解释，因此该司法解释至今有效。根据该司法解释，在对无期徒刑罪犯裁定减刑时，对再审之前已经执行的刑期应当折抵为无期徒刑已实际执行的刑期。假释的适用与减刑的适用基本相同，其决定无期徒刑实际执行的刑期无本质差异，因此，在对无期徒刑罪犯裁定假释时，对再审之前已经执行的刑期也应当折抵为无期徒刑已实际执行的刑期。

2. 将再审之前已经执行的刑期计入实际执行刑期，符合刑法的罪责刑相适应原则。刑罚的轻重，应当与犯罪分子所犯罪行和承担的刑事责任相适应，这是《刑法》第5条所确定的罪责刑相适应原则。本案中，邵某某犯罪之后，原判有期徒刑是人民法院对其所犯罪行的初次处罚，再审改判无期徒刑是人民法院对其所犯罪行的再次处罚。如果邵某某受到的初次处罚不能计算为实际执行的刑期，则意味着对罪犯重复执行刑罚，罪犯重复为其所犯罪行承担刑事责任，这种一事二罚的情形明显有违刑法的罪责刑相适应原则。因此，只有将再审之前已经执行的刑期计入实际执行的刑期，才符合刑法的罪责刑相适应原则。

3. 将再审之前已经执行的刑期计入实际执行的刑期，符合刑事诉讼法的尊重和保障人权原则。《刑事诉讼法》第2条规定，中华人民共和国刑事诉讼法的任务之一是尊重和保障人权。本案中，邵某某自1999年12月1日被刑事拘留以来，已经在监管场所关押13年多，自2001年9月5日原有期徒刑判决确定以来，也已经被实际执行刑罚接近12年。甘肃省高级人民法院2003年决定再审的原因，是认为该案适用程序违反法律规定，罪犯邵某某对于再审的启动无任何过错责任。而如何适用程序，确保诉讼程序符合法律规定，这是司法机关的职责。司法机关不能将因为适用程序出现问题导致的不利后果，强加于邵某某的身上，否则将侵犯罪犯邵某某的人权，有违刑事诉讼法的尊重和保障人权原则。因此，只有对再审之前已经执行的刑期计算为实际执行的刑期，才符合刑事诉讼法的尊重和保障人权原则。

4. 将再审之前已经执行的刑期计入实际执行的刑期，符合基本法理精神。根据刑法和相关司法解释的规定，无期徒刑的执行期间从再审判决确定之日起计算。但是，这并不意味着再审改判无期徒刑前已经执行的刑期，不能计算为实际执行刑期。根据法律规定，原判有期徒刑的罪犯经再审改判为无期徒刑的，原判有期徒刑的判决被撤销而失效。而罪犯依据原判决所执行的刑期如果不能计算为实际执行刑期，则无法合理说明罪犯在再审改判前刑罚执行的法律依据，有违基本法理精神。因此，只有将再审之前已经执行的刑期计算为实际执行的刑期，才符合基本法理精神。

二、对原判有期徒刑判决以前先行羁押的期间，不应当计入无期徒刑罪犯实际执行的刑期

1. 根据现有司法解释，判决以前先行羁押的期间不得折抵为无期徒刑罪犯实际执行的刑期。最高人民法院《关于办理减刑、假释案件具体应用法律若干问题的规定》（法释〔2012〕2号）第8条规定，无期徒刑罪犯经过一次或几次减刑后，其实际执行的刑期不能少于13年，起始时间应当自无期徒刑判决确定之日起计算。根据该司法解释，对于无期徒刑罪犯，判决以前先行羁押的期间不得折抵为实际执行的刑期。因此，本案中，邵某某作为一名无期徒刑罪犯，虽然先后经历了原判程序和再审程序，但其原判有期徒刑判决以前先行羁押的期间，同样不应当计算为实际执行的刑期。

2. 如果将原判有期徒刑判决以前先行羁押的期间计入实际执行的刑期，对于被直接判决无期徒刑罪犯而言则显失公平。法律面前人人平等，同样是无期徒刑判决，不能因为是否经历了再审程序的不同，就出现了不同的实际执行刑期计算方式和不同的刑罚执行结果，这显然是有失公平的，也是法律所不允许的。因此，原判有期徒刑罪犯被再审改判无期徒刑的，应当与被直接判决无期徒刑的罪犯一样，先行羁押的期间均不予以折抵为实际执行刑期。

综上所述，根据《刑法》、《刑事诉讼法》及有关司法解释，邵某某被再审改判无期徒刑后，其无期徒刑执行期间应当从判决确定之日起计算。对再审之前已经执行的刑期，应当通过折抵计入实际执行的刑期。对原判有期徒刑判决以前先行羁押的期间，不应当计入实际执行的刑期。在对邵某某裁定减刑或者裁定假释时，其实际执行刑期的起始时间，应当自原有期徒刑判决确定之日（2001年9月5日）起计算。

十三、监督纠正法院罚金刑执行违法、 公安机关违法扣押款物案例*

【基本案情】

服刑人员王某某，男，1972 年 4 月 15 日出生，汉族，农民。2011 年 5 月 15 日，因涉嫌犯销售假药罪，被重庆市公安局大渡口区公安分局刑事拘留，2011 年 6 月 21 日被执行逮捕。2012 年 9 月 13 日，重庆市大渡口区人民法院以被告人王某某犯生产、销售伪劣产品罪，判处其有期徒刑 6 年，并处罚金 40 万元。同年 10 月 11 日，王某某被送重庆市九龙监狱服刑。

【案件的启动、监督和处理情况】

2013 年 4 月 25 日，重庆市检察院第五分院在开展监督纠正违法扣押款物专项活动中，派驻九龙监狱检察室收到九龙监狱服刑人员王某某申诉，该犯反映他有银行卡 5 张、现金 1500 余元被重庆市公安局大渡口区公安分局扣押后未返还，银行卡上有 7 万多元人民币。

派驻检察干警立即开展调查，第一步，查阅了王某某案件的判决书等法律文书，掌握了解到服刑人员王某某被判有期徒刑 6 年外，同时被处罚金 40 万元的基本案情。第二步，到原办案单位大渡口区公安分局经侦支队调查核实情况，经核查，王某某反映情况属实，办案单位承认他们在退还暂扣款物的过程中没有依法办事。检察室依据王某某的委托，为其代领了被扣押的 5 张银行卡。第三步，就判决书对王某某判处罚金刑 40 万元，要求于判决生效后 5 日内缴纳的情况，到大渡口区人民法院刑庭调查了解该案罚金刑的执行情况。经调查，法院以无法查询王某某的账户资产为由，判决生效后的半年多时间内，对罚金刑未予执行。检察官向法院提供了王某某的银行卡账户，要求立即启动相关执行程序执行罚金刑。第四步，在对该案全面调查核实清楚后，针对大渡口区公安分局、大渡口区法院在执法中存在的执法不规范、应作为而不作为的行为，五分院立即分别向两个单位发出了纠正违法通知书。

经检察监督纠正，大渡口区法院依法从王某某的 5 张银行卡中执行罚金 76839 元。大渡口区公安分局将现金 1500 元汇入五分院指定账户，两家单位收到五分院纠正违法通知后认真整改纠正，并向该院进行了书面答复。7 月 25 日，重庆市检察院第五分院派驻检察室在九龙监狱举行了发还物品大会，依法

* 本案例由重庆市人民检察院第五分院监所检察处副处长柴冬梅、重庆市人民检察院第五分院派驻九龙监狱检察室干部唐建宇提供。

代向王某某退还 1500 元到其在监狱的账上，并向其宣讲了相关法律的规定，检察机关执法的公正与严谨，以及以人为本的人性化执法，使该犯深受教育和触动，在监狱服刑罪犯中引起了强烈的反响。

【案例点评】

一、转变执法理念，重视对财产刑执行的监督

在《人民检察院刑事诉讼规则（试行）》出台后，就财产执行监督这项新职能，重庆市检察院第五分院监所部门坚持一直以来的实干精神，及时打消个别干警对该项工作存在的"坐而论道"情绪和"坐、等、靠"思想，坚决将该项职责规化到具体的监督工作中。同时我们意识到因长期以来存在重生命刑、自由刑执行，财产刑执行弱化，财产刑执行存在执行率低、执行不规范等突出问题，开展检察监督是挑战，也是机遇，我们将这项工作作为新的增长点，抓好落实。

二、工作中注意收集关联性信息，有效开展财产刑执行监督

2013 年，五分院针对近几年来受理的服刑人员就其被扣押款物未返还申诉较多的情况，开展了监督纠正违法扣押被监管人合法款物专项活动。通过向服刑人员发放《服刑人员被扣押合法财物未返回情况调查表》，收集信息，挖掘线索。调查表要求服刑人员全面、客观、准确地填写办案机关、办案人员、被扣押财物内容、品名等相应内容，通过调查表，我们除了了解掌握每一位服刑人员在诉讼过程中被扣押款物的情况外，也关注其财产情况等相关信息，为开展财产刑执行监督打下了良好的基础，开辟了一条新的路径。目前，累计发放调查表 200 余份，回收 70 余份，从中收集有效线索 5 条。

三、履职中，落实"两手抓"

"两手抓"，即一手抓保障刑罚的有效执行，一手抓维护被监管人员合法权益，两项工作同时进行。在派驻检察工作中，一方面积极审查案件中是否存在财产刑罚，调查核实财产刑是否得到有效、规范执行，保障刑罚执行的规范化；另一方面在办理申诉案件中，坚定有案敢办、有案必办的决心，排除阻力，不论案件涉及哪一个办案机关，坚决监督办案部门执行款物退还机制，着力保证款物账目两清，维护被监管人员合法权益。在监督中，注意依法监督前提下的人性化执法。如王某某申诉案，在监督执行罚金刑的同时考虑到王某某的实际困难，为其保留了 1500 元的生活费用。

四、与办案部门加强沟通，规范使用法律文书

在该案的调查处理中，因涉及公安、法院两家单位的几个部门，办案中出现了相关部门不理解、怕麻烦、推脱责任的情况，办案干警在调查核实清楚相关情况的基础上，通过与两家单位的纪检监察等部门加强沟通联系，争取市院

监所处的支持，督促整改，同时，为了有效排除干扰，扩大监督的效果，及时依法向两个单位分别发出了《纠正违法通知书》，口头督促和书面纠违相结合，保障了监督的效果。

十四、检察纠正法院裁定李某某减刑不当案例*

【基本案情】

罪犯李某某，男，汉族，1969 年 12 月 18 日出生，重庆市开县人，大学文化，入狱前为重庆市公安局万州分局某派出所民警。2010 年 12 月 8 日，李某某因犯徇私枉法罪，被重庆市万州区人民法院判处有期徒刑 5 年 6 个月，该犯不服，提起上诉。重庆市第二中级人民法院于 2012 年 1 月 9 日作出终审判决，以李某某犯徇私枉法罪，判处其有期徒刑 5 年。2011 年 4 月李某某被送交三峡监狱服刑，服刑于重庆市三峡监狱四监区。

罪犯李某某自入监以来，认罪服法，遵守监规，认真学习政治法律及技术文化知识，按时完成劳动任务，获监狱记功 2 次、监狱改造积极分子奖励并记功奖励 1 次、表扬奖励 1 次。监狱认为李某某有两次立功表现，分别为：一是罪犯李某某在原案侦查期间，检举他人盗伐林木犯罪事实立功。2011 年 2 月李某某被羁押于万州区看守所期间，向公安机关检举犯罪嫌疑人段某某盗伐林木的犯罪事实，后犯罪嫌疑人段某某被公安机关抓获并被判刑 1 年 6 个月。二是罪犯李某某提供其他犯罪嫌疑人藏匿线索使得其他案件得以侦破立功。2011年李某某在被羁押于万州区看守所期间，向公安机关检举犯罪嫌疑人王某某因故意杀人逃匿并藏身于山西大同。2011 年 8 月，万州区公安局双河口派出所民警在山西将犯罪嫌疑人王某某抓获。2012 年 3 月，万州区人民法院以故意杀人罪判处王某某有期徒刑 7 年。2013 年 5 月 13 日，三峡监狱以李某某入监服刑以来确有悔改并有立功表现，已获记功 5 次、表扬 1 次为由，向重庆市第二中级人民法院提出减刑意见书，建议对李某某减去 1 年 4 个月的刑期。

【检察监督过程】

2013 年 5 月 13 日，执行机关三峡监狱以李某某入监服刑以来确有悔改并有 5 次立功、1 次表扬的表现为由，向重庆市第二中级人民法院提出减刑建议书，建议对李某某减去 1 年 4 个月的刑期，并随卷移送罪犯李某某检举他人盗伐林木的犯罪事实和提供其他犯罪嫌疑人藏匿线索使得其他案件得以侦破的立功材料。三峡监狱将减刑建议书副本抄送重庆市人民检察院第二分院派驻三峡监狱检察室。2013 年 5 月 22 日，重庆市第二中级人民法院对李某某减刑案进行开庭审理。在庭审中，驻狱检察室对李某某 3 次记功奖励不持异议，认为罪犯李某某检举犯罪嫌疑人段某某盗伐林木的犯罪事实清楚、证据确实充分，法

---

* 本案例由重庆市人民检察院派驻三峡监狱检察室主任徐思、干部陈治军提供。

庭应当予以确认；认为李某某检举王某某藏匿线索并协助公安机关抓获王某某事实不清、证据不足，建议法庭休庭进行调查，法庭当即宣布休庭。休庭后，三峡监狱狱侦科对李某某两次立功情况再次进行了调查。2013 年 7 月 26 日，重庆市第二中级人民法院再次对李某某减刑案中检举立功事实进行开庭审理，三峡监狱依法重新向法庭提交李某某两次立功的证据材料。驻狱检察室就李某某认罪悔罪、检举立功的事实和依据同监狱刑罚执行部门代表进行了认真的法庭调查和法庭辩论，并组织了证人质证。2013 年 7 月 24 日，重庆市第二中级人民法院以罪犯李某某在原案侦查期间检举他人盗伐林木犯罪事实的立功事实中，李某某获得案件线索来源不明为由，认定其不构成立功；罪犯李某某提供其他犯罪嫌疑人藏匿线索使得其他案件得以侦破的立功情况，法院认为不构成立功，其他 3 次记功、1 次表扬的事实成立，裁定对罪犯李某某减去 1 年 3 个月的刑期。

2013 年 8 月 8 日，重庆市人民检察院第二分院派驻三峡监狱检察室审查李某某的减刑裁定书后认为：关于罪犯李某某在原案侦查期间检举他人盗伐林木犯罪事实的立功事实是，2011 年 2 月李某某被关押于万州区看守所期间，向公安机关检举犯罪嫌疑人段某某盗伐林木的犯罪事实，后犯罪嫌疑人段某某被公安机关抓获并被判刑 1 年 6 个月。上述事实，有侦查机关办案经过说明、检举信、立案决定书、询问和讯问记录、刑事附带民事判决书等证据予以证实，驻狱检察室经审查认为现有证据可以充分证明此案的侦破与罪犯李某某检举之间具有关联性，证据没有瑕疵，罪犯李某某检举立功与查证的他人犯罪事实相符，法院裁定不予认定其构成立功不当。关于罪犯李某某提供其他犯罪嫌疑人藏匿线索使得其他案件得以侦破的立功情况，李某某反映其关押于万州区看守所期间，同仓室犯罪嫌疑人段某某自己不立功，却向其透露可能立功的检举事实，明显不符合常理；李某某陈述其向万州区人民检察院驻万州区看守所检察室提交检举王某某的立功材料，经调查核实，万州区人民检察院驻所检察室工作人员表示对此事无法证实，且检察室出示的《控告举报案件线索登记表》也不能完全证实该事实；同时，万州区公安局双河口派出所相关办案人员也证实未收到李某某举报的线索材料，相关案卷不能反映李某某的检举和抓获犯罪嫌疑人王某某有任何关联。驻狱检察室审查后认为，法院裁定不予认定其构成立功合理。

2013 年 8 月 10 日，经检察长批准，重庆市人民检察院第二分院向重庆市第二中级人民法院发出检察意见书，以法院裁定认定事实不清、适用法律错误为由，建议法院对罪犯李某某检举他人盗伐林木的犯罪事实的立功表现予以认定并依法重新作出减刑裁定。2013 年 8 月 13 日，重庆市第二中级人民法院依法重新作出裁定，对罪犯李某某检举他人盗伐林木的犯罪事实的立功表现予以认定，并依法裁定对罪犯李某某减去 1 年 4 个月的刑期。

【案例点评】

检察机关开展对罪犯因有立功表现而被提请、裁定减刑案件的检察监督时，要依法履行刑罚变更执行监督职责，严格审查有关案件材料，积极开展庭审监督，并开展必要的调查取证，既要保障罪犯的合法权利，同时，也要保障刑罚执行的公平公正。

十五、郑某某解除强制医疗监督案例[*]

【基本案情】

被强制医疗人郑某某，男，1986年12月26日出生，汉族，大学文化，无职业。2013年1月19日晚7时许，被申请人郑某某持"老虎钳"在武汉市硚口区东风村轻纺城内，无故击打在此处上班的工人丁志某、丁超某、张某平、秦某义、杨某娥等人，经法医鉴定，丁志某、秦某义、杨某娥的损伤程度均为轻微伤。

武汉市精神病医院司法鉴定所鉴定，郑某某患有分裂样精神障碍，无刑事责任能力。经武汉市硚口区人民检察院提出强制医疗申请，武汉市硚口区人民法院组成合议庭审理认为：被申请人郑某某无故随意殴打他人，造成多人轻微伤的后果，严重危害了公民人身安全，其行为已达到犯罪程度。但其精神状况严重不稳定，丧失了实质性辨认和控制能力，具有较强的人身危险性，有继续危害社会的可能，且其监护人无能力自行对其监护医疗。2013年3月12日作出强制医疗决定书，同月22日送交强制医疗机构武汉市公安局安康医院执行强制医疗。

2013年9月18日，武汉市公安局安康医院委托武汉市精神病医院对被强制医疗人郑某某的精神状况进行评估，评估意见为：被强制医疗人郑某某经抗精神病药物治疗后，目前精神症状消失，自制力基本恢复，建议出院。同月23日，被强制医疗人郑某某之母向武汉市硚口区人民法院提出解除强制医疗申请。2013年10月28日，武汉市硚口区人民法院收到申请后，依法组成合议庭审查申请人的申请。2013年11月12日，武汉市硚口区人民法院作出解除强制医疗决定书，解除对被强制医疗人郑某某的强制医疗，责令家属对其严加看管和医疗。

【解除强制医疗的监督方法及内容】

对于郑某某被解除强制医疗案件，武汉市城郊地区人民检察院驻武汉市公安局安康医院检察室重点从程度及实体两方面开展了监督工作。

一、程序审查监督

主要审查相关文书是否齐全，包含解除强制医疗申请书、强制医疗机构评估报告书、解除强制医疗意见书、人民法院解除强制医疗决定书等。检察室经审查，发现武汉市公安局安康医院没有出具解除强制医疗意见书，向武汉市公

* 本案例由湖北省武汉市城郊地区人民检察院提供。

安局安康医院提出补充解除强制医疗意见书的建议，同时为规范解除强制医疗活动，还提出增加出院证明或小结的意见，武汉市公安局安康医院予以采纳。

二、实体审查监督

主要围绕被强制医疗人是否"不具有人身危险性，不需要继续强制医疗"设定问题及设置肢体动作，通过询问主治医师、看护人员，查阅病历及处方，与被强制医疗人谈话等方式对被强制医疗人进行观察，观察其思想及行为表现。经审查，被强制医疗人郑某某具有以下行为表现：

1. 在精神症状方面。被强制医疗人郑某某入院治疗 8 个月，除了每日例行服药外没有增加抗精神病药物，没有被采取特别约束措施；其服饰整洁，无蓬头垢面、姿态怪异或者刻板、木僵等情形，肢体动作协调、神志清楚、意识清晰，感知物体无障碍，思维联想、思维逻辑、思维内容正常，没有出现概念混乱、词语新作或中断、赘述等情形。

2. 在自知力方面。被强制医疗人郑某某能够回忆起作案的具体经过，并说出殴打他人的具体原因："因为听见一个女的呼喊救命的声音，而路人不管不问，觉得路人非常冷漠，所以殴打他人。"通过到安康医院治疗后，他认识到自己有精神病，所谓"女的呼喊救命的声音"只是自己的幻觉，并主动要求武汉市公安局安康医院在其出院后多给抗精神病药物。当告知其母为了其安心治疗，在武汉市公安局安康医院附近租房，以捡废品维持生计后，郑某某强忍内心激动的心情，言语几乎哽咽。说明其情感流露自然、适切，没有出现淡漠、倒错、强制性苦笑等非正常情感活动。

3. 在是否具有人身危险性方面。被强制医疗人郑某某具有一定的责任感，表示在出院后先休养一段时间，然后找一份工作，挣钱孝敬其母，承担家庭责任；同时认识到上述寻衅滋事行为的错误，具有后悔心理，表示在今后的生活中遇到困难不再冲动，多向他人求助，而且其家属愿意看管。武汉市公安局安康医院也与当地公安机关基本建立预防及控制精神病复发措施。另外，郑某某随意殴打他人的寻衅滋事行为虽然达到犯罪程度，但与故意杀人、伤害等严重暴力行为相比，情节较轻，危害后果不十分恶劣，即使是具有刑事责任能力的人实施了上述寻衅滋事行为，也只能在有期徒刑 3 年以下量刑，而郑某某已被强制医疗 8 个月，强制医疗时间也比较合适。

【案例点评】

我们认为，检察机关对解除强制医疗活动实施监督，不仅要对解除强制医疗的程序进行监督，更重要的是对实体进行监督，而对实体进行监督，主要针对人类的精神领域进行考察。作为监督者，虽然我们不具备鉴定精神病的资质，但可以按照正常人的行为表现来加以判断，增强内心确认。参照医学及社会学标准，我们可以将"精神病状消失、自知力恢复、已不具有人身危险性"作为解除强制医疗的实体要件。

一、关于"精神病状消失"

精神症状是否消失，一方面从神经系统方面审查判断，观察肌张力、肌震颤是否正常；不随意运动是否获得；深浅感觉、生理反应是否对称。另一方面从精神方面审查判断，观察意识是否清晰；仪态是否正常；与人交往是否主动；认识活动有无错觉、幻觉；感觉物体是否变形；思维联想、思维逻辑、思维内容是否正常。我们可以通过询问主治医师、看护人员，查阅病历及处方，看被强制医疗人在强制医疗期间是否增加抗精神病药物、是否被采取特别约束措施。如果被强制医疗人在强制医疗期间持续一段时间没有增加抗精神病药物、没有被采取特别约束措施，可以初步判断精神症状消失。同时通过谈话，观察其神经系统、认识活动、仪态、思维内容等。如果行为表现正常，可以认定精神症状消失。

二、关于"自知力恢复"

首先观察被强制医疗人对"过去事件"的回忆程度，是否认同精神病的鉴定意见，康复训练的自觉程度。其次观察情感活动是否适切、协调；意志行为是否异常，言论是否迟钝。通过综合观察，如果行为表现正常，可以认定自知力恢复。

三、关于"不具有人身危险性"

虽然"是否具有人身危险性"属于"未来时"，难以预测，但其中具有客观的、可以预知的因素。主要考察是否具有一定的责任感和基本的适应社会的能力；是否配合治疗和自觉进行康复训练；其家属是否愿意和具备能力看管，预防及控制精神病复发措施是否基本建立。同时还要考量已经发生的危害社会行为的性质及情节是否严重，实际强制医疗期限与"罪责"是否相当。如果具备上述条件，可以认定被强制医疗人不具有人身危险性。

十六、罪犯王某死刑执行临场监督案例[*]

【基本案情】

被暂停执行死刑罪犯王某，男，1975 年 8 月 27 日出生，汉族，高中文化，无业。2010 年 11 月 5 日因涉嫌抢劫罪被刑事拘留，同年 12 月 9 日被逮捕。2011 年 12 月 23 日，上海市第二中级人民法院以抢劫罪，判处罪犯王某死刑，剥夺政治权利终身，并处没收个人全部财产。

2013 年 4 月 25 日，上海市第二中级人民法院接到最高人民法院《执行死刑命令》。4 月 26 日 13 时 30 分，青东院驻市第三看守所检察室两名检察官至二中院，对罪犯王某死刑执行验明正身进行临场监督。在家属会见过程中，王某对其家属提到"今天不一定走"。在验明正身过程中，王某当庭检举一起名为"代进波"的人于 2004 年 10 月 7 日在新疆哈密一派出所门口杀害一名妇女案件，以及自己在 10 多年前受雇在大庆枪杀一名上市公司老总的情况。

【临场监督和跟踪检察情况】

一、严格遵守规定程序，履行临场监督职责

因该两起案件王某之前从未提过，临场监督检察官认为可能影响死刑执行，遂第一时间向检察室负责人和分管检察长进行汇报，并及时与案件一审公诉人取得联系，就检举揭发相关情况进行初步调查，为正确履职提供基础。因无法当场辨别检举揭发真伪，经各方协商和研究，决定对罪犯王某暂停执行死刑，宣布休庭。死刑罪犯王某当日押解回所后，驻所检察室向院领导汇报了罪犯王某的临场检举揭发情况，并书面报告市院监所检察处。同时，与负责执行的第二中级人民法院刑庭进行沟通，在法院适用暂停程序的基础上，明确下一步的工作程序和要求。

二、发挥驻所检察优势，切实维护监管秩序

驻所检察室切实加强与所方的信息互通，及时掌握王某回所后的言行和表现，并结合其曾在黑龙江某看守所做过三年武警的经历，加大对王某及同监在押人员的谈话教育力度，深入了解分析其思想动态。经了解，王某回所后心理状态由最初的情绪兴奋、躁动、态度蛮横逐渐转变为言行嚣张、情绪不稳、记忆力不好、性格孤僻、对社会不满情绪强烈，期间，王某以掌握许多重大案件情况为由，向看护他的未决在押人员兜售未获理睬，后又提出收看时事新闻报道和浏览报纸刊物等请求。驻所检察室和看守所根据监管工作要求，结合王某

---

[*] 本案例由上海市人民检察院监所检察处提供。

善于从媒体报道中记录命案信息的特点以及暂停执行死刑案件的特殊性，对其提出的不合规要求均不予同意。

三、强化线索转办跟踪，督促查明检举揭发情况

一是罪犯王某在2013年7月22日约见驻所检察干部过程中，再次提出新的检举揭发线索，称2004年3月10日，由其望风，同案犯孙某某在大庆商场二楼平台上，将一名女子杀害，并讲述了具体的时间、地点、动机等作案细节。驻所检察室立即与主审法官取得联系，并将相关笔录送至二中院，做好信息互通工作。二是联系公诉部门，进一步了解案情和罪犯个人情况，分析判断检举揭发的真实性，为做好下一阶段的死刑临场监督工作打好基础。三是联系公安机关，包括对王某的检举揭发情况进行调查的大庆市公安机关，协助做好来沪提审调查工作，提供必要信息和帮助，并及时了解调查反馈情况。

现已查明，罪犯王某在4月26日验明正身庭上检举揭发线索与案件事实不相符，两起案件均与王某无关。另一起王某检举揭发的9年前大庆发生的命案，尚处调查阶段。

【案例点评】

一、加强与相关部门的沟通协调

死刑是最严厉的刑罚，有严格的执行程序，负责临场监督的检察干部应在对死刑犯谈话、向公诉承办人详细了解案情及检举揭发情况的基础上，与主审法官、执行机关充分沟通，明确家属会见、验明正身、死刑执行等环节的详细内容、具体要求，充分做好死刑执行临场履职的准备。

二、审慎应对死刑执行过程中的突发状况

为贯彻少杀慎杀的刑事政策，对死刑罪犯以前从未在诉讼阶段提出过的重大检举揭发应给予充分重视，审慎应对，严格按照法律规定，及时与主审法官、案件公诉人沟通，初步核实相关情况，避免草率下结论，确保刑罚正确执行。《刑事诉讼法》第251条第1款规定："……但是发现有下列情形之一的，应当停止执行，并且立即报告最高人民法院，由最高人民法院作出裁定：（一）在执行前发现判决可能有错误的；（二）在执行前罪犯揭发重大犯罪事实或者有其他重大立功表现，可能需要改判的；（三）罪犯正在怀孕的。"对不能排除检举揭发可能性、具有上述法定情形的，应按照阻碍执行事由的规定处理，严格履行法律监督职责，依法建议停止执行死刑。

三、做好线索分流工作，及时督促核查反馈

驻所检察室应注意积累经验，对停止执行死刑罪犯的检举揭发，及时分析判断内容的真实性，预估线索的可查性，对显属编造的检举揭发应做好教育工作，并将相关情况转负责执行的法院；对具有可查性的检举揭发应做好转办工

作,为查办部门提审调查工作提供帮助,同时,紧密跟踪核查进程,督促办案部门及时反馈结果,防止久押不决。

四、应采取有效措施,避免死刑罪犯临场虚假检举揭发

为避免死刑罪犯通过临场虚假检举揭发手段,达到拖延死刑执行的目的,驻所检察室应做到关口前移,在死刑罪犯入所后,即应深入了解判决相关事实,掌握已有检举揭发的查证情况。同时,告知其检举揭发权利,详细记录相关情况备查,并强化日常谈话教育,及时掌握其思想动态,做好法律解释和心理疏导工作,综合评估其临场虚假检举揭发的倾向性和可能性。此外,对临场检举揭发后停止执行死刑的罪犯,应会同看守所及时掌握其在押表现,对同监区其他在押人员,特别是同监室在押人员,要做好教育引导工作,有效防止虚假检举揭发现象的蔓延。

图书在版编目（CIP）数据

刑事执行检察业务教程/袁其国，胡卫列主编. —北京：中国检察出版社，
2015.1
全国预备检察官培训系列教材/李如林，王少峰主编
ISBN 978 - 7 - 5102 - 1268 - 0

Ⅰ.①刑…　Ⅱ.①袁…②胡…　Ⅲ.①刑事诉讼 - 执行（法律） - 中国 -
教材　Ⅳ.①D925.218.1

中国版本图书馆 CIP 数据核字（2014）第 192867 号

刑事执行检察业务教程

袁其国　　胡卫列　**主编**

出版发行：中国检察出版社

社　　　址：北京市石景山区香山南路 111 号（100144）

网　　　址：中国检察出版社（www.zgjccbs.com）

编辑电话：（010）68658769

发行电话：（010）68650015　68650016　68650029　68686531

经　　　销：新华书店

印　　　刷：保定市中画美凯印刷有限公司

开　　　本：720 mm × 960 mm　16 开

印　　　张：14.75 印张

字　　　数：266 千字

版　　　次：2015 年 1 月第一版　2015 年 10 月第二次印刷

书　　　号：ISBN 978 - 7 - 5102 - 1268 - 0

定　　　价：38.00 元

检察版图书，版权所有，侵权必究
如遇图书印装质量问题本社负责调换